11 VERDADES CENTRALES PARA CONSTRU.. .. ..

fundamentos

UN RECURSO DE DISCIPULADO DE IGLESIA CON PROPÓSITO

Guía del Maestro
Vol. 2

tom holladay y kay warren

FUNDAMENTOS
Guía del Maestro Vol. 2
Edición en español publicada por
Editorial Vida – 2005
Miami, Florida

© 2005 Tom Holladay y Kay Warren

Originally published in the USA under the title:
Foundations Teacher's Guide, Volume 2
© 2003 by Tom Holladay and Kay Warren
Published by permission of Zondervan, Grand Rapids, Michigan

Traducción y edición: *Translator Solutions, Inc.*
Diseño interior: *Yolanda Bravo*
Diseño de cubierta: *Rob Monacelli*
Adaptación por: *Good Idea Productions Inc.*

Reservados todos los derechos

ISBN: 978-0-8297-4619-8

Categoría: Ministerio cristiano / Consejería y recuperación

Impreso en Estados Unidos de América
Printed in The United States of America

09 10 11 12 13 ❖ 8 7 6 5 4 3 2

Contenidos

La Salvación

1a Parte

Metas Transformadoras.

Darte un entendimiento acerca de la salvación como un regalo de Dios que te permite:

- Amar a Dios más profundamente por lo que Él hizo por ti

- Tener más confianza para compartir con otros lo que Dios puede hacer por ellos.

Resumen de los puntos principales de enseñanza.

El problema: el hombre necesita la salvación.

   -La naturaleza de Dios.

   -La naturaleza del hombre.

La provisión: la solución de Dios para el problema del pecado.

Tres verdades centrales acerca de cómo somos salvados.

Siete descripciones de la salvación.

1. Sustitución: Jesús murió en mi lugar.

3. Justificación: Jesús me hace justo delante de Dios.

4. Reconciliación: Jesús hace posible la paz con Dios.

5. Adopción: Jesús me hace parte de la familia de Dios.

6. Redención: Jesús compró mi salvación con su sangre.

7. Propiciación: Jesús satisface la justicia de Dios.

8. Perdón: Jesús borra mis pecados.

Los tres aspectos de la salvación: pasado, presente y futuro.

Clave de enseñanza.

Si has enseñado antes, habrás descubierto lo fácil que es dejar de orar antes de cada clase. Y no es que no sepamos lo importante que es orar, simplemente, no lo recordamos. Puedes intentar escribir en grandes letras "orar" al inicio de tus notas de enseñanza. Debemos depender de Dios de maneras nuevas y frescas al iniciar este nuevo estudio.

Dile a Dios en oración, al iniciar este estudio, "Señor no quisiera que el resultado de este estudio dependa de mis esfuerzos y habilidades. Oro para que sea sólo tu obra lo que cambie los corazones y transforme las mentes de las personas".

En Los Ángeles los ríos han sido encausados artificialmente entre dos paredes de concreto y convertidos en canales de agua que corren hacia el océano. Cuando las lluvias arrecian, estos canales se llenan rápidamente con agua turbia que corre. De vez en cuando, alguien se cae dentro de un canal y los resultados son casi siempre fatales. Las resbalosas paredes no permiten opción alguna para sostenerse, o peor aún, salir del lugar. A menos que alguien rescate a la víctima, la muerte es lo que les espera a aquellos que caen en estos túneles hacia el mar. Pueden pedir ayuda mientras intentan respirar. Pero su única opción es que alguien los escuche y llame a un equipo especial de rescate que tienda cuerdas y los saque del agua.

Estos canales son como una imagen de la necesidad espiritual de toda la raza humana. Sin Dios, todos estamos encaminados hacia algún tipo de desastre. No podemos salvarnos a nosotros mismos, no importan todos nuestros esfuerzos, ni lo grande de nuestros deseos. La buena noticia es: Dios puede ver nuestra necesidad y ¡Él envió ya alguien a rescatarte!

Si tuviera que resumir la Biblia en una sola oración, sería ésta:

El tema principal de la Biblia es el plan eterno de Dios para rescatarnos de nuestro pecado a través del nacimiento de Jesús, su muerte en la cruz, y su resurrección.

Dios sabía desde el principio que su creación iba a necesitar de un salvador, así que arregló todo lo necesario para lograr la salvación de sus hijos.

Dado que el mensaje de la cruz es tan familiar para algunos, debemos cuidarnos de las actitudes como la complacencia, el aburrimiento y la falta de conciencia, pero sobre todo del clásico: "Ya lo había escuchado antes". Hay tantos niveles de conocimiento de la verdad acerca de la obra de Cristo, que nunca podremos llegar al punto de que no tengamos nada mas que aprender al respecto.

Es sencillo acomodarnos en nuestra silla y decir: "esto ya lo sé" cuando se nos presenta un asunto como el de la salvación. Parece ser algo más fácil de comprender que la trinidad de Dios o la divinidad de Jesús. Así que dejamos todos los asuntos acerca de este tema para mañana, o simplemente pensamos, "este es uno de los temas que ya comprendo".

Cuando lo hacemos, nos parecemos a ese estudiante del colegio, quien después de su clase de psicología, siente que puede comprender casi todas las motivaciones de sus padres o amigos. Un poco de conocimiento es peligroso, si dejamos que nos impida profundizar y conocer más. Mientras más comprendamos acerca de nuestra salvación, más entenderemos la grandeza del amor de Dios para nosotros.

En el estudio de hoy nos concentraremos en:

El problema: la necesidad de salvación

La provisión: la solución de la salvación

En la siguiente sesión veremos:

La promesa: la seguridad de salvación

La pregunta de discusión No. 1 puede usarse ahora

El problema: La necesidad de salvación del hombre

Para comprender la necesidad de salvación del hombre, debemos observar dos cosas: la naturaleza de Dios y la naturaleza del hombre.

La naturaleza de Dios.

Subestimamos nuestra necesidad de un Salvador porque subestimamos a Dios.

La naturaleza de Dios no puede y no va a permitir que toda esta maldad continúe.

1. Dios es SANTO.

Leamos juntos Isaías 57:15 y el Salmo 99:9. Pon un círculo alrededor de la palabra "santo" cada vez que se usa.

"Porque lo dice el excelso y sublime, el que vive para siempre, cuyo *nombre es *santo: «Yo habito en un lugar santo y sublime, pero también con el contrito y humilde de espíritu, para reanimar el espíritu de los humildes y alentar el *corazón de los quebrantados".
—Isaías 57:15 (NVI)

"Exalten al SEÑOR nuestro Dios; adórenlo en su santo monte: ¡Santo es el SEÑOR nuestro Dios!"
—Salmos 99:9 (NVI)

Santo, como puedes recordar de estudios anteriores, significa ser separado, puestos a parte, diferentes. Dios no es como nosotros. Dios es perfecto y nosotros somos personas que luchamos a diario con nuestras imperfecciones y pecados.

Miremos Habacuc 1:13.

"Son tan puros tus ojos que no puedes ver el mal; no te es posible contemplar el sufrimiento". —Habacuc 1:13(a) (NVI)

Dios, ciertamente está muy conciente de toda la maldad de este mundo, y este versículo nos recuerda que Su presencia no tolera el mal. Es sorprendente como nos podemos engañar sintiéndonos moralmente superiores, al tolerar los pecados de otros. Cuando toleramos el mal en otros, estamos demostrando el peor tipo de intolerancia, la intolerancia al corazón y deseos de nuestro Dios.

Dios no puede tolerar ninguna cosa que sea maligna.

Miremos de nuevo las palabras *NO PUEDE*. Dios no puede tolerar la presencia de la maldad. A Dios le repugna nuestro pecado. El pecado es ofensivo a todo lo que Dios es.

La Biblia habla a menudo de Dios, como alguien ofendido por nuestro pecado (Mat. 13:41–42; Deut. 4:25; Prov. 6:16–19). Si decimos que alguien nos ha ofendido, a menudo queremos decir que nos han tratado rudamente o que alguien ha herido nuestros sentimientos. Pero la Biblia dice que Dios se ofende por el pecado. Esto no quiere decir que Él está ahora en una esquina lamentándose por lo sucedido; tampoco quiere decir que está de mal humor porque lo dejamos solo por un rato. Significa que Dios está justificadamente enojado por nuestro pecado. ¿Por qué? Por su naturaleza. Por lo que Él es.

2. **Dios es <u>CORRECTO Y JUSTO</u>.**

   La Santidad tiene más que ver con el carácter de Dios.

   El hecho de que es correcto y justo, en cambio, tiene que ver con su manera de tratar al hombre en relación con su carácter.

   Dado que Dios es santo, Él siempre nos tratará justa y correctamente.

   El hecho de que Dios sea correcto, es otra forma de decir que es perfecto. Dios siempre tiene la razón, nunca se equivoca. Cuando Dios mira mis acciones o comportamiento, nunca me juzgará incorrectamente. Dios siempre tiene las cuentas claras. ¡Dios siempre me verá por quien soy realmente!

   La justicia de Dios es total, sin opción a vindicaciones. La mal llamada justicia que vemos en libros, cine y TV, es motivada por la ira y la venganza personal. Tomemos por ejemplo, la ira que nos produce ver a los "malos" y nuestro "se lo merecían" cuando reciben algún daño. La justicia de Dios no es así, nace de la santidad de su carácter. Es una justicia pura.

Nosotros podemos fallar en la forma en la que aplicamos nuestra justicia. Pero Dios no. La perfección de su carácter no lo permitiría. Dios dijo desde el principio que la paga del pecado es la muerte y la separación de Él. Cuando pecamos, sería contrario al carácter de Dios el decir: "bien, dejemos pasar esta, en realidad no quise decir esto cuando hablé de juicio".

"El SEÑOR es compasivo y justo; nuestro Dios es todo ternura".

—**Salmo 116:5 (NVI)**

"El SEÑOR es justo en todos sus *caminos y bondadoso en todas sus obras".

—**Salmo 145:17 (LB)**

Nota en éstos versículos, que la justicia de Dios está ligada a su compasión y su bondad. ¿Quién querría a un Dios que no fuera justo y condenara a unos y bendijera a otros basado simplemente en sus caprichos? Es reconfortante saber que Dios es justo, pero además es soberano. ¿Por qué? ¡Por la forma en la que nosotros hemos tratado a Dios!

Miremos juntos la naturaleza del hombre.

La naturaleza del hombre

La naturaleza del hombre es exactamente opuesta a la de Dios. Si Dios es santo, recto y justo, el ser humano es pecador, e injusto. Cuando Dios nos creó lo hizo para que fuésemos santos, pero caímos en pecado. En el momento en que la raza humana cayó en el Jardín del Edén, todo cambió.

1. **Nuestra naturaleza: somos pecadores.**

   La Biblia nos presenta la decisión pecaminosa de Adán y Eva, que los llevó a desobedecer a Dios y a sus instrucciones de no comer del árbol del conocimiento del bien y del mal (Gen. 2:17; 3). Sin saberlo, ellos liberaron la acometida del mal y la caída que impregna nuestro mundo actual. Dios los maldijo a ellos y a todos sus descendientes.

   La Biblia nos dice que Dios instruyó a Adán para que comiese de cualquier árbol del huerto del Edén excepto del "árbol del conocimiento del bien y del mal". Adán y Eva escogieron desobedecer a Dios. (Gen 3) Y tal como niños pequeños a quienes se les pidió no tocar el vaso favorito de la abuela, ellos fueron directo al árbol que estaba fuera de sus posibilidades. Dada su decisión de desobedecer, ahora, toda la raza humana nace con una naturaleza de pecado. Sin embargo, no es correcto culpar a Adán y Eva por nuestros problemas.

2. **Nuestra elección: pecar.**

   Dios dice que todos nosotros hemos sido hallados culpables por nuestra relación con Adán y por nuestras propias elecciones (Rom. 5:18–19; 3:10–18).

Romanos 3:10–18 nos dice que no hay un solo justo ¡Nadie lo es! En la cima de nuestra naturaleza pecadora heredada de Adán, todos escogemos por nuestra cuenta desobedecer a Dios. Cualquiera que tenga hijos sabe de lo que hablo

Todos sabemos que a un niño no hay que enseñarle a equivocarse. Lo hace por sí mismo. Como padres, pasamos horas repitiéndoles y entrenándolos para superar sus debilidades y su inclinación natural a equivocarse y desobedecer. La naturaleza pecaminosa está dentro de cada uno de nosotros y cuando tengamos la oportunidad, escogeremos pecar aún más. No hay lugar o razón para sentirnos mejores que Adán y Eva o condenarlos. ¡Todos nosotros hubiésemos hecho exactamente lo mismo que ellos hicieron!

3. **Nuestra condición: estamos perdidos (Lucas 19:10).**

Ahora regresemos con la persona en el canal de agua. Espiritualmente, todos estamos en esas aguas torrentosas del canal, conducidos a una eternidad sin Dios. Porque todos estamos espiritualmente en la misma condición, es fácil engañarnos a nosotros mismos pensando que no es tan malo como parece. Cuando nos comparamos a otros y pensamos, "Estoy tan bien como lo están otros a mi alrededor". Pero lo cierto es que todos vamos hacia una destrucción segura. ¡Todos necesitamos desesperadamente que alguien nos rescate!

Una de las razones por las que desconocemos nuestra necesidad de un Salvador es nuestra falta de conciencia acerca de nuestra desesperada situación. Las consecuencias de estar perdido son más profundas y terribles de los que podemos imaginar. Veamos juntos algunos de los aspectos de estar perdidos – pero tomando en cuenta que eso es sólo la punta del témpano de hielo.

La pregunta de discusión 2 puede usarse aquí.

 Una observación más detallada

¿Cuáles son las consecuencias del pecado y la perdición?

- **Sentenciados a muerte física y espiritual (Gen. 3:19; Juan 3:18; Romanos 6:23)**

- **Separados de Dios (Efesios 2:12)**

- **Dominados y controlados por el pecado (Ef. 2:1–3; Rom. 6:6)**

- **Ceguera espiritual (2 Cor. 4:3–4)**

- **Falta de entendimiento (Rom. 3:11)**

- **Enemigos de Cristo (Mat. 12:30)**

- **Objeto de la ira de Dios (Efesios 2:3)**

> • Considerados hijos del Maligno (Juan 8:44)
>
> **La Biblia presenta la perdición del ser humano como la peor condición imaginable en la que puede estar alguien. No sólo desperdiciamos nuestra vida terrenal viviendo únicamente para nosotros mismos y para nuestros deseos egoístas, sino que además, esa conducta tiene consecuencias eternas (Rom. 6:23; Lucas 13:3; Mateo 25:46).**

Aquellos de nosotros que hemos confiado en Jesucristo para la salvación, deberíamos ponernos de rodillas y agradecerle cada día por sacarnos de esa condición de pecado. Algunos de ustedes, sentados allí ahora mismo, pueden estar aún en esa condición, perdidos. La mayoría de las personas que ves cada día, está perdida y necesita de la salvación; la gente con la que trabajas, e incluso tus vecinos.

Dios es santo; nosotros pecadores. Dios es justo, nosotros violamos los mandamientos de Dios.

Un Dios santo y justo no puede decir: "Hoy me siento benevolente, así que hagamos como que esto no sucedió." No podría decir: "Por esta vez lo voy a pasar por alto".

Porque Dios es Santo y Justo.

Y este Dios santo te ama y desea que tengamos una relación con Él. ¿Cómo podemos hacerlo? Desde nuestra perspectiva, parece que su santidad demanda que se nos juzgue por nuestro pecado, sin importar lo grande de su amor por nosotros. Pero Dios tuvo un plan muy diferente, uno mucho más maravilloso de lo que jamás pudiéramos imaginar.

La provisión: La solución de Dios al pecado

La solución de Dios son las tres últimas palabras de este versículo: fe en Jesús.

> **"Dios lo ofreció como un sacrificio de *expiación que se recibe por la fe en su sangre, para así demostrar su justicia. Anteriormente, en su paciencia, Dios había pasado por alto los pecados; pero en el tiempo presente ha ofrecido a Jesucristo para manifestar su justicia. De este modo Dios es justo y, a la vez, el que justifica a los que tienen fe en Jesús".**
>
> **—Romanos 3:25–26**

Pon un círculo al rededor de "justo" y " el que justifica." Esta es la manera en la que Dios solucionó este problema. Dios no ignora ni hace la vista gorda con nuestro pecado. En lugar de esto, Él mismo toma el castigo por nuestro pecado a través del sacrificio voluntario de Jesucristo. Jesús nos justifica porque Él mismo pagó el castigo por nosotros.

¿Has sentido alguna vez que tu salvación está asegurada? Es más fácil para nosotros el pensar en las incidencias de nuestro día en lugar de poner el mismo énfasis en nuestra salvación eterna. ¿Por qué lo hacemos? Una de las razones es que no podemos ver –mientras estamos en esta tierra- la profundidad de lo que sucede cuando somos salvos. No podemos ver lo perdidos y necesitados que estamos. Antes de convertirnos en creyentes, tendíamos a pensar en nosotros mismos como "no muy lejos", en lo que respecta a nuestra relación con Dios. La realidad es que nuestros pecados nos han separado de Dios por una distancia que ¡no podría medirse ni en años luz!

Hay tres verdades centrales acerca de la salvación que deben cimentarse en nuestros corazones. Si no comprendemos alguna de ellas, no entenderemos cómo es que hemos sido salvos. Si comprendemos estas verdades, no sólo comprenderemos nuestra salvación, sino que además llegaremos a ser una persona que Dios pueda usar para ayudar a muchos a poner su fe en Jesucristo.

Tres verdades centrales acerca de nuestra salvación

10

1. La salvación no se da por obras sino por GRACIA.

Leamos juntos Efesios 2:8–9.

"Porque por gracia ustedes han sido salvados mediante la fe; esto no procede de ustedes, sino que es el regalo de Dios, no por obras, para que nadie se *jacte. —Efesios 2:8–9 (NVI)

11

Nuestra salvación es posible sólo por la gracia de Dios. Esa última frase, "para que nadie se jacte". Es un recordatorio de lo que somos como seres humanos. Si pudiésemos de alguna forma obtener el cielo basándonos en algo que hubiésemos hecho, nos la pasaríamos toda la eternidad sacando pecho por lo que hicimos, por lo rápido que lo hicimos, la manera en la que lo logramos... ¡y la gran humildad con la que lo hicimos!

La misericordia se trata de que Dios no nos da lo que merecemos. Y la gracia es darnos lo que no merecemos.

La salvación es un regalo— y no podemos ganar un regalo.

Imagina que vas a casa de un amigo que te ha invitado a comer y al terminar la deliciosa comida y escuchar algo de música y charlar, te paras, te pones tu abrigo, (como saliendo), metes las manos en el bolsillo y dices: "Bien, ¿cuánto te debo?" ¡Pero que insulto! No se hace eso con alguien que amablemente te ha invitado a comer. ¿No es extraño entonces, que este mundo esté lleno de personas que piensan que pueden hacer algo para pagarle a Dios?

Nuestra salvación es un regalo que Dios nos ha dado por gracia.

2. **La salvación no se da por nuestra iniciativa sino por la de <u>DIOS</u>**

Es decir que no se trata de que el hombre haya alcanzado a Dios ARRIBA, sino que Dios alcanzó al hombre <u>ABAJO</u>.

"A la verdad, como éramos incapaces de salvarnos, en el tiempo señalado Cristo murió por los malvados. Difícilmente habrá quien muera por un justo, aunque tal vez haya quien se atreva a morir por una persona buena. Pero Dios demuestra su amor por nosotros en esto: en que cuando todavía éramos pecadores, Cristo murió por nosotros".
—Romanos 5:6–8 (NVI)

La salvación no es algo que nosotros, como humanos, hayamos iniciado. Puedes pensar que tu salvación fue tu idea, pero no lo fue. Dios inició el contacto e hizo que el perdón estuviera disponible para todos antes incluso de que lo pidiéramos. Dios nos alcanzó aquí, abajo en la tierra, de la forma más dramática y amorosa posible: la muerte de Jesús en la cruz. El vino a mostrarnos el camino a la salvación. Pagó el precio por los pecados de cada uno de nosotros.

Necesitábamos de Dios para que Él mismo nos proveyera el camino de regreso a su hogar. Y Dios lo hizo a través de Cristo Jesús.

3. **La salvación no es un arreglo que Dios hizo a última hora; es SU <u>PLAN ETERNO</u>.**

"Como bien saben, ustedes fueron rescatados de la vida absurda que heredaron de sus antepasados. El precio de su rescate no se pagó con cosas perecederas, como el oro o la plata, sino con la preciosa sangre de Cristo, como de un cordero sin mancha y sin defecto. Cristo, a quien Dios escogió antes de la creación del mundo, se ha manifestado en estos últimos tiempos en beneficio de ustedes". —1 Pedro 1:18–20 (NVI)

"Pues Dios nos salvó y nos llamó a una vida *santa, no por nuestras propias obras, sino por su propia determinación y gracia. Nos concedió este favor en Cristo Jesús antes del comienzo del tiempo"
—2 Timoteo 1:9 (NVI)

La salvación no es una idea improvisada de Dios; Dios sabía antes de crear el mundo que Adán y Eva pecarían y que íbamos a necesitar una forma de restablecer nuestra relación con Él. 1 Pedro 1:18–20 nos dice que Jesucristo fue escogido y enviado a morir por nuestros pecados incluso antes de que nuestro mundo comenzara.

La salvación no es el Plan B de Dios, que surgió después de la caída del hombre en el Jardín del Edén. Miremos 2ª Timoteo 1:9. Siempre fue el plan de Dios el mostrar su amor por el mundo a través de Jesucristo. El Antiguo Testamento no es el ejemplo de un plan de salvación que al final no resultó, por lo cual Dios tuvo que ingeniar otro plan. El sistema sacrificial del que leemos en el Antiguo Testamento se usó para anticipar el plan último de Dios: la salvación a través de su Hijo. Dios usó el

sistema sacrificial del Antiguo Testamento para ilustrar verdades espirituales profundas que serían una realidad con la muerte y resurrección
de Cristo.

Piénsalo de esta manera: El Antiguo Testamento está lleno de símbolos
que apuntan a Jesús. El sistema sacrificial – un símbolo mayor que
apunta a Jesús. El tabernáculo de adoración –apuntando a Jesús. Las
palabras de los profetas –apuntando a Jesús – Todos mencionando a
Jesús, Jesús y Jesús.

Plan de sesión dividida: si enseñas esta lección en dos sesiones,
puedes terminar la primera sesión ahora.

Tengo en mis manos un álbum de fotografías de matrimonio.
Imaginemos a dos novios que reciben esto después de uno o dos meses
de su boda. Pueden imaginar a la novia diciéndole a su nuevo esposo,
"no veamos ésta querido; de todas formas, nosotros estuvimos en la
ceremonia y vimos todo lo que sucedió por nosotros mismos. Sé que mi
padre pagó mucho por esto, pero estoy demasiado ocupada para verlas
ahora". ¡Ni pensarlo! Seguro que ambos estarán tan concentrados en
ver esas fotos de lo que fue su compromiso, que no podrán detenerse.

Tengo un segundo álbum en mis manos y contiene las fotografías de
nuestra salvación (sostén tu Biblia). Las figuras de nuestra salvación en
la Biblia están ilustradas con colores increíblemente vívidos. Dios no
quiso que nos perdiéramos nada de lo que Él estuvo dispuesto a hacer
por nosotros a través de la salvación. La Biblia está literalmente llena
de estas figuras. Veremos ahora siete de las figuras de la salvación, que
han sido las más usadas en el Nuevo Testamento. Piensa que éstas son
las páginas de un álbum fotográfico. Cada cambio de página nos da una
imagen más hermosa de lo que podemos imaginar.

Consejo práctico de enseñanza.

Trae un álbum de fotos para que lo puedas mostrar en este punto.
Puedes incluso pasar las hojas del álbum mientras hablas de cada una
de las figuras de nuestra salvación. Volveremos a este punto al finalizar
este estudio.

Siete descripciones de la salvación

1. <u>SUSTITUCIÓN</u>: Jesús murió en mi lugar.

Jesús murió por *ti*. Tomó tu lugar.

Esta es la figura. Tú y yo merecíamos morir por nuestros pecados.
Debimos haber sido nosotros los que morimos en esa cruz. Pero Jesús

tomó nuestro lugar. Jesús, quien no merecía morir, murió por ti y por mí.

Anne Ortlund escribe:

> Si alguna vez has visto a la víctima de una acción obviamente injusta, considera a Jesús. Absuelto por la corte más alta de la tierra ("No encuentro culpa alguna en él" Juan 19: 4-6) Él es llevado y colgado de una cruz ¡para que de todas formas muriera!
>
> Y aún en ésta crisis, su hábito de vida se mantiene y ora: "Padre, perdónalos porque no saben o que hacen…"
>
> ¿Y quiénes son "ellos"?
>
> No sólo los soldados romanos que llevaron a cabo tal acción.
>
> No sólo la turba judía que gritaba: "¡Que su sangre caiga sobre nosotros y nuestros hijos!"
>
> Padre, perdónalos a todos, desde Adán, por "todo lo que han pecado". Todos somos responsables de su muerte.
>
> Perdóname. . . . Perdónalos. . . .

Miremos 1 Pedro 3:18. Jesús, que no era culpable, sufrió por tu pecado. Él tomó tu lugar.

"Porque Cristo murió por los pecados una vez por todas, el justo por los injustos, a fin de llevarlos a ustedes a Dios. Él sufrió la muerte en su *cuerpo, pero el Espíritu hizo que volviera a la vida".
—1 Pedro 3:18 (NVI)

¿Qué quiero decir cuando afirmo que Cristo fue nuestro substituto?

• **Se hizo pecado por mí (2 Cor. 5:21).**

•**Cargó mi pecado en su cuerpo en la cruz (1 Pedro 2:24).**

•**Sufrió una sola vez para borrar los pecados de todos (Heb. 9:28).**

•**Fue torturado por el pecado de otros (Isa. 53:4–6).**

•**Se hizo maldito por mí (Gal. 3:13).**

Miremos cada una de estas frases de manera personal. La realidad de que se hizo pecado involucra mi pecado. Que cargó mi pecado en la cruz. Sufrió por mí. ¡Lo que sucedió en la cruz es personal!

¿Puedes comprender la magnitud de esta verdad? Es casi demasiado para comprender. Jesús, el Hijo de Dios, perfecto y sin pecado, llevó nuestro pecado. Toda la basura, lo feo y malo que hay en ti y en mí-Jesús lo asumió.

Por esto Pablo escribió en Gálatas 2:20,

"He sido crucificado con Cristo, y ya no vivo yo sino que Cristo vive en mí. Lo que ahora vivo en el cuerpo, lo vivo por la fe en el Hijo de Dios, quien me amó y dio su vida por mí".

—Gálatas 2:20 (NVI)

Pon un círculo alrededor de "su vida por mí". Jesús tomó tu lugar. Jesús tomó mi lugar.

2. <u>JUSTIFICACIÓN</u>: Jesús restauró mi relación con Dios.

Cuando pecamos contra el Dios que nos hizo, es como si le estuviéramos dando una cachetada espiritual en el rostro- rompemos su confianza y nuestra relación con nuestro Creador. ¿Cómo se restituye esa relación? Jesús nos justifica. Nos hace estar en paz con Dios.

Miremos Hechos 13:39 y Romanos 4:25.

"Ustedes no pudieron ser *justificados de esos pecados por la ley de Moisés, pero todo el que cree es justificado por medio de Jesús".

— Hechos 13:39 (NVI)

"Él fue entregado a la muerte por nuestros pecados, y resucitó para nuestra justificación".

—Romanos 4:25 (NVI)

La justificación es una imagen de una sala de juicio: el término legal es "absolución". Jesús, dándose a sí mismo por nuestros pecados, hace posible que Dios dé de baja todo y nos declare eternamente "inocentes." Cuando Dios nos declara inocentes, no sólo que escoge no pedirnos cuentas por nuestros pecados, sino que además borra por completo nuestro expediente de pecados. Y (¡no lo puedes perder!) ¡Dios aplica el expediente de la justicia de Jesús a nuestras cuentas! Dios me ve ahora como justificado y –"como si nunca hubiese pecado".

Warren Wiersbe escribe,

"Mi amigo el Dr. Roy Gustafson tiene la mejor ilustración de la justificación que jamás escuché. Había un hombre en Inglaterra que puso su Rolls-Royce en un barco y decidió cruzar el continente. Mientras conducía por Europa, algo le sucedió al motor de su auto. Envió un cable a los fabricantes de Rolls-Royce en Inglaterra y les preguntó, "Tengo problemas con mi auto, ¿qué sugieren que haga? Bien, la Rolls Royce ¡envió inmediatamente un mecánico! El hombre reparó el auto y luego voló de regreso a Inglaterra para que el dueño continuara sus vacaciones.

Como puedes imaginar, el tipo se preguntaba, "¿cuánto me costará esto?" Así que al llegar a Inglaterra escribe una carta y pregunta cuánto debía por el servicio. Como respuesta recibe una carta de la oficina que dice así: "Estimado Sr.: No hay registrado en nuestro archivo ningún daño con un Rolls Royce". ¡Eso sí que es una justificación!"[3]

Supón que Satanás viene delante de Dios y hablando de ti dice: "No puedes simplemente permitir que él o ella entren en el cielo, su vida estaba llena de pecado. Mira los registros, Dios, todas las hojas están llenas de horribles pecados". Si esto sucediera, Dios abriría los libros y diría: "No tengo registro de ningún pecado, ni siquiera uno que haya cometido en toda su vida".

Puedes usar la pregunta de discusión 3 ahora.

3. <u>RECONCILIACIÓN</u>: **Jesús hizo posible que tengamos paz con Dios.**

La reconciliación significa que dos personas que han sufrido una ruptura, puedan restituir su relación. Jesús, con su muerte en la cruz, nos dió la oportunidad de tener una relación con Dios, una relación sana y renovada.

"Él fue entregado a la muerte por nuestros pecados, y resucitó para nuestra justificación".
—2 Corintios 5:19 (NVI)

✗**"Porque si cuando éramos enemigos de Dios, fuimos reconciliados con él mediante la muerte de su Hijo, ¡con cuánta más razón, habiendo sido reconciliados, seremos salvados por su vida!"**
—Romanos 5:10 (NVI)

Jesús es el puente entre Dios y el hombre.

Miremos esta simple figura que ha ayudado a millones de personas a comprender lo que significa ser reconciliado con Dios. Estamos de pie frente a un abismo que nos separa de Dios —un cañón de gran tamaño creado por nuestro pecado. El puente que cruza esta enorme brecha es la cruz de Cristo.

No podemos cruzar esta gran división por nuestros propios medios. Necesitamos a Jesús para que nos reconcilie con Dios. Desde nuestra perspectiva creemos que hay personas que viven vidas más morales que otros. Pero desde la perspectiva de Dios sólo una persona perfecta puede unir esta brecha. Es por eso que necesitamos a Jesús. Revisemos esta descripción que James Kennedy nos da:

> Supón que estas tratando de cruzar de un barranco a otro que está a 30 metros de separación. El precipicio es de unos 1500 metros de profundidad y tienes un trozo de cuerda de algunos centímetros de ancho que es capaz de sostener varias toneladas, pero hay una dificultad adicional, tienes sólo 15 metros de esa cuerda fuerte. Supón entonces que yo te digo "¡no te preocupes! Tengo otros 15 metros de soga. Podríamos atar tu cuerda a mi soga y amarrar ambos extremos a árboles a ambos lados del barranco, y entonces podrás cruzar". Seguro que declinarías mi oferta, a lo cual yo respondería: " ¿Cuál es el problema, acaso no confías en tu cuerda?" "Si," dirás, "Confío en mi cuerda, en lo que no confío es en tu soga". Ahora cambiemos la historia y pensemos que tienes 30 metros de cuerda fuerte y solo 3 metros de soga. Todavía no te sientes bien al respecto. Y ¿qué tal si tienes 29 metros de cuerda fuerte y solo uno de soga? ¿Y qué tal solo una centímetro de soga? ¿Ves? Aunque tengas una gran parte de cuerda y una pequeña parte de soga, el cruce seguirá siendo mortal y de todas formas acabarías en las rocas, estrellado. Evidentemente, la cuerda fuerte simboliza lo que Cristo hizo por nosotros y la soga delgada lo que nosotros podemos hacer. Debemos confiar solamente en Jesucristo. Como lo presentó Spurgeon: "Si le añadimos aunque sea sólo una puntada a nuestra vestimenta de salvación, podríamos arruinar todo". [4]

La pregunta de discusión 4 se puede usar ahora.

4. ADOPCIÓN: Jesús me hizo parte de su familia.

 21

La adopción—es la figura de un jardín maternal o un orfanato. Espiritualmente, todos somos como huérfanos. Todos estamos fuera de la familia de Dios, pero gracias a la muerte de Jesús en la cruz, todos los creyentes hemos sido adoptados y tenemos ahora la categoría de hijos de Dios.

La adopción permite una relación familiar en la salvación. La justificación nos da el derecho legal delante de Dios, pero la adopción nos pone en la misma familia de Dios. A menudo escuchamos a la gente afirmar que todos somos hijos de Dios. Esto no es verdad. Todos somos creación de Dios. Pero la única forma de ser hijos de Dios es ser adoptados en su familia a través de Jesucristo.

"nos predestinó para ser adoptados como hijos suyos por medio de Jesucristo, según el buen propósito de su voluntad".
                                                      —Efesios 1:5 (NVI)
22

"Y como somos sus hijos, compartiremos con él sus tesoros – porque todo lo que Dios ha dado a su Hijo, Jesús es ahora también de nosotros".
                                                      —Romanos 8:17 (LB, traducido)

"Y ustedes no recibieron un espíritu que de nuevo los esclavice al miedo, sino el Espíritu que los adopta como hijos y les permite clamar: «¡Abba! ¡Padre!»"
                                                      —Romanos 8:15 (NVI)

Si alguna vez has tenido un familiar o amigo que haya sido adoptado cuando niño, debes conocer lo complicado y exhaustivo que es un procedimiento como este. Cada documento legal debe estar perfectamente presentado, y los padres adoptivos son expuestos a un análisis completo de ambiente, carácter, y estado financiero. A pesar de lo complicado que es un proceso de estos, no es ni una fracción de lo que Dios tuvo que pasar para adoptarnos. Dios enfrentó un dolor real en la cruz. Nuestros papeles de adopción se firmaron con sangre –la sangre que Jesús derramó en la cruz.

Dios nos ha incluido en su familia. En la cruz Dios selló la transacción legal e hizo la elección de amor para hacernos sus hijos. Eres hijo de Dios por la propia elección de Dios. Di conmigo, ¿quieres? "Soy un hijo de Dios por elección de Dios."

5. <u>REDENCIÓN</u>: Jesús compró mi salvación con su sangre.

![A] **Una palabra fresca.**

Redención.

La palabra griega para redención se refiere a los esclavos que eran comprados en el mercado. En el sentido espiritual, todos nosotros fuimos esclavos hasta que Jesús nos compró en el mercado de esclavos y nos liberó de nuestras cadenas de pecado. Dado que Jesús nos compró y pagó por nosotros con su sangre, ahora le pertenecemos a Él exclusivamente.

La figura es como un mercado en una gran ciudad. La plaza está llena de mercaderes que venden vegetales, cerámica, carne y vino. En el centro del mercado se da una venta diferente –hay gente que se está vendiendo como esclavos. Para que realmente comprendas esta figura debes visualizarte en ese grupo de esclavos. Los potenciales compradores te están mirando –hablan de ti como de una cosa en lugar de una persona. Entonces comienzan a ofrecer. Cada oferta se dice en alta voz y tú miras los rostros de los que tal vez te esclavicen. Ya sea que se vean buenos o malos, tú sabes que te quieren para su servicio, para sus propósitos. Mientras la subasta parece llegar a su fin, un extraño se pone de pie y propone un valor cientos de veces más alto al del último postor – la multitud calla. El subastador acepta su propuesta rápidamente ¡no puede perderla! Tú miras a los ojos del extraño y te das cuenta "este es el único que no está ofreciendo para usarme. ¡Él ofrece para liberarme!"

Jesús pagó el precio para tu redención. Jesús pagó el precio para liberarte. Mira estos versículos.

"Él nos libró del dominio de la oscuridad y nos trasladó al reino de su amado Hijo, en quien tenemos redención, el perdón de pecados".

—Colosenses 1:13–14 (NVI)

"Como bien saben, ustedes fueron rescatados de la vida absurda que heredaron de sus antepasados. El precio de su rescate no se pagó con cosas perecederas, como el oro o la plata, sino con la preciosa sangre de Cristo, como de un cordero sin mancha y sin defecto".

—1 Pedro 1:18–19 (NVI)

6. PROPICIACIÓN: Jesús satisfizo completamente la justicia de Dios.

Te reto a decir esta palabra tres veces lo más rápido que puedas. Es la menos conocida de las siete. Cuando decimos que Jesús fue la propiciación por nuestros pecados, significa que satisfizo completamente la justicia de Dios. El sacrificio de Jesús fue suficiente- suficiente para Dios. Todos mis mejores esfuerzos no pueden ni de cerca satisfacer los estándares y demandas de santidad y perfección que Dios tiene. Jesús nos cubrió con su sangre y nos llevó a la presencia de Dios.

Una palabra fresca.

Propiciación.

[nota manuscrita: Satisfacción de la justicia de Dios por medio de un sacrificio]

Propiciar es satisfacer o cumplir las demandas o requerimientos de alguien. En los círculos religiosos significaba "apaciguar a los dioses". El sentido bíblico de esta palabra se refiere a lo que satisface la justicia de Dios para lograr su misericordia.

La figura de la propiciación en el Antiguo Testamento es la "cubierta de la expiación" que era parte del arca del pacto, en el tabernáculo en primer lugar y más tarde en el templo. Este es el lugar en donde la sangre era rociada como una ofrenda por el pecado del pueblo.

La figura en esta palabra es una representación que tiene lugar en el templo, en el altar donde se hacían los sacrificios.

Una vez al año, de acuerdo con las instrucciones de Dios dadas en Levítico 16, el Sumo Sacerdote entraba a rociar la sangre de un sacrificio sobre la cubierta del Arca del Pacto que estaba en el lugar santísimo del Tabernáculo y posteriormente del Templo. Esta cubierta se llamaba "cubierta de expiación" o el "propiciatorio". Había tres elementos involucrados en este ofertorio: El Sumo Sacerdote, la sangre del sacrificio, y el propiciatorio en el cual se colocaba la ofrenda. Jesús se hizo estos tres elementos por nosotros. Él es el Sumo Sacerdote que hace la ofrenda por nuestro pecado. Él es el sacrificio que derrama su sangre por nuestro pecado. Y Él es el propiciatorio en el cual hallamos el perdón de nuestro pecado. Jesús cumplió en sí mismo todas las figuras del Antiguo Testamento y su sistema de sacrificios, un sistema que Dios puso para anticipar sacrificio de su propio Hijo.

> **"Él es el sacrificio por el perdón de nuestros pecados, y no sólo por los nuestros sino por los de todo el mundo".**
>
> —1 Juan 2:2 (NVI)

> **"En esto consiste el amor: no en que nosotros hayamos amado a Dios, sino en que él nos amó y envió a su Hijo para que fuera ofrecido como sacrificio por el perdón de nuestros pecados".**
>
> —1 Juan 4:10 (NVI)

7. PERDÓN: Jesús se llevó mi pecado lejos de mí.

La figura final es simple, pero es la más conmovedora de todas. Jesús nos perdona de nuestros pecados. *Aphiemi* es el término griego que usualmente usamos para referirnos al perdón de Dios en el Nuevo Testamento. Significa literalmente "sacar algo fuera de". Esto es lo que Dios hizo con nuestros pecados –los envió lejos de nosotros. Leamos juntos Efesios 1:7 y Colosenses 2:13.

> **"En él tenemos la redención mediante su sangre, el perdón de nuestros pecados, conforme a las riquezas de la gracia".**
>
> —Efesios 1:7 (NVI)

> **"Antes de recibir esa circuncisión, ustedes estaban muertos en sus pecados. Sin embargo, Dios nos dio vida en unión con Cristo, al perdonarnos todos los pecados."**
>
> —Colosenses 2:13 (NVI)

Una figura gráfica del sistema de sacrificios del Antiguo Testamento que muestra el perdón de los pecados es el macho cabrío que era enviado a vagar por el desierto, después de poner sobre él todo el pecado del pueblo. La colocación de la sangre sobre el propiciatorio en el día de la expiación era un acto que sólo el Sumo Sacerdote podía ver. La relación con Dios era restaurada a través de este acto de fe, pero el pueblo de Israel no lo podía ver. Este acto se hacía fuera de su vista. Dios, entonces les dio una lección objetiva visual para reasegurarles que su pecado había sido cubierto. Un macho cabrío era seleccionado para tomar simbólicamente sus pecados y llevarlos lejos. Se rociaba sangre y se lo llevaba al desierto donde era soltado para vagar y nunca más ser visto. Ese macho cabrío era la figura del pecado "cubierto" del pueblo de Israel.

Jesús fue nuestro macho cabrío que vagaría. Dios puso sobre Él nuestros pecados, aunque el fue inocente y puro. Cuando nuestros pecados son puestos sobre Él, nunca más volvemos a cargar la culpa por ellos.

Circuncisión:
Rito religioso en el cual se corta el prepucio que cubre el pene.

26

27
○ La Practicaban los egipcios, edomitas moabitas. Para ellos sigun rito de pubertad o consagracion al matrimonio

28
Dios escogió la (C) como señal de su pacto con Abraham
○ Señalaba los beneficios y respon del pacto

29
Justifi. Regenera y la reproducción de una descensia Sta. y la obediencia de padres e hijos como pueblo de Dios.

La C. en el N. T no era pues un rito de Pubertad como los paganos Se Circuncí a los infantes de 8 dias por su necesidad de los beneficios del pacto y su participación con ellos

1- Obediencia a Dios
2. Relación intima y Sta con Dios
3 Conferia derechos y oblig igual y una Fam.

21

Miremos la figura que Dios nos da en el Salmo 103:12. "Tan lejos como el oriente está del occidente". ¿Qué tan lejos es eso? No podemos medirlo. Es tan lejos que jamás lo podríamos alcanzar. Eso es lo que significa el perdón.

"Tan lejos de nosotros echó nuestras transgresiones como lejos del oriente está el occidente".
—Salmo 103:12 (NVI)

"arroja al fondo del mar todos nuestros pecados".
—Miqueas 7:19 (NVI)

Siempre me ha gustado lo que Corrie ten Boom dice sobre Miqueas 7:19. Dios arroja nuestros pecados a la parte más profunda del mar, y luego coloca un letrero que dice: "prohibido pescar." ¿Pero que tal si no te sientes perdonado? ¿Qué tal si tú le has pedido perdón a Dios, pero te cuesta creer que Dios lo haya hecho? Cierta vez, se le preguntó a Martín Lutero si sentía que sus pecados estaban perdonados. Su respuesta fue: "No, no lo siento. Pero lo sé porque Dios lo dice en su Palabra". 5

Mírame por un momento. Tu perdón no se basa en tus sentimientos, sino en la promesa de Dios. Y Dios prometió que cuando confiamos en Jesús para su perdón, Él pone nuestro pecado tan lejos como el oriente está del occidente. Jesús arroja nuestro pecado a la parte más profunda del mar. Algunos de ustedes han permitido que Satanás los siga culpándo por los pecados que Dios ya ha perdonado. ¿Aceptarías por fe que Dios ya te ha perdonado?

Para terminar esta revisión de nuestra salvación, haremos tres declaraciones que podemos hacer por el hecho de ser cristianos.

Tres aspectos de salvación: pasado, presente, y futuro

1. En el <u>PASADO</u>, fui salvo del <u>CASTIGO</u> del pecado (justificación).

2. En el <u>PRESENTE</u>, soy salvo del <u>PODER</u> del pecado (santificación).

3. En el <u>FUTURO</u>, seré guardado de la <u>PRESENCIA</u> del pecado (glorificación)

Esto significa que la muerte de Jesús logró todo lo que Dios deseaba –Jesús dijo "Consumado es" - aún no hemos experimentado todo lo que envuelve la experiencia de la salvación. ¡Aún hay más que esperar!

La pregunta de discusión 5 se puede usar ahora.

Al mirar este álbum de fotografías en la Biblia acerca de nuestra salvación, una cosa nos impactará. Justo en el medio de cada fotografía... ¡estás tú! Estás redimido. Eres adoptado. Eres justificado. Jesús murió en tu lugar. Jesús se dió a sí mismo como propiciación por nuestro pecado. Has sido reconciliado con Dios. ¡Eres perdonado!

Algunos de ustedes, quizá aún no han recibido el regalo de Dios de la salvación. Permite que este sea el día en que cruces la línea y te conviertas en creyente de Jesucristo. No tienes que comprender toda esta información para ser un cristiano. En realidad, muy pocos de nosotros lo entendíamos al convertirnos en cristianos. Para comenzar, sólo debes comprender unas pocas verdades clave:

Perspectiva personal clave.

¿Será que para ser salvo debemos comprender todas las verdades que hemos discutido el día de hoy? No.

Para ser salvos necesitamos saber solo tres verdades:

1. Soy un pecador.

2. Jesús murió en mi lugar.

3. Si pido perdón a Dios por rebelarme contra Él y confío en Jesús como mi Señor, Él me salvará.

Nadie puede decir que estas tres verdades son difíciles de comprender. La realidad de la salvación es tan simple que hasta un niño la puede comprender, y al mismo tiempo tan profunda como para estudiarla por el resto de tu vida y nunca llegar a comprenderla realmente.

La pregunta final: ¿Has aceptado el regalo de perdón de Dios por tus pecados, es decir, que Jesús pagó con su muerte en la cruz?

Si no has aceptado aún el regalo de la salvación de Dios, lo puedes hacer ahora. Ora, usa estas tres verdades para hacer esta simple oración. "Padre, admito que soy un pecador. Te agradezco por enviar a Jesucristo a morir en mi lugar. Te pido que me perdones por rebelarme contra ti y decido confiar en Jesús como el Señor y conductor de mi vida. Padre, confío en que tú me darás el regalo de la salvación."

Oremos y agradezcamos a Dios una vez más por lo que hizo para lograr restablecer una relación que para nosotros era imposible. Agradécele por morir en tu lugar, por justificarte, por reconciliarte con Dios, por adoptarte en su familia, por redimirte de la esclavitud al pecado, por cubrir tus pecados con su sangre y por perdonar todos tus pecados para toda la eternidad.

**Comienza a trabajar en la tarjeta 6,
"La verdad acerca de la Salvación."**

Apéndice

Recurso suplementario.

La doctrina de la elección o predestinación es una de las más difíciles de comprender para un cristiano. En términos simples, la elección significa que ciertas personas son elegidas para ciertos propósitos. Tal como elegimos a los oficiales del gobierno. La elección espiritual, atiende a la pregunta de cómo nos escoge Dios para la salvación.

Hay dos corrientes de pensamiento bien definidas respecto a la elección: Calvinistas y Arminianos. El calvinismo (llamado así por Juan Calvino, un teólogo del siglo XVI) enfatiza palabras como elegir, elegido o predestinado. Los calvinistas creen que sólo ciertas personas han sido elegidas para ser salvas y por lo tanto Dios pasa por alto a los que no son elegidos. Basan sus opiniones en versículos como 1 Pedro 1: 1-2.

> "Pedro, apóstol de Jesucristo, a los elegidos, extranjeros dispersos por el Ponto, Galacia, Capadocia, Asia y Bitinia, según la previsión de Dios el Padre, mediante la obra santificadora del Espíritu, para obedecer a Jesucristo y ser redimidos por su sangre: Que abunden en ustedes la gracia y la paz."
>
> —1 Pedro 1:1–2 (NVI)

Los Arminianos (llamados así por Arminio, otro teólogo del siglo XVI) enfatizan palabras como "esperando que nadie perezca". Basan sus criterios en versículos como Juan 3:16 y 2 Pedro 3:9 . Los arminianos creen en el libre albedrío y que Dios conoce de antemano quiénes aceptarán su propuesta de salvación poniendo su fe en Jesucristo; y por ello, los escoge basado en ese conocimiento previo.

> "El Señor no tarda en cumplir su promesa, según entienden algunos la tardanza. Más bien, él tiene paciencia con ustedes, porque no quiere que nadie perezca sino que todos se arrepientan".
>
> —2 Pedro 3:9 (NVI)

Creemos que las Escrituras enseñan las dos verdades, y el excluir uno de estos versículos o enfatizar uno sobre el otro es desequilibrarse. Dios nos da la libertad de escoger el amarlo o no. Nuestra libertad, sin embargo, no precede la elección soberana de Dios. Estas dos ideas son difíciles de conciliar en nuestras mentes finitas. Al final, este es un asunto de confianza.

El pensamiento más atemorizante que captura las mentes de algunas personas es: "¿Y qué si yo quiero a Dios pero Él no me desea?" La realidad es que ¡eso no puede suceder! Si deseas a Dios, ¡eres uno de los elegidos!

Preguntas de discusión.

1. ¿Qué te sorprende más de la salvación de Dios?

2. ¿Crees que alguno de nosotros se haya sentido tan perdido como realmente estaba antes de ser salvo? ¿Has visto algún ejemplo que te compruebe que mientras más perdida se siente la persona más aprecia el regalo de la salvación?

3. La realidad de la justificación es muy difícil de comprender para muchos. ¿Qué hace que tengamos tantos problemas para vernos justos delante de Dios? ¿Qué te ha ayudado a aumentar tu fe en la promesa de Dios de que somos justificados?

4. ¿De qué maneras nos damos crédito a nosotros mismos o nos sentimos orgullosos respecto de nuestra salvación? ¿Qué cosa ha hecho que dudes de la realidad de que la salvación es sólo por gracia?

5. Las siete figuras de la salvación que hemos revisado en este estudio están entre los tesoros más grandes de nuestras vidas.

   1. Sustitución: Jesús murió en mi lugar.

   2. Justificación: Jesús restablece mi relación con Dios.

   3. Reconciliación: Jesús hace posible que esté en paz con Dios.

   4. Adopción: Jesús me hace ser parte de la familia de Dios.

   5. Redención: Jesús compró mi salvación con su sangre.

   6. Propiciación: Jesús satisfizo la justicia de Dios.

   7. Perdón: Jesús borró todos mis pecados.

   ¿Cuál ha tenido el mayor impacto emocional en ti?

   ¿Cuál te gustaría comprender mejor?

   ¿Cuál crees que podría ayudarte a explicarle a alguien cómo ser salvo?

La Salvación

2a Parte

Meta Transformadora.

Darte la seguridad de la salvación de Dios, lo cual resultará en la profundización de la seguridad en el amor de Dios y el aprecio de su gracia

Resumen de los puntos principales de enseñanza.

¿Por qué tantas personas tienen dudas sobre su salvación?

La seguridad prometida de salvación

La decisión soberana del Padre

La obra sacerdotal de Jesús

El poder del Espíritu que nos sella

La seguridad personal de Mi Salvación

¿Cómo manejar esas dudas acerca de mi salvación?

¿Qué pasa si no puedo recordar cuándo me hice cristiano? ¿Qué le pasa a mi relación con Dios cuando peco?

¿Hay alguna prueba de que soy un creyente?

Revisión

• El tema principal de la Biblia es el plan eterno de Dios para rescatarnos del castigo, poder y presencia del pecado, a través de la muerte y resurrección de su Hijo Jesucristo.

• La naturaleza de Dios es santa, recta y justa. El hombre es pecador, tanto por naturaleza como por elección. ¿La solución de Dios? ¡Ha provisto un salvador!

• Vimos siete descripciones de lo que Jesús hizo en la cruz:

1. **Sustitución: Jesús murió en mi lugar.**

2. **Justificación: Jesús restablece mi relación con Dios.**

3. **Reconciliación: Jesús hace posible que esté en paz con Dios.**

4. **Adopción: Jesús me hace ser parte de la familia de Dios.**

5. **Redención: Jesús compró mi salvación con su sangre.**

6. **Propiciación: Jesús satisfizo la justicia de Dios.**

7. **Perdón: Jesús borró todos mis pecados.**

Aún cuando Dios nos ha provisto de éstas riquezas, muchos cristianos aún dudan de su salvación. La última vez vimos este problema (necesidad de salvación) y su provisión (la solución de la salvación). En esta sesión, veremos cómo estar confiados en nuestra salvación.

Quisiera que consideres lo grande del regalo que has recibido con tu salvación. Es mi oración, que sientas de una manera profunda, como nunca antes, ese sentido de seguridad que tienes en el amor de Dios.

Max Lucado nos cuenta una parábola de la gracia de Dios, al inicio de su libro, sobre Efesios. Cuatro hermanos, desobedecieron a su Padre y se perdieron muy lejos de su hogar. Cada uno enfrentó la situación de diferente manera; no podían ya volver a casa. Uno de los hermanos construyó un refugio y decidió que el lugar donde estaban era aceptable. El segundo, decidió juzgar al primero por lo que había hecho. El tercero emprendió la tarea imposible de construir su propio camino de regreso a casa, pero los tres permanecieron donde estaban. Se mantuvieron necios en lo que pensaban, eran las mejores soluciones para paliar el hecho de estar separados de su padre. Solo el cuarto hermano, el menor, decidió confesar abiertamente su desobediencia y depender de la invitación llena de gracia que le hiciera el mayor de todos los hermanos (un quinto hermano), quien les había ofrecido previamente llevarlos de regreso a casa. Lucado escribe así:

"Los cuatro hermanos escucharon la misma invitación. Cada uno tuvo la oportunidad de ser devuelto a casa por el hermano mayor. El primero dijo, "no", y escogió un refugio en la hierba en lugar de la casa de su padre. El segundo también dijo "no" y prefirió analizar los errores de su hermano en lugar de admitir los propios. El tercero dijo "no", pensó que una buena impresión sería mejor que la confesión. Y el cuarto dijo "sí", escogiendo la gratitud en lugar de la culpabilidad".

"Me voy a conformar", resolvió el primero.

"Me voy a comparar", optó el segundo.

"Me voy a salvar", determinó el tercero.

"Confiaré mi vida a ti", decidió el cuarto.

La salvación es un asunto de confianza. Se trata de confiar nuestras vidas a la gracia de Dios. ¿Será que tienes que comprender todo acerca de la doctrina de la salvación para aceptar la obra redentora? No. No debes comprender los asuntos internos de un auto para conducirlo o los circuitos más internos de un reloj para ver la hora.

Sin embargo, existen grandes beneficios en la doctrina de la salvación que deberías comprender. Mientras más comprendas de esta teoría, más verás lo profundo de la necesidad que tiene el mundo de Jesucristo. Él es Dios ¡y nuestro único camino a la salvación! Mientras más conozcas sobre la salvación, más seguro estarás de la tuya y actuarás basado en esa verdad. Una vez que confías tu vida a Dios, puedes descansar seguro en su promesa de salvación.

Pero muchos creyentes viven una vida de dudas calladas, pensando si son realmente salvos o no. Saben que han hecho la oración de compromiso a Dios y están haciendo esfuerzos para seguirlo en su vida diaria.

Pero hay momentos cuando pensamos ¿será que funcionó? Estas preguntas pueden venir a nuestras mentes rara vez, o ser nuestras compañeras constantes.

¿Por qué tantas personas tienen dudas acerca de su salvación?

- **Porque no tienen claro el <u>MOMENTO</u> <u>ESPECÍFICO</u> en el que recibieron a Cristo.**

  La pregunta: "¿Cuándo confiaste en Jesucristo para tu salvación?" es una pregunta que complica a muchos, especialmente cuando sí, hay otros que pueden decir la fecha exacta. Los escuchan decir "me hice creyente el 4 de Noviembre de 1989, a las 7:14 pm. La temperatura era de unos 30 grados y teníamos una lluvia de unas 1,2 pulgadas". ¡Parecen saber todo exactamente! Y ellos no. Tal vez tú puedes señalar la etapa de tu vida en la que recibiste a Jesucristo, pero la fecha exacta, no la conoces.

  Aunque hay un período de tiempo en el que seguramente cruzaste esa línea y le diste tu corazón a Jesús, algunos recordamos el momento exacto mejor que otros, Tal vez, viniste a Jesús siendo ya adulto, o un amigo te guió y recuerdas ese día, o quizá tuviste una experiencia de crisis y drama: cualquiera sea el motivo, tienes la fecha y hora fijas en tu mente. Pero permíteme preguntar, ¿tienes que recordar el momento exacto en el que Jesús te salvó? Claro que no. Mi salvación no depende de que recuerde o no el día, sino en la confianza que tengo en que Jesús me ha perdonado y en adelante guiará mi vida.

- **Porque se cuestionan acerca de si fue o no <u>CORRECTA LA MANERA</u> en la que expresaron su fe en Jesucristo.**

  "¿Oré correctamente? ¿Sabía todo lo que debía saber? ¿No tendría que haber sentido algo distinto?"

  Hemos visto esos pequeños folletos evangelísticos como las *cuatro leyes espirituales* o los *pasos para hacer las paces con Dios*. Son herramientas maravillosas para compartir tu fe en Jesucristo con otros. A veces tenemos el sentimiento de que a menos de hayamos leído esos folletos (por lo menos uno), algo realmente importante nos falta. Pero quizá no es así. Te recuerdo que mucha gente se ha convertido a través de miles de años sin las maravillosas herramientas que tenemos ahora.

  Algunos piensan que deberían haberse sentido diferentes. ¿Cómo te sentiste, en cuanto a emociones, el día que recibiste a Jesucristo? Hagamos una breve encuesta (puedes decir que sí a más de una de estas.) ¿Cuántos de ustedes sintieron electricidad corriendo por sus brazos? ¿Cuántos sintieron un gran alivio? ¿Cuántos no sintieron nada? ¿Y cuántos sintieron el tierno amor de Dios?

  ¿Ves lo diferentes que son nuestros sentimientos? Eso se da porque ¡todos somos diferentes! Dios nos hizo diferentes. Eso, además de la variedad de circunstancias bajo las que vinimos a Cristo, hace que tengamos un variado rango de emociones cuando nos convertimos.

- **Por los <u>PECADOS</u> que se cometen después de la salvación.**

  Los creyentes han luchado mucho con este problema, ya desde el tiempo de la iglesia primitiva. Algunas personas han teorizado el hecho de que después de convertirte solo puedes pecar tres veces. Otros postulan que los únicos pecados que cuentan son los que se comenten después del bautismo. ¿Sabes lo que todos decidieron hacer? Pues esperaron a estar casi muertos de viejos para bautizarse, de esta forma, ¡casi muerto nadie peca! Pero ninguna de estas enseñanzas se encuentra en la Biblia; son sólo maneras en que la iglesia intentaba tratar con la verdad innegable de que los creyentes seguimos pecando después de ser salvos. La pregunta es: ¿cómo tratarás tú esta verdad? Dejarás que ésta erosione tu fe y confianza en Dios, ¿O esto te llevará a seguir en continua dependencia de la gracia y misericordia de Dios?

  Estas preguntas tienen su respuesta en la seguridad que Dios nos da respecto a nuestra salvación. Si buscas seguridad en ti mismo, las circunstancias o tus sentimientos, te vas a llenar de dudas. La seguridad la hallamos en las promesas de Dios.

Puedes usar la pregunta no.1 aquí.

prove 28:13
1 Juan 1-9
1 Juan 2-1-2

Hay una diferencia entre mi seguridad personal de salvación y la seguridad de la salvación prometida. Sin importar si tengo o no un *sentimiento* de seguridad personal, esta seguridad es un *hecho* real basado en la promesa de Dios. En este estudio veremos cómo la promesa de salvación de Dios profundiza nuestra confianza en nuestra salvación.

Sé que para muchos de ustedes, la idea de estar seguros de su salvación es un asunto completamente nuevo y hasta atemorizante. Trataremos con esos temores en un momento. Ahora –quisiera que abordemos algunos de esos fundamentos de la seguridad. Aún más, quisiera que escuchen conmigo, verso tras verso, esa promesa de salvación. Permite que estos versículos construyan ladrillo por ladrillo, el fundamento de seguridad en tu vida.

La promesa de la seguridad de la salvación.

Cada miembro de la Trinidad juega un rol importante en nuestra seguridad de salvación.

La decisión soberana del <u>PADRE</u>

- **Dios nos ha declarado "inocentes" ante sus ojos y ha cancelado el castigo que nos correspondía.**

    "Ciertamente les aseguro que ya viene la hora, y ha llegado ya, en que los muertos oirán la voz del Hijo de Dios, y los que la oigan vivirán".
    —Juan 5:24 (NVI)

    "Porque tanto amó Dios al mundo, que dio a su Hijo unigénito, para que todo el que cree en él no se pierda, sino que tenga vida eterna..... El que cree en él no es condenado, pero el que no cree ya está condenado por no haber creído en el nombre del Hijo unigénito de Dios".
    —Juan 3:16, 18 (NVI)

Miremos Juan 5:24. Tenemos vida eternal; no seremos condenados; y hemos pasado de muerte a vida.

Juan 3:16 es quizá el versículo más conocido de la Biblia. Es también uno de los más claros acerca de la seguridad de la promesa de salvación. Coloca un círculo en "vida eterna." Este es el regalo que Dios nos quiere dar. ¿Cuánto dura la vida eterna? ¡Toda la eternidad! Y ¿qué es lo que necesitamos para recibir este regalo? Juan 3:16 nos dice: creer en Él.

¿Tienes alguno de esos regalos que colocas en el estante del garaje? Todos sabemos de lo que estoy hablando. Cuando recibimos estos regalos pensamos: "Exactamente lo que necesito". Pero al mismo tiempo no logramos ubicarlo en ningún sitio ni tampoco sabemos cómo funciona.

Así que eventualmente el regalo va a parar a esa repisa en el garaje. Claro que siempre que lo ves te parece algo bueno. Lo que pasa es que no sabes cómo disfrutarlo.

Tal vez te sorprenda el saber que la seguridad en esta maravillosa promesa de Juan 3:16 a menudo encuentra su lugar en las "repisas de garaje" de nuestro espíritu. ¿Cómo puede suceder esto? Simplemente porque al ser creyentes, estamos muy agradecidos por la promesa de una eternidad en el cielo, pero a menudo comenzamos a ver esto como algo demasiado lejano, y la promesa de un cielo se ve muy lejos. Estamos más interesados en una promesa de descanso o paz para hoy, como por ejemplo, que podamos dormir toda la noche o que recibamos sabiduría para la decisión que tendremos que tomar mañana.

Aquí tienes una oración que cambiará tu percepción de esta gran promesa. ¡Tu vida eterna comenzó cuando confiaste en Jesús para tu salvación! Admito, claro, que la calidad de esta vida dará un gran salto cuando lleguemos al cielo. Pero eso no cambia el hecho de que la vida eternal se te ha regalado hoy. Cuando comenzamos a aplicar esta verdad en nuestra vida diaria, cambia nuestra forma de ver la vida. Ese negocio que no se cierra deja de ser tan estresante. La realidad de la enfermedad que enfrentas se vuelve menos temerosa. Es el gozo de conocer a Dios lo que te fortalece. Así que toma la promesa de la vida eterna y sácala de la repisa del garaje. Si tienes que reorganizar todo, no importa, pero coloca esta promesa en el centro de tu vida, ese es lugar que le pertenece.

- **Dios está en paz conmigo; la guerra entre nosotros ha terminador.**

  "En consecuencia, ya que hemos sido *justificados mediante la fe, tenemos paz con Dios por medio de nuestro Señor Jesucristo".
  —Romanos 5:1 (NVI)

  La Biblia nos dice que antes de ser creyentes, estábamos en guerra con Dios. El venir a Cristo es como izar la bandera blanca, la que significa rendición. Y cuando rendimos nuestras vidas a Dios, Dios nos da sus dones. Entonces nos preguntamos por qué tomamos tanto tiempo en rendirnos. Cuando lo hacemos, tenemos paz con Dios por lo que Jesús hizo por nosotros.

- **Dios ha determinado que nada podrá separarnos de su amor.**

  "Pues estoy convencido de que ni la muerte ni la vida, ni los ángeles ni los demonios, ni lo presente ni lo por venir, ni los poderes, ni lo alto ni lo profundo, ni cosa alguna en toda la creación, podrá apartarnos del amor que Dios nos ha manifestado en Cristo Jesús nuestro Señor".
  —Romanos 8:38–39 (NVI)

Nada puede separarte del amor de Dios. Es el único que te sostiene en la salvación y nadie es más fuerte que Dios.

Escucha estas palabras escritas acerca de la mano de Dios.

> La mano de Dios no es una mano abierta. Es una mano que sostiene. Cuando un padre o una madre mantienen a un pequeño niño a salvo de cualquier peligro, ese padre o madre no permitirá que la mano de su pequeño se separe de la suya, aún si el niño así lo quisiera. Piensa en esto por un momento: aún si el niño quiere soltarse, sus padres no lo soltarán.

Si esperas cruzar una avenida con un niño de cinco años, ¿qué harías? Seguramente tomarías la mano del niño y esperarías que la luz se torne roja; mientras tanto, el niño lucha por soltarse ¿y qué haces? Lo sueltas diciéndole, "es tu vida, tu elección, si quieres seguir solo desde aquí, es tu problema." ¡Claro que no! si el niño quiere soltarse, tú lo sostienes más fuerte. Cuando aceptas a Jesucristo como Salvador, Dios se convierte en tu padre. Tú eres su hijo y no te va a aflojar la mano. Habrá ocasiones en las que la tentación te haga desear que Dios afloje su mano, pero eres su hijo y no lo hará.

La obra sacerdotal de JESÚS

 Una observación detallada.

En el sistema de sacrificios del Antiguo Testamento, el sumo sacerdote era el líder espiritual más alto. El sólo, entraba al lugar santísimo y rociaba la sangre en el propiciatorio una vez al año en el día de la propiciación. Jesús es nuestro sumo sacerdote. Cuando Jesús murió en la cruz, fue ambas cosas, el último sacrificio, y el último en hacerlo. El vive eternamente para hacer la obra de un sumo sacerdote. Ser nuestro intercesor y mediador.

- Jesús vive para ser <u>INTERCESOR</u> en mi lugar.

La palabra *intercesión* significa "declararse en lugar de otro." Esto es lo que hace Jesús por nosotros (se declara culpable y nos declara inocentes.) Aún hoy, Jesús intercede en oración por nosotros.

"Por eso, también puede salvar por completo a los que por medio de él se acercan a Dios, ya que vive siempre para interceder por ellos".
—Hebreos 7:25 (NVI)

Podemos ver un ejemplo de como Jesús ora por nosotros en Juan 17.

"Ya no voy a estar por más tiempo en el mundo, pero ellos están todavía en el mundo, y yo vuelvo a ti. »Padre santo, protégelos con el poder de tu nombre, el nombre que me diste, para que sean uno, lo mismo que nosotros…no te pido que los quites del mundo, sino que los protejas del maligno".
—Juan 17:11,15 (NVI)

Jesús nunca deja de elevar oraciones como ésta; aunque ya no esté en la tierra, él sigue orando por nosotros. Jesús está orando por cada uno de nosotros individualmente, a cada uno conoce por su nombre. Conoce cada una de nuestras debilidades y fortalezas, sabe lo que te deprime y tus luchas de cada día.

Como ejemplo de esto, recuerda lo que Jesús dijo a Simón Pedro, "Simón, Simón, Satanás te ha pedido para zarandearte. Pero yo he orado por ti, para que tu fe no decaiga, sino que cuando hayas regresado, fortalezcas a tus hermanos". (de Lucas 22)

Jesús estaba orando por Pedro. Sabía lo que pasaría en su vida y oró antes de que Pedro enfrentara la prueba, porque ya sabía lo que venía. Jesús conoce tu corazón y tus circunstancias y hace lo mismo por ti. Respecto de esa crisis repentina que sobreviene en tu vida —Jesús ya oró a Dios para que te fortalezca. ¿Esa tentación que te abruma? —Jesús intercede por ti, y le pide a Dios que te muestre el camino para salir.

Esto debería darnos un increíble sentimiento de seguridad. Si hay alguien que quisiéramos que ore por nosotros ¡Ese es Jesús!

- **Jesús vive para <u>MEDIAR</u> por mí.**

  "Mis queridos hijos, les escribo estas cosas para que no pequen. Pero si alguno peca, tenemos ante el Padre a un intercesor, a Jesucristo, el Justo. Él es el sacrificio por el perdón de nuestros pecados, y no sólo por los nuestros sino por los de todo el mundo".
  —1 Juan 2:1–2 (NVI)

  ¿Recuerdas la historia de Job? Satanás estaba delante de Dios acusando a este gran hombre de Dios —Satanás sigue siendo el acusador de los fieles ahora. Se puede casi palpar la escena en el cielo. Satanás, nuestro acusador ante Jesús, quien siempre está defendiéndonos. Satanás dice "¿Viste lo que hizo? ¿Cómo pueden llamarse creyentes y hacer eso?" Jesús se para por nosotros y dice, "ellos confiaron en mi para su salvación el 23 de enero de 1985." Entonces Dios responde, "declarado inocente. Caso terminado".

  Nuestra salvación no se basa en nuestro desempeño, sino en lo que Jesús ha hecho por nosotros.

- **Jesús es <u>FIEL</u>, aunque yo no le sea fiel.**

  Leamos juntos 2 Timoteo 2:11–13.

  "Este mensaje es digno de crédito: Si morimos con él, también viviremos con él; si resistimos, también reinaremos con él. Si lo negamos, también él nos negará; si somos infieles, él sigue siendo fiel, ya que no puede negarse a sí mismo".
  —2 Timoteo 2:11–13 (NVI)

  Cuando tus hijos no son fieles contigo —cuando no hacen lo que tú les pides— ¿los desheredas? Claro que no. ¿Los disciplinas? Sí, pero siguen siendo tus hijos; ¿puedes imaginar a Dios con menos compromiso hacia sus propios hijos?

Una de las razones por las que luchamos tanto para aceptar lo profundo del amor de Dios por nosotros, es que tenemos demasiadas definiciones de amor. Un sentimiento, una sensación, un romance. Permíteme darte la definición de amor que Dios nos da. Puede sorprenderte.

El amor es un contrato.

Este concepto viene del significado del Antiguo Testamento hebreo para la *palabra* amor. El amor de Dios es un contrato, pero no de los que te estás imaginando, no se trata de un acuerdo de negocios. Es un convenio, un compromiso relacional que no se puede romper, aún si una de las partes se muestra descontenta o no merece ese contrato. Siempre permanece vigente. Aún si somos infieles con Dios, él no romperá su convenio de compromiso hacia nosotros.

He escuchado a algunos decir, "eso no es justo, suena como si pudiéramos ser tan infieles como queramos y Dios nos seguirá amando". Permíteme decir tres cosas al respecto.

En primer lugar, Dios te amará, sí, pero tú te sentirás miserable. Se trata de una existencia como la del hijo pródigo, que vive una vida sin fe. Hay placer momentáneo en el pecado, pero después te consumirá la culpabilidad, la frustración y la soledad. Los cristianos que están presos en el pecado, casi siempre construyen vidas llenas de ocupaciones. No pueden soportar el silencio, porque cuando llegan los momentos de quietud se dan cuanta de lo vacías que están sus vidas.

En segundo lugar, Dios te sigue amando, pero perderás las recompensas eternas. La forma en que vives tu vida, importa mucho en este momento y para la eternidad. Veremos más de esto mientras estudiamos acerca del cielo en una próxima sesión.

En tercer lugar, nunca debemos presumir de la gracia de Dios. Si piensas que eres salvo y aún crees que puedes vivir tu vida como quieras y sin ningún remordimiento, sinceramente dudaría de si eres o no salvo. Si bien todos luchamos con la idea de dar por sentada la gracia de Dios, hay algunos que actúan como si ésta fuera una vía libre para vivir como sea. "igual tengo mi boleto al cielo comprado, de todas manera me voy para allá, no importa entonces como viva en esta vida". ¡Yo, si fuera tú, revisaría ese boleto! No porque entiendas lo que significa la salvación, esto de por sí implica que seas salvo.

Miremos Hebreos 10:23.

"Mantengamos firme la esperanza que profesamos, porque fiel es el que hizo la promesa".
—Hebreos 10:23 (NVI)

Lucas 8:13
Creen por algún tiempo
se apartan

Cuando me doy cuenta lo fiel que es Dios, tengo una seguridad que me hace poner mi esperanza en él. Esta seguridad de la promesa de Dios, es difícil de comprender para nosotros, porque nosotros no siempre mantenemos nuestras promesas. Pero tengo buenas noticias para todos. Dios no es como nosotros. Dios mantiene su palabra.

 Una observación detallada.

"Vivimos en días de infidelidad. Nadie es confiable ni mantiene sus promesas. Esto es verdad tanto para los individuos como para las naciones. Los maridos, a menudo, son infieles a los votos que hicieran a sus esposas. Las esposas también son infieles a sus maridos. Los hijos son infieles a los principios enseñados por sus padres, los padres son infieles porque no satisfacen las necesidades de sus hijos. Los empleados son infieles al no cumplir completamente sus obligaciones y responsabilidades con sus empleadores. Debemos reconocer que los cristianos somos a menudo infieles a Dios, aunque Dios siempre es fiel. Ninguno de nosotros puede declararse libre del pecado de infidelidad. Sólo Dios es siempre fiel y mantiene totalmente cada promesa. Este hecho es vital, porque todo lo que creemos descansa en la fidelidad de Dios y nuestro destino eterno está asegurado en eso. En contraste a la infidelidad que reina a nuestro alrededor, es estimulante alzar nuestros ojos a nuestro amado Dios, quien es siempre fiel".

—John MacArthur

El poder sellador de su ESPÍRITU

En nuestro estudio del Espíritu Santo, vimos, que en el momento de nuestra salvación, el Espíritu Santo realiza varias obras que nos garantizan la salvación para siempre.

• El Espíritu Santo me regenera (me da el nuevo nacimiento).

• El Espíritu Santo me bautiza.

• El Espíritu Santo habita en mi, como un regalo de Dios.

• El Espíritu Santo me sella.

"En él también ustedes, cuando oyeron el mensaje de la verdad, el evangelio que les trajo la salvación, y lo creyeron, fueron marcados con el sello que es el Espíritu Santo prometido".

—Efesios 1:13 (NVI)

¿Quién es el Espíritu Santo? Es Dios. Dios viviendo en nosotros para asegurarnos nuestra salvación.

Un pequeño examen de nuestro estudio del Espíritu Santo. ¿Recuerdas lo que significa "sellados", en los días en que se escribió la Biblia? Era un sello de cera que se ponía en un manuscrito con dos propósitos.

Identificación: el sello tenía una marca distintiva. Un sello en un documento era la garantía de su veracidad. Era como el sello de un notario hoy en día.

Protección: se podía notar si el sello estaba violado. Y esto se tomaba muy en serio. Alguien que rompía el sello en la correspondencia de un rey enfrentaría la ira de él. El Espíritu de Dios nos identifica como sus hijos. No puede haber marca distintiva más importante en nuestras vidas.

Y el Espíritu de Dios nos protege en su amor hasta el día que estemos con él en el cielo.

Podemos tener la seguridad de nuestra salvación porque en el pasado, Cristo saldó cuentas con Dios por cada uno de nosotros. Ahora, Jesús vive para interceder por nosotros, y el Espíritu Santo nos garantiza que nuestro futuro está lleno de gloria. Es la tarea de Dios asegurarnos nuestra salvación –nada podemos hacer para lograr que deje de amarnos o deje de ser fiel a sus propias promesas.

Te animo a memorizar el siguiente versículo, especialmente aquellos que están llenos de dudas acerca del amor incondicional de Dios.

"Mis ovejas oyen mi voz; yo las conozco y ellas me siguen. Yo les doy vida eterna, y nunca perecerán, ni nadie podrá arrebatármelas de la mano. Mi Padre, que me las ha dado, es más grande que todos; y de la mano del Padre nadie las puede arrebatar". —Juan 10:27–29 (NVI)

Este es un versículo asombroso, lleno de promesas. "Yo les doy vida eterna" Esta es una promesa. "Nunca perecerán", es otra promesa. "Nadie las puede arrebatar". Dios nos asegura. Si la promesa de Dios para salvación no fuese segura, Jesús no hubiese dicho estas frases.

"Mis ovejas oyen mi voz". Para muchos de nosotros, es allí donde está el secreto de la seguridad. Las ovejas en tiempos de Jesús, reconocían la voz de su pastor (hasta ahora es así). Al regresar a casa de los campos, al finalizar el día, varios rebaños de ovejas convergían a un pozo para beber. Los rebaños se mezclaban eventualmente, de tal forma que parecía imposible separarlos. Pero cuando estaban listos para partir, cada pastor comenzaba a llamar a su rebaño. De entre todas esas voces, la oveja era capaz de reconocer la de su propio pastor e ir directamente hacia él.

Te animo a que escuches la voz de Jesús en estas palabras que acabamos de estudiar. Existen muchas otras voces: las de tus dudas, la de la lógica humana, la de heridas del pasado. Hay voces que dicen: "no puedes confiar en Dios así". "Nadie te puede amar así". Escucha a Jesús. Escucha su voz y sus palabras. Permítele construir un fundamento de seguridad en tu vida que no pueda ser conmovido.

Ahora puedes usar la pregunta de discusión 2

Plan de sesión dividida: Si estás enseñando este estudio en dos sesiones, puedes terminar la primera sesión ahora.

 Otra Clase.

La seguridad personal de mi salvación.

La promesa de seguridad y mi seguridad interna frente a la salvación son diferentes. El hecho de que la promesa de Dios sea totalmente confiable, eso no significa que siempre "sientas" esa seguridad. Charles Stanley vivió por años sin un sentido de seguridad frente al amor de Dios. Incluso llegó a pensar que esa era una seguridad que una persona no podría llegar a tener. Escucha sus palabras el día en que todo esto cambió.

"Era como que una luz de repente llegara. Repentinamente lo vi. Quería gritar. Era como un hombre recientemente liberado de su prisión. Agradecí a Dios por esa ansiedad que me mantuvo orando y buscando. Luego me detuve a pensar en lo más asombroso de la vida. He estado eternamente seguro desde aquel día cuando tenía 12 años y oré pidiéndole a Jesús que me salvara.

Esa mañana fue un punto de quiebre en mi vida. Fue mucho más que un cambio en mi teología. Me guió a un amor incondicional. Sería el comienzo de una jornada de amor incondicional hacia el misterio de esa gracia incondicional Palabras como gozo y paz, de repente, tuvieron un nuevo significado, se volvieron parte de mis experiencias, no sólo de mi vocabulario. La seguridad llegó a tener un sentido mucho más grande que el de sólo la garantía de dónde pasaría mi eternidad. Era la palabra perfecta para describir ese sentido de intimidad que sentía con Cristo. Estaba seguro. Seguro en su amor y aceptación. Seguro en su voluntad diaria para mí. Seguro en cada promesa que Él había hecho. Y por supuesto, seguro de dónde pasaría mi eternidad".

Por solo un momento, piensa en las veces en tu vida cuando realmente te has sentido seguro. ¿Puedes mencionar algunas de ellas?

Consejo práctico de enseñanza.

Permite que el grupo dé algunas ideas en este punto. Podrían hablar de ocasiones familiares cuando eran más jóvenes o quizá de circunstancias de oración cuando eran nuevos creyentes, o de experiencias con otros cristianos. Sería bueno que en algún punto de la conversación digas algo como: "algunos tal vez no pueden recordar algún momento en el que realmente se hayan sentido seguros —tal vez tus padres no pudieron darte este regalo cuando niño. La seguridad que Dios pretende darte, será entonces algo nuevo y un maravilloso regalo para ti.

Dios quiere darnos ese sentido de seguridad en nuestra relación con Él. Si queremos esa seguridad, deberíamos responder estas difíciles preguntas y muy honestamente.

¿Cómo manejo las dudas acerca de mi salvación?

Cuando las personas no están seguras de su salvación hay grandes posibilidades de que:

- No sean salvos.

- Estén desobedeciendo a Dios; la desobediencia nos hace perder el gozo de nuestra salvación y nos lleva a pensar si Dios realmente nos ama.

- Estén experimentando la tentación de la duda de Satanás, quien obviamente no desea que nos sintamos seguros en nuestra relación con el Señor.

Tratándose de la salvación hay tres tipos de seguridad.

La falsa seguridad que es creer que eres salvo y no lo eres. Puedes estar confiando en tus buenas obras o en algún ritual religioso. Pero Jesús nos dice en Mateo 7:21-23, que algunos de nosotros sufrimos de una falsa seguridad.

> "No todo el que me dice: "Señor, Señor", entrará en el reino de los cielos, sino sólo el que hace la voluntad de mi Padre que está en el cielo. Muchos me dirán en aquel día: "Señor, Señor, ¿no profetizamos en tu nombre, y en tu nombre expulsamos demonios e hicimos muchos milagros?" Entonces les diré claramente: "Jamás los conocí. ¡Aléjense de mí, hacedores de maldad!""
> —Mateo 7:21–23 (NVI)

La seguridad condicional, que es creer que algo que haces o dejas de hacer te puede salvar. Es ese sentimiento de que debes mantener ciertas normas o evitar algunas cosas para mantenerte en la gracia de Dios.

La seguridad eterna es el tercer tipo de seguridad. Es el conocimiento de que tu salvación está segura en las manos de Dios. La seguridad eterna descansa en las promesas y no en las circunstancias, promesas que revisamos en la sección anterior. La seguridad eterna es una esperanza incondicional basada en el sacrificio de Jesucristo en la cruz.

Para desterrar las dudas acerca de tu salvación, debes primero tener este tipo de seguridad. La seguridad eterna de salvación.

¿Y qué tal si no puedo recordar cuándo me convertí en un cristiano?

Si bien el llegar a Jesucristo es a menudo un proceso, en algún punto de nuestras vidas damos el paso y pasamos "de muerte a vida." Nadie se salva "gradualmente".

Algunas veces, cuando preguntamos a las personas cuándo se convirtieron, nos responden: "he sido creyente toda mi vida". Dicen eso porque han asistido a una iglesia toda su vida. Pero la verdad es que nadie ha sido creyente desde el momento en que nació. Todos necesitamos esa vida nueva que sólo Jesús nos puede dar a través del nuevo nacimiento. Y así como hay un momento en el que naciste físicamente, hay también un momento cuando naces espiritualmente. Hablamos antes acerca del hecho de que algunas personas no podrán recordar exactamente ese momento, y que eso puede llegar a molestar a muchos por largo tiempo. Podemos disolver esa duda ahora mismo.

Oración de seguridad.

Solo ora de esta manera.

Jesús, sé que hice este compromiso antes, pero no puedo recordar exactamente cuándo fue esto, por lo cual me quedan dudas. Así que justo aquí y ahora, en (di la fecha) aseguro en mi corazón el hecho de que te he dado mi vida. Confío en ti y sólo en ti para que perdones las cosas malas que he hecho. Te pido que seas el Señor. –jefe y gobernador– de mi vida. Amén.

Algunos de ustedes no están seguros de ser cristianos. También podemos hacernos cargo de eso ahora.

Si no estás seguro de ser creyente, asegúrate ahora mismo. Pídele a Jesús que perdone tus pecados y que venga a morar en tu corazón.

Escribe esta fecha en la parte frontal de tu Biblia o libro de anotaciones –hazlo ahora mismo. Desde ahora en adelante, cuando seas tentado a dudar, puedes abrir la Biblia y mirar la fecha – recordándote a ti mismo la realidad de tu compromiso con Jesucristo.

Y cuando Satanás trate de fastidiarte para que te preguntes si eres o no un creyente, puedes mostrarle este día y recordar que le pediste a Jesucristo que sea tu Salvador.

Puedes usar la pregunta de discusión 3 ahora.

¿Qué pasa con mi relación con Dios cuando peco?

Cuando un cristiano peca, la armonía con Dios se rompe, pero la relación permanece intacta. Dios ha dicho que hemos sido adoptados en su familia con todos los derechos y privilegios de su hijo Jesucristo. Dios nunca negará a Jesús y tampoco lo hará con nosotros. Pero el pecado en nuestras vidas es algo con lo que debemos tratar. Miremos estos diagramas para seguir el proceso de lo que sucede cuando un cristiano peca.

Mira el diagrama "Barreras de pecado delante de la Salvación". Puedes ver a Dios y a la persona dándose las espaldas –fuera de toda relación. También puedes ver dos líneas, dos barreras: una en el lado de Dios y la otra en el nuestro. Antes de ser creyente, vivías sin una relación personal con Dios, con barreras que te impedían conocerlo. De nuestro lado esas barreras eran nuestro pecado y desobediencia. En el lado de Dios, su Santidad era lo que impedía que nos relacionemos con Él.

Ahora miremos el otro diagrama. Quisiera que mires lo que sucede cuando un creyente peca. Nota que el creyente, efectivamente está dándole la espalda a Dios. Pecar es decidir hacer las cosas por nuestra cuenta, y no a la manera de Dios. Mira también el hecho de que nosotros ponemos barreras entre Dios y nosotros. Sabes cual es el efecto de estas barreras. El sentirnos distantes de Dios aunque seamos creyentes, porque estamos presos de nosotros mismos.

Ahora miremos el lado de Dios. Él está mirándonos. ¿Nos ha dado la espalda? ¡No! Nota además que las barreras en el lado de Dios ¡ya han sido removidas! Una vez que eres creyente, Dios te mira de una nueva forma. Te ve como a su hijo, por la muerte de Jesús por ti. Aunque Dios sabe que pecamos, ese pecado deja de ser una barrera porque cada vez que Dios nos mira, ve el perdón que Jesucristo puso en cada uno.

Esto es muy difícil de aceptar para nosotros. Vivimos en un mundo de recompensa y castigo. Sin importar lo buenos que hayan sido tus padres, todos aprendimos cuando niños que hacíamos felices a papi y mami cuando nos comportábamos bien, y por el contrario los entristecíamos cuando hacíamos lo malo. Es muy fácil trasladar eso a nuestra relación con Dios. Decimos: "Dios nos ama más cuando somos buenos cristianos, pero deja de amarnos cuando estamos luchando con algunos pecados. ¡Esto no es verdad! Dios no puede amarte más o menos de lo que te ama ahora mismo. Dios te ama tanto en tus días malos como en los buenos.

Permíteme preguntarte, ¿te gusta estar cerca de las personas que te hacen sentir culpable? ¿Esperas ansiosamente hablar con esa persona que está tan molesta contigo? ¡Claro que no! Y claro, cuando piensas que Dios se porta así contigo cuando pecas, no te sorprenda que lo que quieras sea estar lo más lejos que puedas de Él.

Ahora, miremos el tercer diagrama. Este es el creyente que ha reconocido en ese momento lo que la cruz significa realmente. Te das cuenta y dices: "Jesús pagó ya por mi pecado". Y por esta verdad, todas las barreras han caído. No sientes temor con relación a Dios porque sabes que Dios te ama y te acepta en Cristo.

Barreras del pecado frente a la salvación

Barreras del lado de Dios.	Barreras del lado del hombre
Dios 1. Justicia de Dios Demanda castigo De su culpa	1. Conocimiento del hombre Hombre De su culpa Temor por el castigo
2. Santidad de Dios Demanda rechazo De los no santos	2. Conocimiento del hombre Por su falta de santidad
3. Perfección de Dios Demanda devaluación De lo imperfecto.	3. Conocimiento del hombre Por su imperfección Trae la pérdida de autoestima

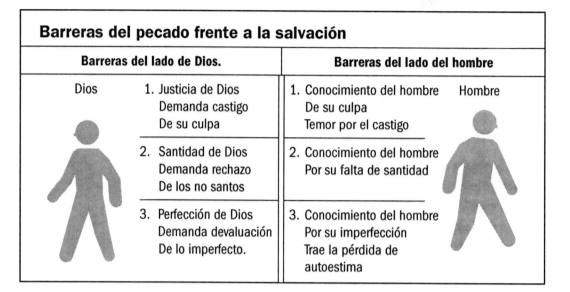

Barreras del pecado después de la salvación cuando olvidamos que Dios nos acepta totalmente

Barreras del lado de Dios	Barreras del lado del hombre
Dios Totalmente removidas Por la muerte de Jesús	Castigo, rechazo Hombre y pérdida de la autoestima como resultado de experiencias previas con el castigo.

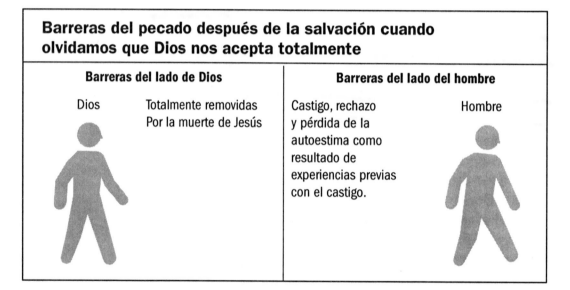

Barreras de pecado después de la salvación cuando hemos aplicado completamente los resultados de la defensa de Cristo

Barreras del lado de Dios	Barreras del lado del hombre
Dios Totalmente removidas Por la muerte de Jesús	Totalmente removidas por Hombre Conocimiento de aceptación total de parte de Dios y Perdón y concientización de que Dios no nos motiva a través de amenazas castigos o rechazo y baja de nuestra autoestima

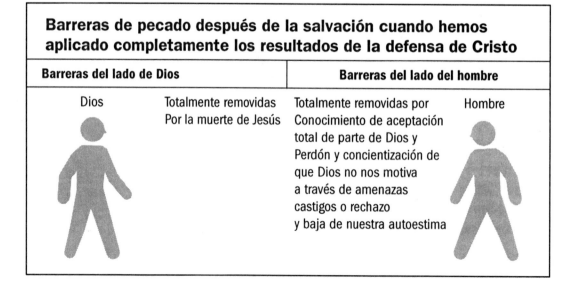

Entonces, ¡cuando no huyes de Dios, corres hacia Él!

Efectos del pecado sobre el cristiano

Lo que no hace el pecado.	Lo que hace el pecado.
1. Trae castigo de Dios.	1. Trae la corrección amorosa y la disciplina de parte de Dios.
2. Hace que Dios se enoje con nosotros.	2. Interfiere con nuestro ajuste personal, nos lastima y eventualmente nos hace infelices.
3. Causa el rechazo de Dios, aún temporalmente.	3. Disminuye nuestra efectividad en el mundo.
4. Disminuye nuestro valor hacia Dios.	4. Daña las vidas de otros— especialmente de los que están cerca de nosotros.
5. Hace que Dios nos vea culpables.	5. Hace que perdamos recompensas en el cielo.
	6. Trae convicción de Dios.

Fuente: Diagrama adaptado de Bruce Narramore y Bill Counts, Libres de la Culpa. (Santa Ana, Calif.: Vision House, 1974), 83–85, 93.

La pregunta de discusión 4 puede usarse ahora.

¿Hay alguna prueba que demuestre que soy un creyente?

Si bien Dios puede ver a los corazones de los individuos y determinar quiénes son los que se han comprometido honestamente con Él, también nos ha dicho en su Palabra que existen ciertas evidencias que nos permiten a nosotros mismos (no a otros) juzgarnos.

Piensa en esas evidencias de esta forma. Si a una mujer se le confirma que está embarazada, ella y su marido se contentarán con la noticia. Además, pronto esperarán ver la evidencia de este embarazo en los meses siguientes. El abdomen de la futura mamá crecerá, sentirá al bebé patear en el vientre, quizá tenga además antojos extraños como el de comer pepinillos con chocolate. Claro que estaba embarazada antes de estas evidencias, pero si está embarazada, de hecho tendrá las evidencias, sobre todo la primera. Tengo que decir que las evidencias de que somos Hijos de Dios no son tan obvias. Dios lo quiere así porque quiere que vivamos por fe. Pero sí hay señales claras de nuestra fe, señales que puedes mirar con los ojos de la fe. Mientras leo esta lista de versículos, chequea los versículos que puedas aplicar en tu vida.

• El **CONOCIMIENTO** de que Dios es nuestro padre celestial.

> "Mi Padre me ha entregado todas las cosas. Nadie conoce al Hijo sino el Padre, y nadie conoce al Padre sino el Hijo y aquel a quien el Hijo quiera revelarlo".
>
> —Mateo 11:27 (NVI)

• Una dependencia renovada en la **ORACIÓN**.

> "Oren en el Espíritu en todo momento, con peticiones y ruegos. Manténganse alerta y perseveren en oración por todos los *santos".
>
> —Efesios 6:18 (NVI)

• Una nueva habilidad para comprender las **ESCRITURAS**.

> "Pero cuando venga el Espíritu de la verdad, él los guiará a toda la verdad, porque no hablará por su propia cuenta sino que dirá sólo lo que oiga y les anunciará las cosas por venir".
>
> —Juan 16:13 (NVI)

• Un nuevo sentido de seriedad frente al **PECADO**.

> "En verdad, Dios ha manifestado a toda la *humanidad su gracia, la cual trae salvación y nos enseña a rechazar la impiedad y las pasiones mundanas. Así podremos vivir en este mundo con justicia, piedad y dominio propio"
>
> —Tito 2:11–12 (NVI)

• Un renovado **AMOR** por los perdidos.

> "Hermanos, el deseo de mi corazón, y mi oración a Dios por los israelitas, es que lleguen a ser salvos".
>
> —Romanos 10:1 (NVI)

• Un nuevo amor por **OTROS CREYENTES**.

> "Nosotros sabemos que hemos pasado de la muerte a la vida porque amamos a nuestros hermanos. El que no ama permanece en la muerte".
>
> —1ª Juan 3:14 (NVI)

¿Cómo saliste? Si no hallas evidencia alguna, puede ser que seas un creyente muy nuevo, tal vez un bebé en Cristo. O quizá eres de los millones de personas en el mundo que asisten a la iglesia pero aún debes solucionar el asunto de tu salvación.

Permíteme hacerte una pregunta. Es una pregunta personal, pero debes responderla. Si te preguntara: " ¿Por qué Dios debería dejarte entrar en el cielo?"- ¿Qué dirías?

¿Descansa tu fe en las cosas que has logrado hacer? Si bien no eres tan bueno, de alguna forma confías en que eres lo suficientemente bueno. Creemos que por lo menos somos mejores que el promedio, así que confiamos en eso.

Si es así lo que sientes hasta este punto, hay dos posibilidades: una, que seas un creyente pero aún no comprendas el significado de lo que hizo Jesús en la cruz. Soluciónalo esta noche. Tu salvación no se basa en algo que puedas hacer o dejar de hacer.

Dos, puede que no seas un creyente, pero eres un religioso. Puedes haber asistido a la iglesia por años, pero muy en el fondo dependes de ti mismo para tu salvación. En el momento que reconoces este hecho, alcanzas uno de los momentos más significativos de tu vida. Tu orgullo te dice, "No lo admito, me voy a sentar aquí y voy a pretender que no estoy teniendo estos pensamientos". Pero los tienes y sabes lo que eso significa. Tu corazón ahora mismo está conmovido, aún vulnerable. Ahora, confía en Jesús con ese corazón conmovido.

Perspectiva Personal Clave

Pregunta: ¿Por qué permitiría Dios que entre en el cielo?

La única respuesta correcta: Porque he confiado en la obra de Cristo en la cruz.

No porque...

soy un buen tipo.

creo en Dios.

asisto a la iglesia.

Si puedes responder a esta pregunta correctamente, puedes renunciar a tus dudas y temores acerca de la seguridad de tu salvación. Comienza a vivir en la libertad que viene del saber que eres salvo.

"Acerquémonos, pues, a Dios con corazón sincero y con la plena seguridad que da la fe, interiormente purificados de una conciencia culpable y exteriormente lavados con agua pura".

—Hebreos 10:22

Oremos juntos. Algunos de ustedes necesitan confiar en Jesús de corazón: dile ahora mismo:

Señor Jesús, te pido que me salves. Haz por mí lo que yo mismo no puedo lograr por mi cuenta. Soy un pecador y te pido que me regales tu perdón. Gracias por haber pagado el precio de este regalo muriendo en la cruz. Te acepto, Jesús como mi nuevo dueño y Señor de mi vida.

Algunos de ustedes necesitan fijar la seguridad de la salvación que tienen en Cristo. O sólo que se les vuelva a recordar ese sentimiento. Hagan esta simple oración:

Padre, Confío en ti para la seguridad de mi salvación. Nada puede separarme de tu amor. Nada me puede arrebatar de las manos de Jesús. Tengo vida eterna y nunca pereceré, por mi confianza en que nos amaste tanto que diste a tu Hijo único. En el nombre de Jesús. Amén

Terminemos memorizando la tarjeta 6, "
La verdad acerca de la salvación".

Apéndice

Las Escrituras apuntan a la seguridad de nuestra Salvación

Existe un número abrumador de Escrituras que apuntan a la seguridad y certeza de nuestra salvación. Unos pocos pasajes en la Biblia parecen indicar que nuestra salvación podría perderse. Aquí ofrecemos un acercamiento más detallado a estos pasajes.

Gálatas 5:4: "Aquellos de entre ustedes que tratan de ser justificados por la ley, han roto con Cristo; han caído de la gracia".

Para muchas personas, el término "caer de la gracia" es un sinónimo de perder la salvación. Esta frase se usa una sola vez en el Nuevo Testamento. El Apóstol Pablo se defiende a sí mismo y a su evangelio, de un grupo llamado los judaizantes, quienes habían llegado a las ciudades de Galacia después de su partida.

Los judaizantes enseñaban que la salvación se encontraba tanto en creer en Jesucristo como en mantener ciertas porciones de la ley judía. La distorsión mayor giraba en torno al tema de la circuncisión; pensaban que los gentiles debían circuncidarse para asegurar su salvación. (Gal. 5:2) No era suficiente poner su fe en la muerte redentora de Jesucristo por nuestros pecados para ganar la vida eterna. Enseñaban que se debía combinar la fe con las obras para lograrlo. Además, observaban muchos de los lineamientos judíos en cuanto a la alimentación y días de festividades especiales.

A Pablo se le rompió el corazón cuando vio a los creyentes de Galacia ser arrastrados tan fácilmente por los judaizantes. (Gal.1:6-7). A Pablo no le preocupaba que los gálatas perdieran su salvación, sino el gozo de su salvación, al adoptar una nueva forma de religión que los restringiría severamente en su libertad.

Les advirtió que el confiar en la circuncisión como un medio de salvación era un desperdicio de tiempo, (Gal. 5:2-3) porque ello significaría que tendrían que observar nuevamente toda la ley. Combinar a Cristo con la ley nunca funcionaría porque se trataban de dos sistemas totalmente diferentes. La ley y la gracia ¡no se pueden mezclar!

Pablo, entonces, usa un lenguaje muy fuerte para aclarar este punto: "Han sido alienados o han nulificado la obra de Cristo". Tratando de integrar la ley al evangelio, ellos anulaban la necesidad que tenemos de la muerte de Jesucristo por los pecados.

Si la salvación pudiera ser obtenida a través de la ley, no existiría razón alguna para que Cristo viniera a morir. Entonces dice: "Han caído de la gracia."(v.4) El caer de la gracia es abandonar el modelo de la salvación por la gracia para adoptar el modelo de la salvación por obras. Pablo no los estaba amenazando con la pérdida de su salvación, sino con la pérdida de su libertad. Pablo sabía que caer del "sistema de la gracia" de Dios los llevaría directamente atrás, nuevamente a la frustración de vivir bajo la ley.

Hebreos 6:4–6 : Es imposible que renueven su arrepentimiento aquellos que han sido una vez iluminados, que han saboreado el don celestial, que han tenido parte en el Espíritu Santo y que han experimentado la buena palabra de Dios y los poderes del mundo venidero, y después de todo esto se han apartado. Es imposible, porque así vuelven a crucificar, para su propio mal, al Hijo de Dios y lo exponen a la vergüenza pública

El libro de Hebreos estaba probablemente dirigido a un grupo de judeocristianos, como se indica a través de las continuas referencias al Antiguo Testamento. El Antiguo pacto era obsoleto y preocupaba que se llevara a los lectores a regresar desde Cristo, otra vez al judaísmo. Ninguna de estas preocupaciones hubiese sido un tema a tratar si la audiencia hubiese estado compuesta por creyentes gentiles.

Evidentemente, estos creyentes judíos estaban desilusionados con el cristianismo. El escritor intenta con su carta, persuadir a sus hermanos y hermanas a mantener su fe. Estas advertencias no se hacen a personas que están tratando de establecer sus creencias respecto a Cristo por primera vez, eran personas que si bien habían expresado su fe en Dios, estaban considerando seriamente abandonar el cristianismo como una forma de vida.

Este pasaje habla de individuos que ya "han saboreado el don celestial" como una forma de vida. Saboreado se usa en el sentido de "experimentar" y a ellos se los menciona como que han tomado parte en el Espíritu Santo. No hay duda de que se trata de cristianos. El autor teme que regresen a sus antiguas formas de vivir, incluyendo sus formas originales de adoración (judaísmo) y que de esta forma consideren que están regresando al Dios de sus padres, siendo que por el contrario estarían abandonándolo.

El autor usa la palabra "arrepentimiento" en el sentido de "cambio de mente". El autor es muy agresivo, porque estos creyentes habían cambiado de parecer con respecto a Cristo y no podían ser convencidos de lo contrario. Al dar sus espaldas a Cristo, estos judíos estaban en esencia dando la razón a aquellos judíos que arrestaron a Jesús y lo mataron. Su negación pública haría ver a las personas de afuera que no era cosa buena el cristianismo pues aquellos que una vez se habían proclamado creyentes, luego cambiaban de opinión y regresaban a su religión anterior.

Esta advertencia, de ninguna manera amenaza la seguridad de un creyente. En lugar de esto, es una evidencia de la seguridad para el creyente. Si un judío, que esperaba la llegada del Mesías, podía hallar su salvación a través de Jesucristo y luego la rechazaba sin temor alguno de perder su salvación, entonces ¿qué tendríamos que temer el resto de nosotros?

Hebreos 10:26–31: Si después de recibir el conocimiento de la verdad pecamos obstinadamente, ya no hay sacrificio por los pecados. Sólo queda una terrible expectativa de juicio, el fuego ardiente que ha de devorar a los enemigos de Dios. Cualquiera que rechazaba la ley de Moisés moría irremediablemente por el testimonio de dos o tres testigos. ¿Cuánto mayor castigo piensan ustedes que merece el que ha pisoteado al Hijo de Dios, que ha profanado la sangre del pacto por la cual había sido santificado, y que ha insultado al Espíritu de la gracia? Pues conocemos al que dijo: «Mía es la venganza; yo pagaré»; y también: «El Señor juzgará a su pueblo.» ¡Terrible cosa es caer en las manos del Dios vivo!

El autor de Hebreos no está escribiendo acerca de perder la salvación. El contexto y detalles del texto sugieren que una interpretación válida sería la de que se trata de una advertencia a su audiencia judía de las consecuencias de una desobediencia obstinada. Ya no podrán justificar su pecado a la luz del Mesías que ya vino. En su siguiente encuentro con el Mesías, Él se erigirá como juez, quien tomará sus decisiones basado en el nuevo pacto. Para los creyentes que viven para ellos mismos sin pensar en las cosas de Dios, esto sería "terrible", caer en las manos del Dios vivo.

Apocalipsis 3:5: "El que salga vencedor se vestirá de blanco. Jamás borraré su nombre del libro de la vida, sino que reconoceré su nombre delante de mi Padre y delante de sus ángeles".

Estos comentarios se dirigen a un grupo de creyentes fieles de la iglesia en Sardis. A diferencia de la mayoría de las personas de la iglesia de Sardis, estos pocos creyentes se habían mantenido alejados de la corrupción de su mundo circundante. Cristo los felicita por su consistente caminar.

Cinco veces en Apocalipsis, el apóstol Juan se refiere al "libro de la vida" En dos de estos pasajes se hace claro que Juan no pensaba que algún nombre se pudiera borrar del Libro de la Vida.

Apocalipsis 13:8: "A la bestia la adorarán todos los habitantes de la tierra, aquellos cuyos nombres no han sido escritos en el libro de la vida, el libro del Cordero que fue sacrificado desde la creación del mundo."

Apocalipsis 17:8: " Los habitantes de la tierra, cuyos nombres, desde la creación del mundo, no han sido escritos en el libro de la vida,"

Juan está usando la palabra "tierra", en Apocalipsis 17:8 para referirse al universo (ver Juan 1:3, Hechos 17:24). Se indica que el libro de la vida ya fue lleno, incluso antes de que alguien haya nacido. Si ese es el caso, el conocimiento previo de Dios tiene mucho que ver en cuanto a los nombres que están o no escritos. Antes de la muerte de Cristo a manos de los hombres, Dios ya había escrito los nombres de quienes Él sabía que desde la eternidad aceptarían su oferta llena de gracia. Dios escribió nuestros nombres incluso antes de que nosotros hiciéramos algo. Así que no escribió los nombres en respuesta de lo que nosotros hicimos, sino por lo que ya conocía de lo que íbamos a hacer. Esta distinción es muy importante. Si Dios escribió ya los nombres, podría entonces argumentarse que borrarlos también podría ser parte de la historia escrita. Pero si Dios hubiese ingresado los nombres de acuerdo con su capacidad de conocerlo todo pre-viamente, se sigue que debería haberse hecho completamente antes de que todo iniciara, en ese caso, nadie necesita vivir con el temor de que su nombre puede ser borrado del libro de la vida en algún punto del futuro.

En otras palabras, ¡El lápiz de Dios no tiene borrador! Antes de que nacieras Dios sabía que responderías a su oferta de gracia. Y de acuerdo a ese conocimiento del futuro ya escribió tu nombre en el libro de la vida. Y permanecerá allí para siempre.

Preguntas de discusión:

1. Mira nuevamente las tres razones por las cuales la gente pierde su seguridad de salvación. ¿Cuál de éstas piensas que es con la que más luchamos? ¿Ha sido alguna de éstas una lucha para ti?

2. ¿Cuál es la diferencia entre basar mi seguridad en mi fidelidad a Dios y basarla en su fidelidad conmigo? ¿Cómo impacta eso nuestras actitudes, motivaciones y acciones como creyentes?

3. ¿Qué dirías a alguien que te dice: "He estado asistiendo a la iglesia y orando e intentando leer la Biblia por años, pero últimamente he estado sintiéndome como si no fuera en realidad un cristiano?

4. Si creo en la seguridad eterna, ¿cuál será entonces mi motivación para crecer? ¿Cuál de estas tres es la más significativa para ti?

   •Gracia

   "Porque por gracia ustedes han sido salvados mediante la fe; esto no procede de ustedes, sino que es el regalo de Dios, no por obras, para que nadie se jacte. Porque somos hechura de Dios, creados en Cristo Jesús para buenas obras, las cuales Dios dispuso de antemano a fin de que las pongamos en práctica".
   —Efesios 2:8–10 (NVI)

   •Recompensas eternas

   "Hagan lo que hagan, trabajen de buena gana, como para el Señor y no como para nadie en este mundo"
   —Colosenses 3:23 (NVI)

   •Agradar a Dios

   "Por eso nos empeñamos en agradarle, ya sea que vivamos en nuestro cuerpo o que lo hayamos dejado".
   —2 Corintios 5:9 (NVI)

Para estudios posteriores

Graham, Billy. *Cómo nacer de nuevo.* Dallas: Word, 1989.

Lucado, Max. *En manos de la Gracia.* Dallas: Word, 1996.

Sproul, R. C. Faith Alone: *La doctrina evangélica de la justificación.* Grand Rapids, Mich.: Baker, 1999.

Stanley, Charles. *Seguridad Eterna: ¿Puedes estar seguro?* Nashville: Nelson, 1990.

Strombeck, J. F. *Shall Never Perish.* Grand Rapids, Mich.: Kregel, 1991.

Swindoll, Charles R. *El Despertar de la Gracia.* Dallas: Word, 1990. Toon, Peter. Born De Nuevo: Un Estudio Bíblico y Teológico de la Regeneración. Grand Rapids, Mich.: Baker, 1986.

White, James R. *El Dios que Justifica: Un estudio comprensivo de la Doctrina de la Justificación.* Minneapolis: Bethany House, 2001.

La Santificación
1a Parte

Metas transformadoras

• Desarrollar una profunda convicción en tu vida de que somos santificados por el amor de Cristo.

• Construir un fundamento verdadero que nos sirva para crecer en Jesucristo por el resto de nuestras vidas.

Resumen de los puntos principales de enseñanza.

Santificado significa: "separado".

Los dos enfoques de la santificación

1. La santificación es de una sola vez y completa.

2. La santificación es continua y progresiva.

Las dos naturalezas del cristiano.

Expresas tu fe de acuerdo a tu nueva naturaleza, cuando te ves como una nueva persona.

Expresas tu fe con respecto a tu vieja naturaleza cuando te ves muerto al pecado.

Expresas tu fe de acuerdo a tu nueva y vieja naturaleza cuando cuentas con un nuevo poder para vencer el mal.

Permíteme compartir contigo una carta que refleja los sentimientos que muchos de nosotros tenemos.

Estimado Pastor:

Espero que pueda ayudarme con algunos de los sentimientos de frustración que estoy experimentando.

Debo admitir que cuando escucho a otros hablar de su crecimiento como creyentes, me siento algo culpable. Lo hacen parecer muy fácil, pero nunca ha sido sencillo para mí. No me mal entienda, asisto a la iglesia e incluso a

53

un estudio bíblico, pero no logro ver tantos cambios en mi vida. Aún tengo las mismas luchas que tenía antes de convertirme y me hallo cayendo cada vez en las mismas tentaciones. A veces, me pregunto si esto significa que no soy un creyente —pero muy profundo dentro de mí sé que eso no es verdad. Creo que sólo estoy cansado de verme siempre abajo – y Dios también. ¿Tiene alguna palabra de esperanza para alguien que siente que nunca podrá arrancar de verdad?

Si alguna vez te has sentido así, te voy a decir un pequeño secreto: ¡no estás solo! Una de las formas de romper sentimientos como éste, que todos enfrentamos, es que comprendamos la manera en que Dios nos hace crecer. Si no lo hacemos, nos llenaremos de frustración y constantemente nos preguntaremos lo que Dios está haciendo.

Imagina sólo por un momento, que una rosa pudiera pensar. ¿Cómo se sentiría al tratar de crecer como la mejor rosa en el jardín? Con la luz del sol y el agua que recibe en primavera, pensaría: "esta es la vida, y de esto se trata el crecer. Esto es lo que necesito para crecer". Sin embargo, justo cuando comienza a crecer, llega el jardinero con un fertilizante que ¡apesta! Y la rosa piensa: "Esto si que arruina mi idea de cómo deberían funcionar las cosas". Luego vienen los tratamientos para eliminar las pestes y para prevenir enfermedades – nada de lo que la rosa tenía en mente para crecer. Luego llega el invierno y las rosas pierden todas sus hojas. En este instante, se siente totalmente acabada porque no tiene hojas ni flores y justo allí viene el jardinero con sus tijeras de podar, ¿Qué clase de plan es este? ¿Por qué no podó el jardinero su rosal cuando estaban en verano y el rosal tenía hojas y flores?

Si esa rosa pudiera comprender lo que estaba sucediendo en cada una de esas etapas... ¡Qué diferencia habría! Claro que el fertilizante seguiría apestando, pero la rosa comprendería por qué. La podada aún dolería, pero la rosa sabría que podarla en el momento exacto es el secreto para que crezca nuevamente el año entrante. Cuando entendemos los medios que Dios utiliza para que crezcamos como creyentes, hay una gran diferencia. Claro que eso no significa que el crecimiento no duela, ¡claro que duele! Pero nos capacita para comprender lo que Dios tiene para nuestras vidas.

¿Cuál es la realidad acerca de nuestro crecimiento como creyentes? ¿Cómo es que el crecimiento se convierte en algo que sucede en nuestras vidas y no sólo un tema para charlar? La palabra que la Biblia usa para este proceso de crecimiento se llama SANTIFICACIÓN.

Como creyentes hemos sido:

Justificados.

Declarados eternamente inocentes (Rom. 5:1; Gal. 2:16)

Santificados.

El acto de ser separados para siempre y de una sola vez
1 Cor. 6:11)

La experiencia de crecer a la medida de Cristo (1 Tes. 5:23)

Glorificados.

El acto completo de estar con Dios por la eternidad
(Rom. 8:30)

La justificación se dió en el momento en que fuimos salvos. La glorificación sucederá cuando lleguemos al cielo. La santificación es lo que está sucediendo en nuestras vidas ahora mismo. ¡Eso hace que estemos muy interesados en este proceso!

Durante las pasadas dos sesiones vimos lo que significa ser justificados. En este estudio, comenzaremos a ver lo que es ser santificados.

Santificado significa <u>SEPARADO</u>.

En el Antiguo Testamento, eran los objetos y lugares de adoración los que se llamaban "separados" para el uso y honor de Dios:

Sumos sacerdotes (Ex. 28:41)

Vestiduras santas (Ex. 29:21)

El altar santo (Ex. 30:10)

Tierra santa (Lev. 27:21)

En el Nuevo Testamento, es el pueblo de Dios lo que está separado para el uso y honor de Dios.

"Si alguien se mantiene limpio, llegará a ser un vaso noble, santificado, útil para el Señor y preparado para toda obra buena".
—2 Timoteo 2:21 (NVI)

En nuestras casas tenemos algunos platos que son "comunes" y otros que los "separamos" para usos especiales. Estos platos tienen un lugar de honor en nuestras repisas y los usamos para ocasiones festivas y otras celebraciones familiares.

"Santificados", significa que somos puestos aparte para que Dios nos pueda usar: se nos ha dado un lugar de honor para que Dios nos use para sus propósitos especiales. Y Dios no nos usa sólo unas pocas veces al año. Dios nos ha separado para poder obrar a través nuestro cada día de nuestras vidas. Eres santificado, puesto en un lugar de honor como creyente que es mucho más alto de lo que puedes imaginar. En realidad, la Biblia dice que eres ¡un santo!

Santificado, viene de la misma raíz que la palabra santo. En la Biblia, todos los creyentes son llamados santos.

No se trata de estar yendo *hacia* la santidad. <u>ESTOY CRECIENDO COMO UN SANTO</u> (2 Pedro 3:18; 2 Cor. 10:15).

Mira a la persona que está a tu lado y dile, "hola soy San........(llénalo con tu nombre)."

Fue difícil para algunos de ustedes... ¿Cómo podemos llegar a ser santos? La mayoría de nosotros usamos este término para señalar a alguien que rara vez o nunca peca. Nosotros designamos como "santos", a personas que creemos que son demasiado viejas para pecar. Nunca oyes a alguien decir "a ustedes mis jóvenes santos". La Biblia, sin embargo, enseña que todos los que nacemos de nuevo somos santos. ¡El Nuevo Testamento se refiere a los creyentes como santos unas cincuenta y seis veces! Incluso, cuando habla de los corintios, que como sabemos tenían grandes luchas con pecados serios, los llama "santos".

Por esto es tan importante estar seguro de que somos santos. Hasta que no veamos quiénes somos en Cristo, lucharemos con nuestros sentimientos mientras crecemos. Puedes pensar, "Volví a pecar, no soy nada más que un pobre pecador. No entiendo la Biblia. Falló mi ministerio... ¡Quién me creo de todas formas!"

Debes aceptar por fe que has sido santificado. Como creyente, eres también santo. Y verás como cambian tus pensamientos. "Claro que mis oraciones fueron respondidas. Claro que Dios me está cambiando. Claro que Dios me usó en esa situación".

Pero debes estar pensando "No me entienden, no puedo sentirme como un santo". Pues bienvenido al club ¡Yo me siento de la misma forma! Es por eso que nuestro crecimiento no depende de nuestros sentimientos. Tu crecimiento como creyente tiene su fundamento en la fe – fe en quién es Dios y lo que ha hecho en ti y la obra que sigue haciendo.

La doctrina de la santificación fundamenta nuestro crecimiento como cristianos. Uno de los ingredientes faltantes en nuestro crecimiento espiritual es precisamente la comprensión de esta doctrina. Sin comprender la doctrina de la santificación, puedes fácilmente caer en la trampa de

> **tratar de crecer en Cristo pero basado en tus propios esfuerzos, (legalismo);**

> **o abusar de la gracia al pretender crecer sin importar tu forma de vivir (licencia).**

Si bien hay cientos de cosas que podemos hacer para crecer espiritualmente, todas descansan sobre la base de la fe. Para crecer como creyente, debes aprender a verte por fe de la manera en

que Dios te ve. Al estudiar la santificación, veremos cinco verdades específicas que pueden ser aceptadas sólo por fe. Estas verdades son el fundamento para nuestro crecimiento como creyentes.

En esta sesión veremos dos áreas que requieren de nuestra fe:

1. Los dos enfoques de la santificación

2. Las dos naturalezas del cristiano

En la siguiente sesión, veremos tres verdades adicionales que requieren ser aceptadas por la fe:

3. El poder de la gracia sobre la ley

4. El proceso de crecimiento diario

5. La promesa de Dios de finalizar su obra en nosotros

Los dos enfoques de la santificación.

La santificación se refiere a dos cosas:

La ACCIÓN FINALIZADA de ser hecho un santo.

El PROCESO DIARIO de ser santificado

La santificación es tanto una acción terminada como un proceso diario. Se parece mucho a un matrimonio. Cuando te casas, dices "acepto" y luego pasas el resto de tu vida tratando de vivir esta palabra. La acción terminada de la ceremonia de la boda debe reflejarse en el proceso de la vida en matrimonio.

Veamos esto más de cerca.

1. La santificación es de una sola vez y completa.

"Y en virtud de esa voluntad somos santificados mediante el sacrificio del cuerpo de Jesucristo, ofrecido una vez y para siempre".
—Hebreos 10:10 (NVI)

"Pero gracias a él ustedes están unidos a Cristo Jesús, a quien Dios ha hecho nuestra sabiduría -es decir, nuestra justificación, santificación y redención"
—1 Corintios 1:30 (NVI)

En Hebreos 10:10 y 1 Corintios 1:30, podemos ver la frase exacta: "somos santificados". Es tiempo pasado – Dios nos ha santificado por nuestra fe en Cristo, hemos sido liberados del pecado y redimidos por Dios".

No parece muy lógico ¿verdad? Si miramos nuestras vidas, sabemos que nadie de nosotros es perfecto —todavía luchamos con el pecado. ¿Cómo entonces Dios nos llama Santos?

¿Cómo podemos entonces ser hechos santos? Esto es posible, por lo que Jesús ha hecho por todos nosotros. Cuando confiamos en Cristo, Dios nos ve a partir de ese momento tan santos como su Hijo. No es algo que hayamos ganado. Es un regalo que Dios nos da. El hecho de que Dios nos haya hecho santos en Cristo es un don que no vemos pero lo tenemos. Más tarde, en este estudio, veremos lo importante de este fundamento para continuar nuestro crecimiento como creyentes.

La pregunta de discusión 1 puede usarse aquí.

Una vez que Dios nos ha hecho santos, comienza nuestro camino de crecimiento para llegar a ser los seres humanos nuevos que Dios quiere que seamos. Esto nos lleva a nuestro segundo enfoque de la santificación.

2. La santificación es un proceso continuo y progresivo.

El crecimiento es, obviamente, un proceso en nuestras vidas, que también incluye el crecimiento espiritual. No existen atajos al crecimiento espiritual.

Mira en 1 Pedro 2:2. Toma tiempo el crecer de una infancia espiritual a la madurez espiritual.

"deseen con ansias la leche pura de la palabra, como niños recién nacidos. Así, por medio de ella, crecerán en su salvación".
—1 Pedro 2:2 (NVI)

"Busquen la paz con todos, y la *santidad, sin la cual nadie verá al Señor".
—Hebreos 12:14 (NVI)

"Más bien, crezcan en la gracia y en el conocimiento de nuestro Señor y Salvador Jesucristo".
—2 Pedro 3:18 (NVI)

En estos versículos, pongan un círculo alrededor de "deseen con ansias", en 1 Pedro 2:2, de "busquen" en Hebreos 12:14 y de "crezcan en la gracia" en 2 Pedro 3:18. Nota que todas estas son cosas que hacemos por decisión propia, acciones que emprendemos. Dios ha decidido a propósito, darnos la oportunidad de involucrarnos en el proceso de crecimiento.

Así que, hemos sido hechos santos por Dios, y estamos siendo santificados continuamente por Dios.

Hay un versículo que lo dice todo:

"Porque con un solo sacrificio ha hecho perfectos para siempre a los que está santificando".
—Hebreos 10:14 (NVI)

Pon un círculo en "para siempre", y en "santificando". "Hechos perfectos para siempre" (un acto terminado). "Siendo santificados" (un proceso continuo)

Expresas tu fe respecto a estos dos enfoques cuando dices: "soy una persona santa y estoy siendo santificado".

Esto fue hecho (terminado, completado, arreglado) en el momento de la salvación (1 Cor. 6:11; 2 Cor. 5:17).

Permítanme resumir lo que esto significa.

La santificación no es el proceso a través del cual YO trato con todas mis fuerzas de llegar a ser lo que lamentablemente no soy. La santificación es el proceso de comenzar a vivir lo que *realmente soy*. En el momento de nuestra salvación, Dios cambió nuestro ADN.

Consejo práctico de enseñanza.

Pedir al grupo que diga algo al unísono, normalmente tiene un efecto de unión y fortaleza. Además, es bueno para lograr el enfoque y atención en algo que no quieres que olviden. A menudo, cuando se les pide que hablen juntos, lo hacen suavemente, por lo que conviene un comentario como ¡hagámoslo fuerte y con entusiasmo!

Ahora tomemos un momento para declarar por fe lo siguiente:

Señor, gracias por ¡hacerme Santo!

Señor, ¡gracias porque me estás haciendo santo!

Las preguntas de discusión 2 y 3 pueden usarse ahora.

Dios ya te ha hecho santo y Dios te está santificando. ¿Sientes tensión entre estas dos declaraciones? Parecería que sólo una de las *dos* puede ser cierta. Tal vez, has notado que mucho de la doctrina que hemos estudiado es también así.

Jesús es Dios y hombre.

Dios es trascendente (sobre nosotros) e inmanente (cercano)

Dios es soberano y aún así nos da el libre albedrío.

A menudo, es en esta tensión entre dos iguales que parecen opuestos, que encontramos la verdadera belleza de la verdad de Dios como en un acorde de guitarra – en el que la nota hermosa viene después de haber ajustado las clavijas. A veces tendemos a desear que la doctrina funcione como las matemáticas: 1 + 1 = verdad. Sólo el frío, lógico y duro razonamiento. Pero la doctrina es mucho más que eso, se parece más a la música que a las matemáticas. En la doctrina, escuchamos la hermosura de la verdad de Dios. Pero al igual que en la música, la doctrina debe ser exacta, sin errores y no puede cambiar sus reglas. Cuando comenzamos a ver las dos verdades de la santificación- somos santos y estamos siendo santificados- y las balanceamos, es como si escucháramos la verdad en nuestros corazones.

Dios te ha hecho santo. ¡No te apartes de esa verdad!

Dios te está santificando, ¡tampoco te apartes de esta verdad!

Requiere que tengamos fe en estas dos verdades para constatar que Dios te está santificando.

Plan de sesión dividida: Si estás enseñando este estudio en dos sesiones, finaliza la primera sesión ahora.

Es vital que comprendamos la doctrina de la santificación porque es fácil que nos engañemos en lo que se refiere al tema del crecimiento como cristianos.

El crecimiento no es:

Las reuniones a las que asistimos.

Los versículos que memorizamos.

Los libros que leemos.

Los minutos que pasamos cada mañana en quietud.

Aunque todas estas son cosas que pueden producir crecimiento en nuestras vidas como creyentes, es fácil dejarnos engañar pensando que sólo por estar involucrados en una actividad que produce crecimiento, debemos estar creciendo. Puedes ser como un hombre que asistía a un gimnasio, miraba a todos ejercitarse, y se felicitaba por su compromiso con el ejercicio; incluso se daba el gusto de comer una rosquilla de regreso a casa.

La doctrina de la santificación es una verdad que nos recuerda que el crecimiento cristiano no sólo es un asunto de revisar todos los aspectos de una lista de "todo lo que hay que hacer". Algo así como: "orar", un visto. Versículo memorizado, visto. Ir a la iglesia, visto. Lo que en realidad hace la diferencia es nuestra fe en Cristo a medida que hacemos todas estas cosas.

Ya que hemos hablado tanto de la fe, permítanme recordarles algunas cosas. Sólo se requiere fe como una semilla de mostaza para lograr un impacto en este mundo y en tu vida. Si sólo tienes un poquito de fe en nuestro grande y asombroso Dios, Él obrará en nuestras vidas de formas que van más allá de los límites de nuestra imaginación. Miren a su alrededor en esta habitación, cada persona aquí, incluyéndome, desearía tener más fe. Pero aquellos de nosotros que estamos creciendo, viendo a Dios obrar en nuestras vidas, no esperamos a sentir que ya tenemos la fe suficiente para confiar en Dios. Tomamos la poquita fe que tenemos y confiamos en ÉL. Es entonces que vemos crecer esa fe. No tan rápido como quisiéramos, pero crece porque esa es la promesa de Dios.

Hemos visto nuestra necesidad de tener fe respecto de los dos enfoques de la santificación. El segundo aspecto en el que necesitamos tener fe es….

Las dos naturalezas del cristiano.

Si no obtienes nada más de este estudio, grábate en la cabeza que la santificación es un asunto de fe, de principio a fin.

¿Cuáles son las dos naturalezas del cristiano?

Tenemos dos, una <u>VIEJA</u> y una <u>NUEVA</u> naturaleza.

¿Qué es esto de la vieja y la nueva naturaleza? Esto es extremadamente importante de comprender.

Una observación detallada.

La naturaleza vieja y la nueva de los cristianos.

Tu vieja naturaleza, a la que la Biblia llama también: "la carne", es tu deseo interno y tendencia hacia el pecado. No es el sentimiento de ser tentado; es nuestra parte interna que irremediablemente escogerá decir sí a varias tentaciones. Antes de convertirnos en creyentes, nuestra vieja naturaleza era la única. Todos tenemos esta vieja naturaleza –nuestra propensión natural a pecar- por la caída del hombre que se dió en el Jardín del Edén.

Tu nueva naturaleza se te entrega en el momento en que das tu vida a Cristo. La nueva naturaleza es la nueva vida y el nuevo poder para vivir que se nos da luego de poner nuestra confianza en lo que Jesús hizo por nosotros a través de su muerte y resurrección. Uno de los aspectos más cruciales en el crecimiento de nuestras vidas como creyentes es el aprender a confiar en Dios respecto de esta realidad de nuestra vieja y nueva naturaleza.

- **Expresas tu fe respecto de tu nueva naturaleza cuando te ves como UNA NUEVA PERSONA.**

¿Leerías conmigo 2 Corintios 5:17?

"Por lo tanto, si alguno está en Cristo, es una nueva creación. ¡Lo viejo ha pasado, ha llegado ya lo nuevo!"
—2 Corintios 5:17 (NVI)

Eres una nueva creación en Cristo. En el momento en que creíste en Jesús como tu Salvador, se dió una transacción espiritual que cambió todo.

1. Estaba "**EN ADÁN.**"

   "Pues así como en Adán todos mueren, también en Cristo todos volverán a vivir"

   Escogemos pecar porque esa es nuestra naturaleza espiritual. La Biblia se refiere a nuestra condición como "estar en Adán", lo que significa que estamos sujetos a juicio y muerte.

   "En Adán todos mueren . . ."
—1 Corintios 15:22 (NVI)

2. Ahora estoy "**EN CRISTO**".

   La vida espiritual se gana sólo a través de un nacimiento espiritual (Juan 3:6). En el momento en que nacemos de nuevo, nuestra alma se une con Dios, gracias a Jesús. Ahora estamos en Cristo.

   "Alabado sea Dios, Padre de nuestro Señor Jesucristo, que nos ha bendecido en las regiones celestiales con toda bendición espiritual en Cristo. ⁴ Dios nos escogió en él antes de la creación del mundo, para que seamos santos y sin mancha delante de él".
—Efesios 1:3–4 (NVI)

Hay sólo dos clases de personas en el mundo: los que están en Adán y los que están en Cristo. Tú estás en Cristo si Cristo está en ti. Es como un intercambio de vidas: Tú le das a Jesús tu vida y Él te da la suya a cambio.

Este es otro asunto de fe, no de vista. Cuando te conviertes en creyente, no es que te ves al espejo y miras un rostro diferente. Ves la misma, tu viejo yo. No es que tienes una nueva casa o un nuevo auto o un nuevo trabajo. Todo parece igual. Aún tu personalidad se ve igual que siempre. Si eras una persona tímida o callada antes de venir a Cristo, no es que de repente te conviertes en una fiesta, (Dios no espera que cambies —Dios espera que uses la personalidad que Dios te ha dado.)

Entonces ¿qué cambia? ¿Qué es lo nuevo? Sólo las cosas más importantes acerca de ti —cosas que no puedes ver y que duran para siempre.

¿Quién es esta "Nueva persona"?

• Soy luz en el mundo (Mateo 5:14).

• Soy un hijo de Dios (Juan 1:12).

• Soy un amigo de Cristo (Juan 15:15).

• Soy escogido y señalado por Cristo para dar su fruto (Juan 15:16).

• Soy un esclavo de lo justo (Rom. 6:18).

• Soy un sucesor y un heredero con Cristo (Rom. 8:17).

• Soy un templo, Dios habita en mi (1 Cor. 3:16; 6:19).

• Soy un miembro del cuerpo de Cristo (1 Cor. 12:27; Efesios. 5:30).

• Soy una nueva creación (2 Cor. 5:17).

• Estoy reconciliado con Dios y soy un ministro de reconciliación(2 Cor. 5:18–19).

• Soy un santo (Efe. 1:1; 2 Cor. 1:1–2).

• Soy hechura de las manos de Dios (Efe. 2:10).

• Soy ciudadano del cielo (Fil.3:20; Efe. 2:6).

• Soy correcto y santo (Efe. 4:24).

• Estoy escondido con Cristo en Dios (Col. 3:3).

• Soy amado y escogido (Col. 3:12).

• Soy un hijo/hija de la luz y no de la oscuridad (1 Tes. 5:5).

• Soy enemigo del maligno (1 Pedro 5:8).

• Soy victorioso (1 Juan 5:4).

• He nacido de nuevo (1 Pedro 1:23).

• Estoy vivo con Cristo (Efe. 2:5).

• Soy más que vencedor (Rom. 8:37).

• Soy justicia de Dios (2 Cor. 5:21).

• Soy nacido de Dios y el maligno no puede tocarme (1 Juan 5:18).

- **Seré como Cristo cuando Él regrese (1 Juan 3:1–2).**

  Permíteme hacerte una pregunta teológica ¿Puede una mariposa regresar a su capullo y ser de nuevo un gusano? ¡Claro que no! Una vez que se convierte en mariposa, se mantiene como mariposa. Tú eres como una mariposa que ha salido de su capullo. Te va a tomar algo de tiempo el aprender a volar espiritualmente, pero una vez que te conviertes en una nueva creación en Cristo, eres lo que eres ¡una nueva creación en Cristo!

  No estamos hablando aquí de pensamiento positivo. El pensamiento positivo nos hablaría de un gusano con alas que trata de volar,¡un fenómeno! Dios nos da una nueva naturaleza cuando nos hacemos cristianos. El recordar quienes somos en Cristo es el pensamiento verdadero. Mi preocupación es que hay muchos cristianos por ahí que piensan: "No merezco ser una mariposa; miren todas las luchas en mi vida. Soy sólo un miserable gusano. Volveré a mi cómodo capullo porque la verdad no puedo volar".

  El mayor paso de fe que debemos dar en nuestras vidas es el de aceptar lo que Dios dice respecto a Jesús.

  El segundo paso es aceptar lo que Dios dice acerca de nosotros una vez que aceptamos a Jesús.

  ¡Somos una nueva creación!

Perspectiva personal clave

Verdades que te ayudarán a vivir tu nueva vida.

1. **No debes <u>ALCANZAR</u> tu nueva vida.**

   Lo nuevo es una creación de Dios

   Colosenses 3:10 dice,

   "Y se han puesto el de la nueva naturaleza, que se va renovando en conocimiento a imagen de su Creador"
   —Colosenses 3:10

   En la paráfrasis MENSAJE la frase dice: "Ahora, ustedes están vestidos con nueva ropa. Todo lo nuevo de su nueva vida está diseñado especialmente por el Creador, con Su marca en ello. Todo lo anterior es ahora obsoleto". No tenemos que intentar hacernos personas nuevas; solo debemos vivir esa nueva vida que el Espíritu ya nos ha dado. Somos graciosos y a menudo pensamos que debemos hacerlo por nuestra cuenta. Es como si Dios nos hubiese regalado un vestido nuevo y muy costoso para que lo usemos. Está colgado en nuestro ropero y Dios nos dice:

"Este es el regalo que yo te di, úsalo con gozo". Pero allí estamos en una esquina, tratando con todo nuestro esfuerzo de reunir pedazos de sobras de tela para armarnos algo y cuando finalmente terminamos decimos orgullosamente: "Dios, mira lo que hice". Casi puedo ver a Dios meneando su cabeza y riendo con amor de padre: "Sólo usa el que yo te di ¿quieres?"

2. No debes trabajar para <u>CONSERVAR</u> tu nueva vida.

Tu vida nueva está con Cristo en Dios.

"pues ustedes han muerto y su vida está escondida con Cristo en Dios".
—Colosenses 3:3 (NVI)

No te pierdas esta figura de Colosenses 3:3. Nuestra nueva vida está escondida "con Cristo", eso es ciertamente muy seguro. Y luego se añade, "en Dios" – ¡eso sí que es seguro! Es como poner tu joyería dentro de una caja fuerte encerrada en un auto blindado y con un baúl impenetrable ¡y todo dentro del Fort Knox! ¡Es seguro! Dios ya tuvo cuidado de eso. Si fuera tu tarea mantener tu nueva vida, tratarías de hacerlo a través de reglas (algo que podemos medir y ver), en lugar de vivir confiadamente en la seguridad de su gracia. No lo hagas, no lo necesitas. Dios ya ha asegurado tu vida.

• **Expresas tu fe respecto a tu vieja naturaleza cuando te ves a ti mismo <u>MUERTO</u> <u>AL</u> <u>PECADO.</u>**

En Colosenses 3:3, la Biblia nos dice que nuestro "yo" pecador ha muerto. Miremos en Romanos 6:4.

"Por tanto, mediante el bautismo fuimos sepultados con él en su muerte, a fin de que, así como Cristo resucitó por el poder del Padre, también nosotros llevemos una vida nueva".
—Romanos 6:4 (NVI)

Uno de los puntos más discutidos de la doctrina a través de los siglos, tiene que ver con determinar lo que la Biblia quiere decir cuando nos presenta muerta a la vieja naturaleza. Algunos han sugerido que esto significa que la vieja naturaleza ha desaparecido (¡lo que no es verdad, obviamente, si partimos de nuestra experiencia diaria!) Otros sugieren, que es un asunto de disciplina el decirle no a tu vieja naturaleza; sin embargo, sabemos que la disciplina no es suficiente.

¿Cómo elegimos confiar en lo que la Biblia dice cuando habla de que nuestra vieja naturaleza está muerta?

"Con respecto a la vida que antes llevaban, se les enseñó que debían quitarse el ropaje de la vieja naturaleza, la cual está corrompida por los deseos engañosos"

—Efesios 4:22 (NVI)

¿Cómo pongo a un lado la vieja naturaleza?

•No IGNORÁNDOLA

¿Debería acaso actuar como si estuviera más allá de la tentación y el pecado? En lo profundo de ti, sabes que eso no es verdad. ¿Debo acaso ignorar estos sentimientos en mi vida, ahora que soy un creyente, pretendiendo que como soy un hijo de Dios, estos pensamientos y tentaciones no tienen cabida en mi vida?

No puedes tratar con la vieja naturaleza diciéndote a ti mismo que algo es real, cuando sabes que no lo es. No nos hace ningún bien el ir a la iglesia y pretender que somos perfectos

•No con ESFUERZOS HUMANOS

¿Pondré toda la carga sobre mi, creyendo que de alguna forma mi auto-disciplina y mi determinación suprimirán mi vieja naturaleza y permitirán que la nueva brille? La batalla con el pecado es una guerra que debemos pelear. Nuestro error viene de tratar de pelear por nuestra cuenta. Algunos de nosotros somos más auto-disciplinados que otros, pero no cometamos el error de pelear esta batalla solos. Descubrirás que mientras más pelees, más atrapado estarás por el pecado. Es como entrar en arenas movedizas espirituales —mientras más luches, más te hundirás. Es imposible para los esfuerzos humanos solamente, ganar la guerra contra el pecado. (Aún si en tus fuerzas puedes deshacerte de un hábito pecaminoso, terminarás sintiéndote orgulloso de tu logro) Necesitas un poder fuera de ti mismo .

No puedes luchar con la vieja naturaleza ignorándola o por tus propios medios o auto-disciplina. Existe una tercera opción.

• Por la fe en lo QUE DIOS HA HECHO

"Ahora bien, si hemos muerto con Cristo, confiamos que también viviremos con él".

—Romanos 6:8 (NVI)

Necesitas confiar en lo que Dios ha dicho respecto a la vieja naturaleza. ¿Y qué es eso? La Biblia dice que nuestra vieja naturaleza está muerta. Espera un momento; ¿qué quiere decir con eso? Sé por experiencia, que las tentaciones y hábitos adquiridos por la vieja naturaleza ¡están bien vivos!

Hay una figura poco teológica que a menudo vemos en las caricaturas, acerca de una batalla entre las dos naturalezas: la nueva y la vieja. ¿Recuerdas cuál es? El ángel en un hombro y el diablillo en el otro. ¿Cómo lidiamos con estas dos voces contradictorias? No sirve pretender que el demonio no está; estarías mintiéndote a ti mismo. Pero la disciplina humana tampoco es suficiente; eventualmente cederás a la tentación. No somos competencia para Satanás. El secreto es confiar en la verdad que Dios nos ha dado acerca de nuestras dos naturalezas, la nueva y la vieja.

Miras la nueva naturaleza y dices por fe, estás viva". Miras la vieja y dices por fe, "estás muerta."

Una observación detallada

¡No te lo pierdas!

¿Qué significa, "muerto"? (no significa "no estar presente o dejar de influenciar en tu vida")

Significa:

Que ya no tiene el poder para hacerte pecar –ahora tienes la oportunidad de escoger.

Ya no disfrutas el pecado, has cambiado.

El pecado trae placer momentáneo. ¿Estás de acuerdo conmigo en que aún siendo cristianos podemos hallar placer en el pecado? ¿Por qué entonces seguiríamos cometiéndolo? El pecado puede tener el mismo atractivo para ti que el que tenía antes de poner tu fe en Cristo, pero ya no te proporciona la misma satisfacción. Te sientes miserable ahora. Has sido cambiado.

Y tienes además la oportunidad de decidir. Una elección que puedes tomar diariamente en tu proceso de crecimiento. ¿Cuán a menudo necesitas confiar en Dios para creer que estás vivo a Él y muerto al pecado? A veces cientos ¡en un solo día! Durante todo el día te encuentras diciéndote a ti mismo, "ese pecado se ve muy tentador, pero la verdad es que estoy muerto al pecado. Esto no me dará gozo ni satisfacción y no es lo que debo hacer. La verdad es que estoy vivo para Dios, así que Dios, ayúdame a vivir la clase de vida que quieres que tenga en ti".

La pregunta de discusión 4 puede ser usada ahora.

- **Expresas tu fe respecto a tu vieja y nueva naturaleza cuando te ves con un nuevo poder para vencer al mal.**

Antes de la salvación pertenecías a <u>SATANÁS</u>.

> "Ustedes son de su padre, el diablo, cuyos deseos quieren cumplir".
> —Juan 8:44 (NVI)

Después de la salvación, pertenezco a <u>DIOS</u>.

> "Entre ellas están incluidos también ustedes, a quienes Jesucristo ha llamado".
> —Romanos 1:6 (NVI)

Dado que pertenezco a Dios, Satanás ya no tiene poder para controlarme.

> "Practiquen el dominio propio y manténganse alerta. Su enemigo el diablo ronda como león rugiente, buscando a quién devorar. Resístanlo, manteniéndose firmes en la fe, sabiendo que sus hermanos en todo el mundo están soportando la misma clase de sufrimientos".
> —1 Pedro 5:8–9 (NVI)

A través del poder de Dios podemos vencer a Satanás y las tentaciones del pecado. Porque la batalla tiene lugar en la rutina de la vida, momento a momento y día a día, ahí es cuando debemos tener fe en la victoria, momento a momento, día y a día.

1 Pedro 5:8–9 nos ayuda a ver cómo se da esta victoria. Es como resistir a un león rugiente. No se puede resistir a un león rugiente corriendo de pavor; te agarrará desde atrás. Tampoco puedes tratar de hacerte amigo del león, tomando en cuenta que eres su próximo bocadillo. Y ciertamente, tampoco dará resultado que te metas en un combate mano a mano con el león.

Una de las técnicas que los domadores de leones usan es pellizcar al león en la oreja. Esto logra que el más poderoso león siga la dirección del más débil de los entrenadores. ¿Por qué? Porque cuando el león era un cachorro, eso era lo que hacía su mamá para ponerlo en orden. Cuando el entrenador hace esto, está en esencia apelando a una autoridad superior (la madre del león), para comunicarse con el león.

No resistimos a Satanás en nuestra propia autoridad, sino en la autoridad de Dios y su Palabra. Es como pellizcar al león en la oreja —funciona siempre. Resiste a Satanás, sabiendo por fe que la victoria nunca la podrás alcanzar por ti mismo, sino por el poder de Jesucristo.

> La pregunta de discusión 5 se puede usar ahora.

Dios no ha dejado nuestro crecimiento al azar. El fundamento de tu santificación es nada más y nada menos que la muerte y resurrección de Jesucristo. Esto significa dos cosas:

Primero, por el poder de la crucifixión, ya no eres controlado por tu vieja naturaleza.

"He sido crucificado con Cristo, y ya no vivo yo sino que Cristo vive en mí. Lo que ahora vivo en el cuerpo, lo vivo por la fe en el Hijo de Dios, quien me amó y dio su vida por mí".

—Gálatas 2:20 (NVI)

Pero, ¿murió realmente Jesús? ¡Sí! y por su muerte es que tú ya no debes ser controlado más por tu vieja naturaleza.

Segundo, por el poder de la resurrección de Jesús tienes una nueva naturaleza.

"De la misma manera, también ustedes considérense muertos al pecado, pero vivos para Dios en Cristo Jesús. 12 Por lo tanto, no permitan ustedes que el pecado reine en su cuerpo mortal, ni obedezcan a sus malos deseos. 13 No ofrezcan los miembros de su cuerpo al pecado como instrumentos de injusticia; al contrario, ofrézcanse más bien a Dios como quienes han vuelto de la muerte a la vida, presentando los miembros de su cuerpo como instrumentos de justicia".

—Romanos 6:11–13 (NVI)

¿Realmente resucitó Jesús? ¡Sí! y por el poder de su resurrección puedes vivir la nueva vida para la que Dios te hizo.

Romanos 6 nos dice que te consideres muerto al pecado. ¿Considerarte? ¿Cómo lo haces? Si pongo dos columnas en una hoja de papel, una con el título: "muerto al pecado" y la otra que diga: "vivo al pecado" ¿bajo qué columna te apuntarías? La mayoría de las personas se colocarían en el medio. No se cuentan como muertos al pecado porque tienen luchas con el pecado. (Y en nuestros momentos de completa honestidad debemos admitir que no podemos llamarnos muertos al pecado porque ello significaría dejar pecados habituales que egoístamente mantenemos. Pensamos, "No me voy a poner en esa columna porque hay cosas de la otra que todavía quisiera hacer".)

Pero… si eres creyente:

- Estás muerto al pecado. ¡Cuenta con eso!
- Estás vivo para Dios. ¡Cuenta con eso!

No quisiera dejarte con la impresión de que este proceso de hacernos santos es fácil. Dios está construyendo la santidad en las vidas de todos los seres humanos imperfectos. Así que luchamos, peleamos y pensamos si acaso estamos haciendo el progreso suficiente. Ahora cerremos con las honestas pero dolorosas palabras de una canción de Chris Rice que habla acerca del proceso de santificación en nuestras vidas. Se titula: "Torpes"

Crees que lo tengo controlado después de practicar por 30 años
Debo haber caminado miles de millas. Entonces que estoy haciendo aquí
Tratando de alcanzar ese viejo trozo de fruta prohibida
Resbalo y caigo, golpeo mi flojo y torpe halo
Alguien dígame ¿Qué debo hacer?

Porque soy tan torpe. Soy tan tonto
Tan estúpido
Y luego me siento tan inútil
Pero tú me dices que me amas y aún vas a sostenerme
Y que vas a estar junto a mi porque me estás haciendo santo
Todavía estás santificándome

Oremos juntos

Padre, gracias porque en la vida diaria, aunque a menudo nos sentimos torpes, tú nos estás haciendo santos. Te alabamos por tu santidad que no descansa en lo que somos sino en lo que hiciste. Ayúdanos a ver que por la muerte de Jesús y su resurrección, nos haces a cada uno de los que confiamos en ti una nueva creación en Cristo. En el nombre de Jesús, Amen.

**Comienza a trabajar en la tarjeta de memorización 7,
"La verdad acerca de la santificación."**

Preguntas de discusión.

1. **¿Crees que un creyente pueda sentirse alguna vez completamente santo? ¿Puedes recordar los sitios y lugares de tu vida donde te has sentido más santo?** 21

2. **¿Cuáles son las actitudes internas que te animan e inspiran para crecer en Cristo? ¿Qué actitudes ponen una barrera a tu crecimiento?** 22

3. **¿Cómo ha cambiado tu vida el volverte cristiano? ¿Qué nuevos hábitos disfrutas como creyente?** 23

4. **¿Te has sentido frustrado por tu batalla con el pecado? ¿Cómo piensas que enfrentar la batalla a través de la fe en Dios, en lugar de sólo con el poder de nuestra fuerza de voluntad, logrará una diferencia en tu andar diario?** 24

5. **¿Cómo te ayudarán estas verdades de las que hablamos a responder a las siguientes preguntas?** 25

   • **No estoy seguro de ser creyente por la manera en la que a veces actúo**

   • **¿Por qué sigo haciendo las mismas cosas equivocadas vez tras vez, sabiendo que soy un creyente?**

La Santificación

2a Parte

Meta transformadora

Decidir crecer en el proyecto de Dios en lugar de tu propio plan, confiando en la gracia en lugar de la ley y en la promesa de Dios, en lugar de tu fuerza de voluntad.

Resumen de los puntos principales de la enseñanza.

El poder de la gracia sobre la ley.

Por fe, podemos decir: "soy libre de la ley".

Por fe, podemos decir: "tengo un nuevo amo".

El proceso diario de crecimiento.

Por la fe, pedimos a Dios renovar nuestra mente.

Por la fe, practicamos las disciplinas de crecimiento.

Por la fe, escogemos confiar en Dios en todas las circunstancias de la vida.

La promesa de Dios de completar su obra.

Por la fe, crees en la habilidad de Dios de completar su obra en tu vida.

Consejo práctico de enseñanza

Recuerda que una de las claves para llevar la doctrina a la práctica, que discutimos en la introducción, era: "enseñar sabiendo que la verdad va a liberar a la gente".

Al prepararte para enseñar esta sesión y justo antes de comenzar, recuérdate: "alguien será liberado de alguna forma que jamás sabré, pero con impacto y consecuencias eternas". Jesús nos promete que esto sucederá cuando nos dice: "la verdad los hará libres". La verdad de Cristo tiene el poder de atravesar las mentiras que nos mantienen presos.

Supón que tomas un jet 737 desde Los Ángeles a Dallas. Hallas tu asiento, te aseguras y te preparas para el vuelo. Haces todo lo que el capitán te pide. Incluso escuchas atentamente a las instrucciones de emergencia. Luego de que el vuelo despega y el capitán desconecta el letrero de "ajuste su cinturón", tú te pones de pie y dices: "bien, de aquí en adelante lo haré solo." Luego, parado en el medio del pasillo, te paras y comienzas a batir tus brazos como si fueran un par de alas. "Perdón", te dice una azafata, "¿qué es lo que hace?" "Pues ayudo a volar al avión", respondes. ¡Claro que no! No importa lo bonito que sacudas los brazos, o lo sincera, enérgica o gozosamente que lo hagas, igual parecerás un tonto. Todos saben que el poder para volar del avión viene de los motores, no de ti. ¿Puedes ver el paralelo con nuestro crecimiento como creyentes? Es fácil que nos envolvamos en nuestro intento de vuelo santo, pensando que de alguna forma, ahora todo depende de nosotros. Pero no es así. ¡El poder de Dios trabaja solo! y Él es el único que tiene el poder para hacernos crecer a la estatura de su Hijo.

En la última sesión, vimos el hecho de que podemos crecer en Cristo, y que esto es el plan intencional de Dios. Dios ha plantado la semilla. En esta sesión hablaremos más acerca de cómo Dios cultiva y nutre esa semilla para que produzca crecimiento. ¡Lo emocionante de esto es que Dios nos permite ser parte de ese proceso!

Nosotros no creamos nuestro propio crecimiento, pero si podemos cultivarlo para que Dios lo haga crecer.

No somos nosotros los que proveemos el poder que hace volar al avión, pero sí escogemos lo que hacemos cuando estamos a bordo.

Mira esta corta revisión de lo que aprendimos la semana pasada.

En la pasada sesión, aprendimos que "santificado" significa "separado" (santo viene de la misma raíz que esta palabra).

En el Antiguo Testamento, eran los lugares o utensillos de adoración los que se llamaban "separados" para el honor y uso de Dios.

Sacerdotes (Éx. 28:41)

Vestiduras santas (Éx. 29:21)

El Santo altar (Éx. 30:10)

La tierra Santa (Lev. 27:21)

En el Nuevo Testamento, al pueblo de Dios se lo llama: "separados" para uso y honor de Dios:

"Si alguien se mantiene limpio, llegará a ser un vaso noble, *santificado, útil para el Señor y preparado para toda obra buena".
—2 Timoteo 2:21 (NVI)

Y vimos también las primeras dos, de las cinco formas en las que ponemos nuestra fe en Dios para nuestra santificación:

1. Los dos enfoques de la santificación.

2. Las dos naturalezas del cristiano.

Tú no puedes crear el crecimiento; esa es la obra de Dios. Pero puedes cooperar con el crecimiento. En esta sesión, veremos las tres formas adicionales en las que podemos demostrar nuestra fe en lo que Dios está haciendo para nuestro crecimiento.

El poder de la GRACIA sobre la LEY

Tal como somos justificados por la fe y la gracia, también somos santificados por la fe y la gracia.

Recuerda, la santificación es parte de nuestra salvación- parte del regalo gratuito que Dios nos da por medio de la muerte y resurrección de Jesús. Dado que Dios nos ha permitido involucrarnos en el proceso de santificación, nos resulta muy fácil dejar de verlo como un regalo, y considerarlo como una tarea que debemos realizar para ganar algo. Pero no podemos ganar nuestra santificación, como tampoco podemos ganar nuestra salvación. Miremos lo que dice Pablo en Gálatas 3:3 y Colosenses 2:6.

"Si alguien se mantiene limpio, llegará a ser un vaso noble, *santificado, útil para él.

"¿Tan torpes son? Después de haber comenzado con el Espíritu, ¿pretenden ahora perfeccionarse con esfuerzos humanos?"
—Gálatas 3:3 (NVI)

"Por eso, de la manera que recibieron a Cristo Jesús como Señor, vivan ahora en él".
— Colosenses 2:6 (NVI)

Recibimos a Jesús en nuestras vidas por gracia, y vivimos nuestras vidas en ÉL por su gracia.

Chuck Smith escribe en su libro "Por qué la gracia lo cambia todo":

"¿Has considerado alguna vez la vasta diferencia entre "obras" y "frutos"? "Obras", sugiere toda una fábrica con presiones, plazos y una necesidad constante de producir. En cambio, "fruto" representa un jardín pacífico, tranquilo, donde quisiéramos quedarnos para tomarnos un trago gozando de la compañía de alguien. Es importante darnos cuenta de que Dios no va a su fábrica a buscar su producción, sino a su jardín a recoger su fruto. El evangelio de la gracia nos invita a dejar atrás la contaminación y la presión de la vida de empresa y en lugar de esto tener el fruto que Dios desea ver en el jardín de nuestras vidas".[1]

Si esperamos dejar atrás esa vida de servir a Dios basados en nuestras obras, hay algunas decisiones prácticas de fe que deberíamos tomar.

- **Por fe, puedes decir: "Soy LIBRE de la ley".**

La ley no está muerta, ni tampoco es "mala", (a diferencia de la vieja naturaleza). Solamente que la ley, no es capaz de salvarnos. Puede mostrarnos nuestro pecado, pero no puede justificarnos ante Dios,

"pues por medio de él la ley del Espíritu de vida me ha liberado de la ley del pecado y de la muerte".

—Romanos 8:2 (NVI)

"En efecto, lo que fue glorioso ya no lo es, si se le compara con esta excelsa gloria".

—2 Corintios 3:10 (NVI)

¿Qué significa ser libres de la ley? No significa que podamos ignorar la dirección moral que Dios nos da en el Antiguo Testamento. Obviamente, ser libre de la ley no significa que asesinar, adulterar, mentir y robar ahora esté bien.

Ser libre de la ley significa que ya no vemos a la ley como la tabla de salvación, o como algo que tiene el poder de hacernos crecer como creyentes. La ley no tiene poder para salvarnos o hacernos crecer como creyentes. Si dependes de la ley, comenzarás a buscar la victoria cada día por tus propios medios, tratando de hallar el poder para hacer lo correcto, en donde no está. Es una vida en la que sientes que toda la carga está sobre tus espaldas, y la carga es demasiado grande.

Di esto lentamente conmigo: "las reglas no pueden producir crecimiento". Todo el libro de Gálatas se escribió para enfatizar al creyente que las reglas no producen el crecimiento. Las reglas pueden forzarnos a comportarnos de ciertas maneras, especialmente cuando vienen con suficiente castigo o recompensa, pero no pueden profundizar nuestro amor o fortalecer nuestras relaciones, lo cual es el tipo de crecimiento que Dios espera lograr en nuestras vidas.

Si llenas a tus hijos sólo con reglas, y nunca les permites tomar sus propias decisiones, a la larga, cuando salgan del colegio, serán ¿"adultos maduros listos para la vida"? No me parece. Las reglas por sí solas, producen, ya sea falta de criterio, complacencia, o más a menudo, rebeldía; pero nunca crecimiento o madurez.

Dios desea que crezcamos en nuestra relación con Él y las reglas no pueden profundizar las relaciones. La ley tiene un propósito en nuestras vidas antes de convertirnos en creyentes, cuando estamos lejos de Dios. Pero la ley no puede acercarnos a Dios. Sólo Jesús puede hacerlo.

¿Tiene algún propósito la ley en nuestras vidas, después de ser creyentes?

Jesús dijo en Mateo 5 que vino no para abolir la ley, sino a cumplirla. Jesús la cumple mostrando el significado detrás de ella y dándonos el poder para vivir bajo su requerimiento. La gracia produce crecimiento, pero mucho de lo que está en la ley puede mostrarnos la dirección en la que la gracia nos está llevando a crecer. La gracia es el jet que nos da el poder, pero la ley nos proporciona guía para el plan de vuelo de Dios en nuestras vidas. Por ejemplo, cuando leemos en los mandamientos, "no acuses a nadie falsamente", podemos ver la integridad que Dios espera que tengamos en nuestra vida.

ojo

> La pregunta de discusión 1 puede usarse aquí.

- **Por la fe puedes decir: "tengo un <u>NUEVO MAESTRO</u>"**

"En efecto, habiendo sido liberados del pecado, ahora son ustedes esclavos de la justicia".
—**Romanos 6:18 (NVI)**

"Pero ahora, al morir a lo que nos tenía subyugados, hemos quedado libres de la ley, a fin de servir a Dios con el nuevo poder que nos da el Espíritu, y no por medio del antiguo mandamiento escrito".
—**Romanos 7:6 (NVI)**

Ninguno de nosotros es su propio amo. Bob Dylan capturó esa verdad cuando escribió esta canción:

> "Puedes ser embajador en Inglaterra o Francia, puedes querer apostar, o querer bailar,
> Puedes ser el campeón de pesos pesados en el mundo, puedes llevar un gran collar de perlas.
> Pero a alguien tendrás que servir, si, a alguien tendrás que servir
> Bien, puede ser a Satanás o al Señor, pero a alguien tendrás que servir".

Nadie puede ser su propio amo. Todos terminaremos sirviendo a alguien o a algo. La ley es una maravillosa maestra, pero un amo espantoso. Porque nunca podemos cumplir la ley perfectamente, se convierte en una constante fuente de presión, desánimo y culpa.

Victor Hugo nos dio una figura muy vívida de lo que significa tener a la ley o a la gracia como nuestro amo, en su famosa obra _Los Miserables_. ¿Quiénes han visto la obra o leído el libro? (sólo los genios leen un libro de 1,200 hojas) El personaje principal Jean Valjean, basa mucho de su vida en un acto de gracia que le mostró un extraño, quien no le pidió cuentas cuando se robó un par de candelabros. Valjean halla la libertad al final, la libertad de la gracia. Su verdugo, el policía Javert, construye su vida sobre la ley. Su vida entera se ordena en la justicia exacta. Al final, se lo coloca en una circunstancia en la que él sabe que debe escoger violar la ley, dejando ir a Valjean. Pero no puede escapar a su propia vida de reglas, pues termina auto aplicándose el castigo por medio del suicidio.

El terrible dominio de la ley es simplemente esto: no permitir nada por gracia. Para crecer en Jesucristo debemos aceptar por fe la realidad de que hemos sido liberados de la prisión de vivir cumpliendo reglas para agradar a Dios. Las reglas no producen crecimiento, pero la gracia siempre produce crecimiento.

¿Sigues en esa prisión –la prisión de tener que hacer lo correcto para ganarte el amor de Dios? ¿Estás aprisionado, sintiendo que a pesar de que eres salvo, toda la responsabilidad de tu vida cristiana recae completamente sobre ti?

En el momento en que te convertiste en un creyente, Dios abrió esa prisión y dejó la puerta totalmente abierta. ¡Camina a la luz de la gracia!

El **PROCESO** **DIARIO** de crecimiento.

El crecimiento se da como un proceso natural de la vida. Se da en tu familia, en tu trabajo, en tu escuela, y aún en tu auto.

Como es aquí donde se da el crecimiento, es también ésta la instancia en la que se requiere la fe: en tu trabajo, en tu casa y en donde te recreas, momento a momento y día a día.

Comprender la forma en la que Dios obra para hacernos crecer en la vida diaria, es vital. Si no lo comprendes, serás como aquella rosa de la que hablamos en la sesión pasada: constantemente confundida y frustrada por todas las cosas que Dios está haciendo para que crezcas.

Veamos juntos tres decisiones de fe que puedes tomar en la vida, para ponerte justo en el medio del proceso de crecimiento.

- **Por fe debes pedir a Dios que <u>RENUEVE TU ENTENDIMIENTO</u>.**

Escuchen a Efesios 4:22–24.

"Con respecto a la vida que antes llevaban, se les enseñó que debían quitarse el ropaje de la vieja naturaleza, la cual está corrompida por los deseos engañosos; ser renovados en la actitud de su mente; y ponerse el ropaje de la nueva naturaleza, creada a imagen de Dios, en verdadera justicia y santidad".
—Efesios 4:22–24 (NVI)

En la sesión pasada, hablamos de sacarse lo viejo y ponerse lo nuevo. El renovar la mente suele ser siempre el paso olvidado de este proceso. La renovación interna es la clave para la transformación externa.

"No se amolden al mundo actual, sino sean transformados mediante la renovación de su mente. Así podrán comprobar cuál es la voluntad de Dios, buena, agradable y perfecta".

— Romanos 12:2

"Por tanto, no nos desanimamos. Al contrario, aunque por fuera nos vamos desgastando, por dentro nos vamos renovando día tras día".

—2 Corintios 4:16

A menos que comencemos a pensar de manera diferente, nunca comenzaremos a vivir de manera diferente. El cambio se da desde adentro hacia afuera.

¿Cómo funciona esto?¿Cómo funciona esto de la mente renovada? Funciona en las experiencias diarias de la vida. Efesios 4 nos da varias figuras prácticas.

Efesios 4:25–32 nos ayuda a ver el aspecto clave de esta renovación interna. Es la habilidad de ver las razones positivas de Dios para hacer un cambio en nosotros. Una mente renovada tiene la habilidad de ver las cosas como las ve Dios. Se centra en una nueva manera de ver el mundo. Este es el enfoque primordial en este estudio de fundamentos.

Miremos como funciona esto,

Dejar el viejo hombre	Ponerse el nuevo	Renovar la mente
Dejando la falsedad . . .	Hablando verdad a nuestro prójimo. . .	Porque todos somos miembros
No pecar aunque estemos enojados	Que no se ponga el sol sobre nuestro enojo	de un mismo cuerpo.
		No demos lugar al maligno
El que robaba, deje de hacerlo . . .	Sino trabaje	Para que tenga qué compartir con los que están en necesidad
NInguna palabra corrompida salga de nuestra boca. . .	Sino la que sea para edificación de los oyentes.	No constriten al Espíritu Santo de Dios.
Desechando toda amargura y enojo . . .	Ser benignos unos con otros misericordiosos, perdonándonos . . .	Así como Dios nos perdonó en Jesucristo

Caminemos a través de este pasaje juntos. Por ejemplo: estás tentado a mentir a alguien –un miembro de la familia o alguien que conoces de la iglesia. Puede traerte réditos financieros, o quizá solo haga tu vida más fácil – de todas maneras estás tentado a mentir. Tú sabes que Dios te pide que sólo digas la verdad, pero ¿de dónde obtendrás el poder para vivir en esa verdad? Mientras continúes pensando, "¡Si miento mi vida será mejor y más sencilla!" seguramente lo harás. ¿Quién no quiere hacer su vida más fácil y cómoda? Lo primero es cambiar nuestra manera de pensar. "Esta persona es un compañero en el cuerpo de Cristo. Si lo engaño dañaré el corazón de Dios".

Miremos otra. Supongamos que a veces tienes luchas con tus palabras ¿se les complica simular esto? Las conversaciones obscenas de las que leemos en Efesios no solo se refieren a malas palabras, también tienen que ver con palabras que dañan a otros: palabras críticas, negativas o sarcásticas. Sabes que debes edificar a los otros con tus palabras, pero piensas: "Ese no soy yo", yo siempre me he comunicado así, con sarcasmos e insultos. La verdad es que no sabrías cómo hablar de otra manera. De todas formas, es lo que todos esperan de ti. ¿Qué es lo que hará que cambies? Solo una mente renovada. Las palabras de Pablo retumban –contristamos al Espíritu Santo cuando decimos palabras que agravian a otros. ¡Guauu! Eso sí puede hacer que cambiemos de dirección. No sólo que ofendí a otra persona con esas palabras, además he contristado al Espíritu Santo de Dios.

La pregunta de discusión 2 se puede usar ahora.

Esta renovación de nuestra mente no es algo que se da en un solo día. Toma tiempo. Pensemos en nuestra mente como un proyecto gigante de remodelación.

¿Alguna vez te has involucrado en un proyecto de restauración o remodelación de un edificio? Cuando estás remodelando una casa, algunas de las partes están en peor estado que otras, por lo que tomará más tiempo repararlas. Normalmente, son esas partes escondidas –plomería o cables detrás de una pared o bajo el piso. El reparar esto implica irrumpir dentro de los pisos y las paredes, reparar el daño existente y luego reemplazar la pared.

De igual manera, a veces Dios tiene que abrir algunas paredes antes de rehacer algunos cables. Es fácil saber por qué Dios rasga esas paredes. Él está trabajando para que crezcas, incluso en esas áreas ocultas de tu vida.

Una remodelación puede ser desafiante y temible. Cuando nos metemos en esas paredes las cosas parecen un desastre total. Pensamos si acaso la tarea alguna vez terminará. Mientras Dios nos hace crecer, sentimos que las cosas cada vez empeoran más y no que mejoran. Es un sentimiento muy común que tenemos cuando Dios nos cambia desde adentro.

Te animo a dar un paso valiente de fe ahora mismo. Dile a Dios que estás dispuesto a que Él haga esta obra en tu vida. Ora de esta manera: "Señor, me dispongo completamente a experimentar tu obra renovadora. Ayúdame a no intentar parchar los problemas y a no hacer este trabajo solo. Y cuando me dé temor, ayúdame a recordar que ese pobre hueco al que me he acostumbrado, debe cambiar dramáticamente, a fin de que pueda llegar a vivir en la mansión que me has preparado.

Plan de sesión divida: si estás enseñando este estudio en dos sesiones, termina la primera sesión ahora.

Termina clase

En el proceso diario de crecimiento, podemos ver a Dios renovando nuestras mentes. Pero quisiera que veas que el proceso de crecimiento es también un problema relacionado con los hábitos que construimos en nuestra vida diaria. Nuestros hábitos controlan la manera en que pensamos y la dirección de nuestras vidas más de lo que imaginamos. Recordemos el viejo poema,

> Planta un pensamiento, recoge una acción.
> Planta una acción, recoge un hábito.
> Planta un hábito, recoge un carácter.
> Planta el carácter y recoge un destino.
> —Anónimo

¿Quieres saber lo importantes que son nuestros hábitos? La gente nos identifica por lo que hacemos habitualmente, sin importar lo que sea. Si te detienes a comprar café cada mañana, la gente podría llamarte "un consumidor de café". Si tienes el hábito de cruzar con tu auto a otros autos, se te da la categoría de un mal conductor. Si tienes el hábito de pasar largo tiempo con tus hijos, la gente tenderá a verte como un buen padre.

Consejo práctico de enseñanza.

Involucra al grupo haciendo una pausa y permitiéndoles finalizar las oraciones anteriores. Puedes incluso escuchar algunas bromas al respecto. Alguno podría decir algo como "café-adicto" y quien sabe que otra cosa, en lugar de "un mal conductor". El punto no es que te den la respuesta correcta, sino capturar su atención.

- **Por la fe, practicas <u>LAS</u> <u>DISCIPLINAS</u> <u>DEL</u> <u>CRECIMIENTO</u>.**

"Toma tiempo y energía, entrenarte para estar espiritualmente en forma".
—1 Timoteo 4:7 (NLT traducido)

"Disciplínate para ser usado en los propósitos de Dios".
—1 Timoteo 4:7 (NASB Traducido)

El crecimiento toma tiempo y energía. Depende de la disciplina. Lo digo con cuidado. Cuando te cimientas sólo en tu propia disciplina, acabas siendo un orgulloso. Cuando haces las cosas con la misma energía, pero dejando que Dios esté a cargo y obedeciéndole, descubrirás que crecerás de formas que nunca antes imaginaste.

Richard Foster escribió en su libro "Festejando la disciplina":

> "Por sí solas, las disciplinas espirituales no logran nada, sólo pueden llevarnos al lugar donde algo puede suceder... Las disciplinas nos permiten colocarnos ante Dios para que nos transformen".

Estas disciplinas nos ponen delante de Dios, ¡en el lugar donde Él puede transformarnos! Es incoherente desear que Dios nos transforme, sin que nos coloque en el lugar donde Él dice que lo hará. Si deseas probarte y comprar algo de ropa deberías ir a una tienda de ropa. Es decir, irías al lugar en donde sabes que puedes adquirirlas. Si deseas jugar fútbol irías a una cancha de fútbol, pues es ahí en donde se juega. ¿Cómo nos colocamos en el lugar necesario para que se dé el crecimiento? No sólo es cuestión de asistir a la iglesia. Mucha gente asiste a la iglesia y nunca crece espiritualmente. Dios nos dice que hay ciertas disciplinas que deben convertirse en parte de nuestras vidas si esperamos crecer.

Una observación detallada

Tres de las disciplinas de crecimiento más importantes a través de las cuales Dios nos santifica son:

1. Tiempo devocional diario, en la Palabra de Dios y la oración.

"Jesús le respondió: -Escrito está: "No sólo de pan vive el hombre, sino de toda palabra que sale de la boca de Dios."
—Mateo 4:4

"Santifícalos en la verdad; tu palabra es la verdad".
—Juan 17:17

Decir "Dios, ayúdame a crecer" sin hacer un compromiso de leer, estudiar y escuchar la palabra de Dios, es como orar para que crezcan las flores de tu jardín sin regarlas.

2. Diezmo semanal a Dios.

"Traigan íntegro el diezmo para los fondos del templo, y así habrá alimento en mi casa. Pruébenme en esto -dice el <u>SEÑOR</u> Todopoderoso-,

---

y vean si no abro las compuertas del cielo y derramo sobre ustedes bendición hasta que sobreabunde".

—Malaquías 3:10 (NVI)

"Incluso hicieron más de lo que esperábamos, ya que se entregaron a sí mismos, primeramente al Señor y después a nosotros, conforme a la voluntad de Dios".

—2 Corintios 8:5 (NVI)

Pasamos gran parte de nuestras vidas consiguiendo, administrando, y gastando dinero. Cualquiera que piense que puede crecer como creyente sin un compromiso disciplinado de sus finanzas con Dios, se engaña a sí mismo.

3. **Un compromiso regular con un grupo pequeño.**

"Por lo tanto, ustedes ya no son extraños ni extranjeros, sino conciudadanos de los santos y miembros de la familia de Dios".

—Efesios 2:19 (NVI)

Los cristianos crecemos en grupos. Necesitas el apoyo, ánimo y reto que viene de las relaciones que otros creyentes, para crecer. Y otros, también necesitan tu apoyo y ánimo para crecer.

Los árboles de secoya son los más altos del mundo. Y la manera en que logran crecer tan alto nos muestra una hermosa parábola de cómo nosotros podemos crecer como creyentes. Los árboles más altos del mundo pueden crecer a casi 100 metros de altura. Su sistema de raíces es sorprendentemente simple y no llega ni a 30 cm. de profundidad. Una de las formas en que los árboles se sostienen para no caer es creciendo muy juntos. Sus raíces se entretejen y se extienden, lo que les provee más soporte del que pudieran tener solos.

Los árboles de secoya no podrían alcanzar tales alturas por sí solos; necesitan de los otros. Del mismo modo, tú necesitas de otros creyentes para crecer. Sin embargo, muchos de nosotros parecemos tan ocupados, que no podemos hallar el tiempo para desarrollar este tipo de relaciones. Debes hacerte el tiempo. El formar parte de un grupo pequeño significa que has decidido hacer que estas relaciones sean un componente regular de toda tu vida.

Puedes usar la pregunta de discusión 3 ahora.

En el proceso de la vida diaria, crecemos a través de la renovación de nuestra mente y nuestros hábitos espirituales. Pero hay una tercera herramienta que Dios usa para hacernos crecer.

- **Por la fe, escoges confiar en Dios en todas LAS CIRCUNSTANCIAS DE LA VIDA.** 14

Dios ha permitido que nuestra elección libre y voluntaria sea uno de los factores clave en nuestro crecimiento. Una de las elecciones más importantes que hacemos es nuestra respuesta a las dificultades y pruebas que enfrentamos como parte de nuestras vidas.

"Hermanos míos, considérense muy dichosos cuando tengan que enfrentarse con diversas pruebas, pues ya saben que la prueba de su fe produce constancia. Y la constancia debe llevar a feliz término la obra, para que sean *perfectos e íntegros, sin que les falte nada".

—Santiago 1:2–4 (NVI)

"Y no sólo en esto, sino también en nuestros sufrimientos, porque sabemos que el sufrimiento produce perseverancia; la perseverancia, entereza de carácter; la entereza de carácter, esperanza. Y esta esperanza no nos defrauda, porque Dios ha derramado su amor en nuestro corazón por el Espíritu Santo que nos ha dado".

—Romanos 5:3–5 (NVI)

"Aunque era Hijo, mediante el sufrimiento aprendió a obedecer".

—Hebreos 5:8 (NVI)

A menudo, el primer paso de crecimiento en nuestras vidas es simplemente esto: un problema. ¿Dificultades con éste tema? ¡No lo creo! Todos tenemos problemas en nuestras vidas. Pueden parecer pequeños o completamente abrumadores, pero son problemas los que enfrentamos ahora mismo. El paso dos es la actitud que tenemos frente a ese problema. Santiago dice, "Considérense muy dichosos". Y en Romanos: "regocíjense". La dicha y el gozo no son frente al problema. Son frente a lo que Dios hará en tu vida a través de ese problema.

Las personas más pacientes que he conocido son aquellas que han pasado por el dolor más grande. Las personas más amorosas son aquellas que han enfrentado los peores rechazos. Los más dadivosos, aquellos que dan aún cuando parece que no hay nada que dar. No siempre los que sufren largamente son pacientes, algunos se hacen amargados. ¿Pero cuál es la diferencia? La diferencia está en nuestra elección, la decisión de reconocer que Dios está obrando aún en esas dificultades de la vida.

¿No sería maravilloso si pudiéramos evitar que esas pruebas fueran las cosas que Dios usa para lograr nuestro crecimiento? Pues no en este mundo. Hebreos 5:8 nos dice que aún Jesús aprendió la obediencia a través del sufrimiento- y eso que Él era perfecto. De hecho, esta es una de las herramientas con las que alcanzamos el cielo.

La promesa de Dios es <u>TERMINAR</u> <u>SU OBRA</u>

¿Cuál es la meta final por la que Dios está trabajando en nuestras vidas?

La meta es que seamos como Cristo.

"Ahora bien, sabemos que Dios dispone todas las cosas para el bien de quienes lo aman, los que han sido llamados de acuerdo con su propósito. Porque a los que Dios conoció de antemano, también los predestinó a ser transformados según la imagen de su Hijo, para que él sea el primogénito entre muchos hermanos".

—Romanos 8:28–29 (NVI)

"Sabemos, sin embargo, que cuando Cristo venga seremos semejantes a él, porque lo veremos tal como él es".

—1 Juan 3:2 (NVI)

Veamos Romanos 8:28-29. La meta de Dios siempre ha sido que lleguemos a ser como su Hijo. Primera de Juan 3:2 nos recuerda que esto sucederá cuando lleguemos al cielo –cuando lo veamos seremos como Él. ¿Pero, ahora qué? Dios está trabajando en nosotros para que seamos más como Jesús en nuestras vidas diarias. Esa es su meta principal para nosotros   – más importante que la felicidad o el éxito temporales. Miremos Efesios 4:13.

"De este modo, todos llegaremos a la unidad de la fe y del conocimiento del Hijo de Dios, a una humanidad perfecta que se conforme a la plena estatura de Cristo".

—Efesios 4:13 (NVI)

Cuando digo que debemos llegar a ser como Cristo, suena como estar frente a una gran montaña para escalar. La distancia entre lo que yo soy y lo que es Jesús parece infinita. ¿Qué esperanza hay entonces para mí? Permíteme compartir una ilustración que espero te anime. Mira, esta figura de un puente, muestra paso a paso lo que sucede en nuestras vidas.

¿Cómo crecemos para ser más como Cristo?

Desde la Infancia   hasta   la madurez

Pasos de crecimiento ⟶

A la izquierda, puedes ver la palabra "infancia" y a la derecha la palabra "madurez". Es un proceso. Todos comenzamos el proceso como bebés cristianos, infantes en Cristo. La meta que tenemos es cruzar el puente para llegar al otro extremo, llamado "madurez". Una definición para madurez es "ser como Cristo".

¿Cómo tú y yo podemos evaluar nuestro crecimiento hacia la meta de ser como Cristo? Así es como la mayoría de nosotros lo hace. Estamos en el puente, tratamos de pasar de un lado al otro, y miramos a nuestro alrededor para constatar cómo lo hacen los demás. Si vamos atrás de todos no nos sentiremos muy bien. Pero si estamos en el medio del grupo o quizá un poco más adelante, ya nos sentimos como gigantes espirituales. El problema con esto es que sólo nos comparamos entre nosotros mismos. ¿Qué tal si ninguno crece? Podemos quedarnos parados en el sector de la infancia espiritual y no tener crecimiento porque todos estamos en el mismo lugar.

Necesitamos aprender y animarnos a crecer. Pero nunca debemos poner nuestro estándar en lo que vemos que otros hacen. Recuerda, la meta es ser como Cristo. Si encuentras a alguien que está un poquito más cerca de eso que tú, por cualquier medio, permite que esa persona te ayude a crecer. Sólo recuerda nuestra meta: Ser como Cristo.

La meta de crecer hasta ser como Jesús, puede parecernos abrumadora. ¿Cómo haré esto por el resto de mi vida? Es muy duro pensar en motivarnos a nosotros mismos para crecer diariamente por el resto de nuestras vidas. Pero tengo buenas noticias para ti. Realmente buenas. ¡No tienes que motivarte! La motivación viene de Dios, quien está obrando en nosotros. Sólo tienes que cooperar con lo que Él ya está haciendo.

El crecimiento no es tarea tuya, sino la obra de Dios en ti.

• Por fe crees en la habilidad de Dios para cumplir su obra en tu vida.

No estás solo. Dios está obrando a favor de tu crecimiento. Él está obrando para hacerte como su Hijo, Jesús.

Dios está <u>COMPROMETIDO</u> con tu crecimiento.

"Y por ellos me santifico a mí mismo, para que también ellos sean santificados en la verdad".
—Juan 17:19 (NVI)

"Dios nos escogió en él antes de la creación del mundo, para que seamos santos y sin mancha delante de él".
—Efesios 1:4 (NVI)

Miremos la oración de Jesús en Juan 17:19. Él se compromete a satisfacer nuestra necesidad de crecimiento. En Efesios 1:4, nos dice que Dios nos ha escogido para hacernos santos. Dios no sólo desea que crezcamos, sino que también se ha comprometido a hacernos crecer.

De aquí viene la motivación para crecer a diario. Nuestro compromiso con Dios se fortalece y se llena de energía gracias a Su compromiso con nosotros.

Nuestro poder motivacional: Dios <u>DESEA</u> que nosotros seamos santificados y <u>OBRA</u> a favor de eso.

Cierra tus ojos ¿lo harías? Quisiera ahora que escuches Filipenses 1:6, como si fuera la primera vez que lo escuchas. Escucha este versículo con todas tus fibras, las más íntimas. Es la promesa personal que Dios te hace.

"Estoy convencido de esto: el que comenzó tan buena obra en ustedes la irá perfeccionando hasta el día de Cristo Jesús".
—Filipenses 1:6 (NVI)

¿Crees en esto? Es la promesa de Dios, puedes confiar en ella.

La pregunta en discusión 4 puede usarse aquí.

Permíteme relatar dos historias para cerrar: la primera se trata de un motor que trataba de escalar una montaña y la segunda, la de un discípulo que trataba de caminar sobre el agua.

Consejo práctico de enseñanza.

Si tienes una copia del libro "El pequeño motor que pudo", sería más efectivo si llevaras el libro y lo leyeras directamente. Luego, toma tu Biblia y lean la historia de Pedro cuando trató de caminar sobre el agua.

Todos recordamos la historia, cuando éramos niños, del pequeño motorcito que dentro de un tren decía: "Creo que puedo, creo que puedo", mientras arrastraba su pesada carga cuesta arriba. Hasta que finalmente llegó a la cima.

Es un cuento maravilloso, pero no deberíamos obtener de allí nuestra filosofía de vida cristiana.

La segunda historia viene de la Biblia, de Mateo 14. Es la historia del discípulo Pedro que intentó caminar sobre el agua.

"Y la barca ya estaba bastante lejos de la tierra, zarandeada por las olas, porque el viento le era contrario. En la madrugada, Jesús se acercó a ellos caminando sobre el lago. Cuando los discípulos lo vieron caminando sobre el agua, quedaron aterrados. -¡Es un fantasma! -gritaron de miedo. Pero Jesús les dijo enseguida: -¡Cálmense! Soy yo. No tengan miedo. -Señor, si eres tú -respondió Pedro-, mándame que vaya a ti sobre el agua. -Ven -dijo Jesús. Pedro bajó de la barca y caminó sobre el agua en dirección a Jesús. Pero al sentir el viento fuerte, tuvo miedo y comenzó a hundirse. Entonces gritó: -¡Señor, sálvame! Enseguida Jesús le tendió la mano y, sujetándolo, lo reprendió: -¡Hombre de poca fe! ¿Por qué dudaste? Cuando subieron a la barca, se calmó el viento" —Mateo 14:24–32

¿Cómo logró Pedro caminar sobre el agua por unos pocos segundos? Jesús no le pidió que dijera: "Puedo, puedo ¡Yo puedo!". La forma en la que logró hacerlo fue poniendo su enfoque en Jesús; cuando sus ojos lo dejaron de ver y cambiaron su enfoque a las olas, entonces comenzó a ahogarse.

Estas son dos historias que nos presentan dos formas completamente diferentes de ver la vida. La una, es la forma: "yo puedo", y la otra es: "yo sé que no puedo, pero Dios si puede". La primera, demuestra una total dependencia en nuestra propia motivación y energías. El problema con esta filosofía es que siempre habrá una nueva montaña y eventualmente llegaremos a una que no podremos escalar. La actitud de "Yo sí puedo", no logrará que escalemos las montañas más altas e importantes de la vida: crecer y llegar a ser como Cristo. Uno de los momentos más reconfortantes de la vida es cuando podemos decir: "Sé que no puedo, pero también sé que Dios puede lo que yo no puedo hacer por mí mismo".

Este es el punto. No puedes caminar sobre el agua, no importa cuanto te empeñes en hacerlo. Esto solo se logra a través de la confianza.

Perspectiva personal clave

El crecimiento no se logra <u>TRATANDO</u>, sino <u>CONFIANDO EN ÉL</u>. 23

Confianza: es trabajar en lo que Dios está obrando.

> "Lleven a cabo su salvación con temor y temblor, pues Dios es quien produce en ustedes tanto el querer como el hacer para que se cumpla su buena voluntad".
> —Filipenses 2:12–13

> "¡Al único Dios, nuestro Salvador, que puede guardarlos para que no caigan, y establecerlos sin tacha y con gran alegría ante su gloriosa presencia, sea la gloria, la majestad, el dominio y la autoridad, por medio de Jesucristo nuestro Señor, antes de todos los siglos, ahora y para siempre!"
> —Judas1:24–25 (LB) 24

Miremos Judas 1:24–25. No dice: "Yo puedo librarme de caer.... establecerme sin tacha y ser perfecto en su presencia..." ¡No! Dios es quien puede hacerlo, ¡Él sí!

Escuchen esta historia de Max Lucado acerca de quienes intentaron escalar una pared de 15 metros de alto en un campamento familiar.

"Mis hijas y yo decidimos escalar una pared que simulaba ser una roca. La pared era de madera y tenía unos sujetadores para los dedos que simulaban la forma de una roca. Por seguridad, el escalador usa un arnés alrededor de su cintura. El arnés se lo sujeta a una cuerda que corre a través de una polea que llega a las manos del guía, quien da seguridad al escalador. Decidí intentarlo, después de todo, ¿qué es una pared de 15 metros para un escritor de mediana edad? Le di al guía la señal y comencé. La primera mitad del camino no hubo ninguna dificultad. Pero a mitad de camino, sin embargo, comencé a sentirme cansado. Mis pies y manos no están acostumbrados a escalar.

Cuando me faltaban aún unos 6 metros, honestamente comencé a pensar si lo lograría. Realmente consideré la idea de pedirle al guía que me jalara por el resto del camino. Mis dedos estaban irritados, las piernas me temblaban y me arrepentí de todas las hamburguesas que había comido en mi vida. Pero al pensar en rendirme, escuchaba a mis hijas dándome ánimo desde la cima. "Ven papá, vamos, sabemos que puedes hacerlo". Así que puse lo mejor de mí, pero no fue suficiente. Mis pies resbalaron, mis manos también y finalmente me caí. Pero no caí mucho. Mi guía me sujetó firmemente. Él estaba alerta y era muy fuerte así que mi caída fue de sólo unos segundos. Me balanceé en el arnés y estuve suspendido en el aire. Tragué en seco y acabé mi subida. Adivinen lo que hice en la cima. ¿Creen que me enorgullecí o presumí de haber conquistado la pared? De ninguna manera. Miré hacia abajo y vi a la persona que impidió que cayera. "Gracias amigo". Le dije. No me alegré ni tampoco levanté mi puño en señal de triunfo. No pregunté a todos si vieron lo que hice. Hice lo único que era correcto. Agradecí a la persona que me sostuvo".

Para cerrar, leamos juntos nuevamente, Judas 1:24–25. Personaliza la lectura usando palabras como "mi" y "yo".

¡Leamos con fe!

"¡Al único Dios, mi Salvador, que puede guardarme para que no caiga, y establecerme sin tacha y con gran alegría ante su gloriosa presencia, sea la gloria, la majestad, el dominio y la autoridad, por medio de Jesucristo mi Señor, antes de todos los siglos, ahora y para siempre!"

—Judas 1:24–25 (NVI)

**Terminemos memorizando la tarjeta 7,"
"La verdad acerca de la santificación"**

Preguntas de discusión.

1. ¿Por qué crees que algunas personas tienen la idea de que pueden medir su crecimiento espiritual basados solamente en cómo cumplen las normas o reglas? 25

2. ¿Cuáles serían dos o tres consejos prácticos que podríamos aplicar para cooperar con el deseo de Dios de renovar nuestras mentes? 26

3. ¿Qué disciplina de crecimiento puedes ver que Dios usa más frecuentemente contigo, o es la más efectiva en tu vida? 27

4. La meta de llegar a ser como Cristo nunca se cumplirá por completo mientras estemos en la tierra. ¿Qué formas prácticas y personales podemos aplicar para evitar desanimarnos mientras caminamos hacia algo que no alcanzaremos hasta estar en el cielo? 28

Para un estudio posterior.

Bridges, Jerry. La práctica de los lineamientos de Dios. Colorado Springs: NavPress, 1983.

Cloud, Henry and John Townsend. Cómo crece la gente. Grand Rapids, Mich.: Zondervan, 2001.

Dieter, Melvin E., et al. Cinco miradas a la Santificación. Grand Rapids, Mich.: Zondervan, 1987.

Foster, Richard J. Celebración de la Disciplina. Rev. ed. San Francisco: Harper & Row, 1988.

Henrichsen, Walter A. Los discípulos no nacen, se hacen .Wheaton, Ill.: Victor, 1980.

Nouwen, Henri J. M. Alcanzando: Los tres Movimientos de la vida espiritual. New York: Doubleday, 1986.

Ortberg, John. La Vida que siempre has deseado. Grand Rapids, Mich.: Zondervan, 1997.

Willard, Dallas. El espíritu de las disciplinas. San Francisco:

El bien y el mal
1a Parte

Meta Transformadora.

Proporcionarte la verdad que necesitas, para responder las preguntas referentes al hecho de que vivimos en un mundo malo.

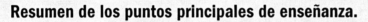

Resumen de los puntos principales de enseñanza.

¿Por qué existe el mal en el mundo que Dios creó?

Tres verdades:

1. Dios es bueno

2. Dios es todopoderoso.

3. El mundo es malo.

¿Cómo pueden ser verdad las tres?

Tres razones por las que existe el mal en nuestro mundo actual.

La voluntad de Dios: porque Dios lo permite.

1. Dios hizo un mundo en el que el mal podría existir.

2. Dios permite que el mal siga existiendo.

La influencia de Satanás: porque Satanás aflige.

Satanás: una breve biografía.

Elección de la raza humana: porque aceptamos el mal.

1. El mal comienza con ellos.

2. El mal está presente en mi.

Preguntas que se mantienen.

¿Por qué Dios permite que continúe el mal? ¿Por qué no lo detiene?

Comencemos con un pequeño examen. Mencionaré algunas cosas y tú me dirás si son malas o buenas. Solo digan fuerte "bien" o "mal".

Por ejemplo, el amor de Dios, ¿es bueno o malo? Muy bien, el amor de Dios es claramente algo bueno.

¿Qué tal de la Biblia, buena o mala? Nuevamente, es sencillo decir que la Biblia es buena.

¿Y qué de la nieve, es buena o mala? Bien, esto se está poniendo algo más complicado. Es una creación hermosa de Dios, pero a veces pueden pasar cosas terribles por la nieve: avalanchas o accidentes.

¿Y que tal las computadoras? Puedo ver en sus rostros odio y amor por este invento. Pero la verdad es que una computadora es sólo una herramienta que puede usarse para bien y para mal.

¿Y qué acerca de ti? Ahora sí que se puso interesante, ¿verdad? Sabemos que cada uno de nosotros es una creación de Dios y que al mismo tiempo luchamos con la realidad del mal en nuestras vidas.

Esta pregunta del bien y el mal, es la primera que mucha gente tiene acerca de Dios. ¿Por qué a personas buenas les suceden cosas malas? ¿Cómo puede Dios permitir eso? No es una pregunta que se pueda responder en unas pocas oraciones. Sin embargo, a pesar de tener que analizar esta difícil pregunta, enfocándonos en ella durante las siguientes sesiones, tendremos la oportunidad real de ver como nuestra fe y relación con Dios se enriquecen.

Permíteme recordarte que al comenzar este estudio, sería una buena idea hacer este tipo de preguntas respecto a Dios. Lean rápidamente en el Libro de Salmos y se asombrarán de las preguntas tan profundas e incisivas que David le hace a Dios. Parece no tener temor de preguntar nada – y a David se lo llama un hombre conforme al corazón de Dios. Las preguntas de David siempre le llevaron a respuestas llenas de fe.

Durante las siguientes dos sesiones, examinaremos lo que la Biblia tiene que decirnos frente a la realidad de que el bien y el mal existen juntos en el mundo. Hay muchas preguntas que tienen respuesta al comprender la perspectiva de Dios en esta verdad.

- **¿Cómo puede Dios permitir cosas como la guerra o la muerte de los niños en el mundo actual?**

Este mundo está lleno de regalos de Dios. Pero junto con esos regalos podemos ver la presencia de una horrible maldad. No nos hace ningún bien pretender que el mal no existe –sabemos que está allí. La muerte de un niño inocente es algo malo. La violación es algo malo. La hambruna es algo malo. Los prejuicios en todas sus formas son malos.

- **Si Dios es todopoderoso y todo amor ¿por qué simplemente no detiene el mal?**

  El pensamiento es: Dios no debe ser lo suficientemente bueno o amoroso para parar el mal o no es lo suficientemente poderoso para hacerlo. En este estudio veremos el hueco enorme que conlleva esa lógica.

- **¿Por qué pasan cosas malas a personas buenas?**

- **A la luz de lo que está sucediendo en el mundo, parece una broma que existiera alguna esperanza**

- **¿Terminará esto en algún momento? ¿Cuándo?**

  En "El caso de la fe", Lee Strobel escribe acerca de nuestro deseo de conocer las respuestas a estas preguntas.

  > "Comisioné a George Barna, el investigador de opinión pública, para que condujera una encuesta nacional en la que se hizo a una muestra representativa de adultos una sola pregunta: "Si pudieras preguntarle a Dios una sola cosa, sabiendo que Él te dará una respuesta ¿cuál sería esa pregunta?" La respuesta que más se repitió (un 17%) fue "¿Por qué hay sufrimiento y dolor en este mundo?"

  Este es el núcleo de la pregunta que veremos todos juntos en estas dos sesiones.

Primero veremos todo el problema del bien y mal. ¿Por qué existe esto en el mundo?

Luego, veremos el lado personal del bien y del mal. ¿Cómo gano la batalla contra el mal en mi vida personal?

  Una de las maneras en las que tratamos de lidiar con el problema de la maldad es a través de la negación. Hay cuatro soluciones falsas al problema del mal —estas soluciones arrancan siempre de la negación. Todas descansan en nuestro poder de lógica – siempre tratando de descubrir las respuestas por nuestra cuenta.

  1. Negar que Dios existe.

  2. Negar que Dios es grande (sus manos están atadas). Esta fue la conclusión de Rabi Kushner en su libro ¿Por qué le pasan cosas malas a personas buenas? Dios quisiera ayudar, pero en ocasiones simplemente no tiene el poder para hacerlo. El comediante Woody Allen expresó su imagen de Dios cuando dijo, "Si en verdad existe un Dios, no creo que sea malo. Lo peor que se puede decir de Él es que no logra lo que se propone."

  3. Negar que Dios es bueno.

4. Negar que el mal existe. Esto es lo que los creyentes en la ciencia cristiana defienden, al decir que el mundo es solo una ilusión. Los creyentes que esperan vivir en una burbuja de protección en la que Dios no permitirá ninguna circunstancia mala, están en realidad luchando con este tipo de negación.

Ninguna de estas negaciones resuelve el problema del mal. Ninguna respuesta al problema del mal que parta de la negación hará otra cosa que desilusionarte y dejarte sin esperanzas. Si bien es fácil negar a Dios cuando enfrentamos el mal en este mundo, también esas situaciones son grandes oportunidades para la fe. Pero esa fe demanda que no tengamos miedo de hacer las preguntas más honestas. Comencemos con: ¿Por qué existe el mal en el mundo de Dios?

> Se puede usar la pregunta de discusión 1 ahora.

¿Por qué existe el mal en el mundo de Dios?

Tres verdades

1. **Dios es bueno.**

   El punto de partida de toda discusión acerca del mal en el mundo debe surgir de tres palabras: Dios es bueno.

   Hay simplemente demasiado bien en este mundo como para negar la bondad del creador.

   Su <u>CARÁCTER</u> es bueno.

   "Porque el SEÑOR es bueno y su gran amor es eterno; su fidelidad permanece para siempre".
   —Salmo 100:5 (NVI)

   Sus <u>ACCIONES</u> son buenas.

   "Y Dios vio todo lo que hizo, y vio que era bueno".
   —Génesis 1:31 (NVI)

   Cada vez que tomamos un bocado de aire, estamos experimentando la bondad de Dios. Dios te ha dado la vida. Podemos comprobar su bondad en el olor de una rosa, ver su bondad en un atardecer, escuchar su bondad en la risa de un niño, sentir su bondad en un cariñoso abrazo. Y podemos saborear su bondad en una deliciosa galleta con chispas de chocolate.

2. **Dios es todopoderoso.**

   "¡Oh Dios grande y fuerte, tu nombre es el SEÑOR Todopoderoso!"
   —Jeremías 32:18 (NVI)

Todopoderoso, significa exactamente eso. Dios tiene el poder para hacer lo que sea. Sin embargo, y esto es muy importante, Dios no actuará de ninguna forma que viole la bondad de su carácter.

Esto tiene sentido. Dios es bueno. Dios es todopoderoso. Esta es la tercera verdad que nos lanza un salvavidas.

3. El mundo es malo.

La Biblia nos dice que el mundo es malo. Mira en Juan 3:19 y Juan 2:15.

"Ésta es la causa de la condenación: que la luz vino al mundo, pero la humanidad prefirió las tinieblas a la luz, porque sus hechos eran perversos".

—Juan 3:19 (NVI)

"No amen al mundo ni nada de lo que hay en él".

—1 Juan 2:15 (NVI)

Así que la pregunta es entonces,

¿Cómo puede todo esto ser verdad?

Si Dios es bueno, ¿cómo puede permitir que exista el mal? Si es todopoderoso ¿Por qué no detiene el mal?

¿Cómo puede un Dios bueno y todopoderoso crear un mundo en el que pueda existir el mal? Todo un montón de jerga teológica y filosófica puede entonces resumirse en una simple oración:

No existe <u>AMOR</u> sin que primero <u>ESCOJAMOS</u>.

Dios sí pudo haber creado una persona que voluntariamente decidiera no pecar, pero entonces esa persona no hubiese tenido la oportunidad de escoger amar.

Sería un tonto si pretendiera explicar con esto todas las cosas malas que suceden en el mundo. No sé por qué Dios permite que sucedan ciertas cosas malas mientras evita que otras se den. Pero lo que sí sé es que no hay amor sin libre albedrío. Sabemos que Dios quiso darnos la oportunidad de amarlo. Y para que alguien te ame debes darle a escoger. El amor forzado no puede ser realmente amor. La posibilidad que Dios nos presenta, significa que podemos decir que sí a una relación con Él. Pero también podemos decirle que no a Dios y aceptar otro tipo de cosas en nuestras vidas. Tenemos la posibilidad de elegir lo bueno (es decir, amarlo), pero también la posibilidad de hacer lo malo (es decir, no amarlo) El no amar a Dios es el mal último. No existe mal mayor que el rechazar el amor de aquel que nos hizo. Es este mal el que resulta en todo tipo de pecado.

Una observación más detallada

Dos verdades para recordar

1. **Dios es soberano.**

2. **El ser humano tiene libre albedrío.**

¿Cómo puedes conciliar estas dos afirmaciones? Si Dios nos da la oportunidad de escoger, ¿no hace eso que nosotros estemos en control en lugar de Él? ¡Nuestro Dios es maravilloso y asombroso! Él puede darnos el libre albedrío y aún así seguir en completo control de su creación. ¿Y cómo hace esto? ¡Él es Dios!

Mientras avanzamos en este estudio, escuchen estas dos verdades. Dios nos ha dado la habilidad de escoger, pero eso no significa que haya dejado de controlar todo. Podemos escuchar el amor de Dios en todo y su control soberano en todo: la respuesta final de todo siempre estará en Dios.

Una advertencia: asegúrate de mantener estas verdades en equilibrio. Si caes demasiado en el lado de que Dios está en control caerás en el fatalismo: no importa lo que hagamos. Si tiras mucho al lado del libre albedrío humano, en cambio, caerás al lado del humanismo: estamos en control de nuestro destino.

Una charla acerca de la presencia del mal en nuestro mundo puede rápidamente tornarse en algo completamente filosófico. Pero la verdad es que no es algo filosófico sino personal. Cada uno de nosotros en esta habitación, hemos sido profundamente impactados por el sufrimiento que provoca el mal. Quizá no sepa lo que estás sufriendo ahora mismo. Pero lo que sí se es que todos pasamos por tiempos duros. Cuando hablamos acerca del bien y el mal, ¡hablamos de un tema totalmente personal! Te animo a no minimizar los problemas que enfrentas. Sabemos que el tema del mal es mucho más grande de lo que nos pasa a nosotros. Pero si no eres honesto con respecto a esto, pasándolo por el filtro de tu propia vida, tus respuestas al problema del mal terminarán sonando como algo filosófico en lugar de algo personal.

Necesitamos sentir, a la luz de nuestras propias luchas con el mal, que estamos sentados ante el trono de Dios, pidiéndole que responda las peores preguntas de nuestro corazón. Las preguntas son muy buenas cuando logran guiarnos hacia Dios. Con esto en mente, echemos un vistazo a lo que la Biblia tiene que decirnos respecto al por qué el mal existe.

Hay tres razones por las cuales existe el mal en nuestro mundo actual:

La voluntad de Dios: Porque Dios **<u>PERMITE</u>** el mal

Dios es todopoderoso. Esto significa que el mal podría no existir en este mundo, salvo que Dios lo permitiera.

El problema del mal y el sufrimiento es posiblemente el mayor reto intelectual que enfrenta la cristiandad. Es muy difícil para la gente comprender cómo un Dios tan grande y bueno puede permitir que exista el mal.

Esto es lo que Dios dice en la Biblia.

1. **Él hizo un mundo en el que el mal <u>PODRÍA EXISTIR</u>.**

Nota, no DEBE, sólo puede. Dios no creó el mal. En Génesis, cuando Dios creó todo, se nos dice que todo lo que hizo era bueno. Pero Dios creó un mundo donde sí, podría existir el mal, pero como una elección de nuestra parte.

En Génesis 3:

•Dios plantó el árbol del conocimiento del bien y del mal.

•Dios permitió la entrada de Satanás al Jardín en forma de serpiente

•Dios permitió que Adán y Eva tomaran el fruto.

Veamos cómo Dios permitió el mal en Génesis 3. Dios plantó el árbol del conocimiento del bien y del mal en el jardín del Edén. Permitió que la serpiente entrara al Jardín. Tampoco detuvo a Adán y Eva para que no comiesen del fruto del árbol.

Cuando enfrentamos la realidad de que Dios mismo permitió el mal en el mundo, se nos presentan dos grandes tentaciones.

La primera es la tentación de jugar a ser Dios.

Es natural para nosotros el pensar, "Si yo fuera Dios, ciertamente hubiera hallado una mejor manera de hacerlo". Para mí, y para todos nosotros, esto ataca directamente al corazón de nuestra confianza en Dios. No tiene sentido para nosotros, pero confiamos en el hecho de que Dios sabe lo que hace aún cuando no lo comprendamos. Confío en la bondad y poder de Dios, y por eso escojo no jugar con Él. Es sencillo decir: "Si yo fuera Dios me las hubiera arreglado para no permitir el mal en el mundo sin quitarnos el libre albedrío". La realidad es que "si yo fuera Dios", me daría cuenta instantáneamente de por qué Él hizo lo que hizo. Pero no soy Dios. Y tampoco tú lo eres

La segunda tentación es la de minimizar a Dios.

No cometas el error de pensar que el mal se escurrió dentro del mundo a pesar del poder de Dios. El mal no tiene más poder que Dios, no se metió al Jardín. Dios lo permitió.

Aquí vienen la fe y la esperanza. Ya que la maldad fue permitida en este mundo sólo por el poder de Dios, entonces sabemos que el mal puede irse del mundo sólo por el mismo poder. Sólo Dios tiene el poder para detener el mal en cualquier momento. ¿Entonces, por qué no lo hace? Bien, miremos lo que la Biblia tiene que decirnos al respecto antes de finalizar este estudio.

Usa las preguntas de discusión 2 y 3 ahora.

2. Dios permite que el mal CONTINUE EXISTIENDO

Dios no escoge ni causa el mal, pero lo permite.

- **Dios nos permite tomar decisiones equivocadas.**

  "Por eso los abandoné a su obstinada voluntad, para que actuaran como mejor les pareciera".

  —Salmo 81:12 (NVI)

Dios permite que la gente tome malas decisiones. Decisiones malignas. Dios te permite tomar decisiones malas – decisiones malignas.

Figúratelo de esta forma. Dios ha llenado este mundo con señales de "PARE", que nos ayudan a distinguir el bien del mal. Las leyes que tienen las naciones, nuestra conciencia interna, y Su clara Palabra, todas estas cosas son señales de PARE.

Estas señales son muy claras. Pero Dios nos permite —si queremos- pasarnos las señales de "pare".

Si te pasas la vida violando estas señales, no te puedo asegurar que no saldrás herido. Pero cada vez que lo haces, debes saber además, que tu corazón se endurece. Te dices: "Estos anuncios de pare son estúpidos, yo me ahorro mucho tiempo ignorándolos". En realidad, muchas personas hallan cierto deleite en pasarse las luces rojas. Pero la verdad es que cada vez que ignoras los altos, se te hace más fácil la siguiente vez, lo que significa que tu corazón se va enfriando. Cada vez que lo haces a tu manera, te alejas más y más de Dios

- **Dios permite las consecuencias dolorosas que resultan de las elecciones malas que tomamos.**

  "Si alguien peca inadvertidamente e incurre en algo que los mandamientos del SEÑOR prohíben, es culpable y sufrirá las consecuencias de su pecado".

  —Levítico 5:17 (NVI)

Dios nos permite pasarnos los altos. Y Dios nos permite que como resultado, nos accidentemos. Algún día, inevitablemente, tendremos un terrible accidente.

Si decidimos pasar una señal de "pare", coqueteando a otro hombre o mujer, siendo casados, y luego tenemos la audacia de decirnos: "la verdad que no pude detenerme", acabamos teniendo una aventura y experimentamos consecuencias desastrosas en nuestro matrimonio.

Nos pasamos el "pare" y dejamos que nuestra ira nos controle. Después de un momento, ya ni siquiera pensamos en el daño que hemos inflingido en nuestros parientes o compañeros de trabajo.

Nos pasamos otra señal y decidimos dedicar nuestra vida a hacer dinero. "Sólo estos años", nos decimos. No te sorprendas cuando un día te levantes y te des cuenta de que todo lo que has hecho es dinero: no hay realización, ni relaciones, ni Dios. Sólo cosas.

Pero espera un momento, algunos de ustedes pueden estar pensando, Pensé que este era un estudio filosófico acerca de dónde está el mal en este mundo. ¿Tienes que hacerlo tan personal, hablando de mi pecado? Este es el lugar donde en verdad comenzamos a comprender el mal —enfrentando honestamente nuestros pecados. Todos nos hemos pasado luces rojas y todos nos hemos accidentado. Y por esto el mal existe en el mundo.

Algunas veces, el mal llega a nuestras vidas por lo que otras personas nos hacen. Lo pueden hacer a propósito, o puede ser que quien te lo haga ni siquiera conoce tu nombre. Pero honestamente, debemos admitir que más a menudo, somos nosotros mismos los que traemos las consecuencias sobre nosotros. Es nuestro egoísmo y pecado lo que termina lastimándonos a nosotros y a los demás.

El permitir las consecuencias de nuestras decisiones malignas no es malicioso de parte de Dios. Es amoroso. Si no existieran consecuencias por las decisiones que tomamos, que lastiman a Dios y a otros, seguiríamos haciéndolo. Esta es una realidad respecto a la naturaleza humana: no cambiamos cuando vemos la luz; cambiamos cuando sentimos que nos quemamos. Las consecuencias que generamos en nosotros y en nuestras familias pueden también ayudarnos a buscar la bondad de Dios.

Permítanme ser claro. El hecho de que estés sufriendo no significa necesariamente que hayas hecho algo malo o pecaminoso. A veces sufrimos por las acciones de otros. A veces sufrimos porque vivimos en un mundo malo y caído. Por cualquier razón que estés sufriendo, esto te ayudará a comprender la respuesta de Dios al sufrimiento.

Una observación detallada

La respuesta de Dios al sufrimiento

El hecho de que Dios permita el sufrimiento, no significa que lo disfrute.

1. **El directamente <u>CAUSA</u> el sufrimiento. Dios castiga el mal (Isa. 13:11).**

2. **Dios tiene <u>COMPASIÓN</u> de todos los que sufren (2 Cor. 1:3–4; Lam. 3:22– 23; Mat. 14:14).**

   Estoy muy contento porque Dios nos ofrece su compasión y no sólo respuestas simples. Eso es exactamente lo que otros necesitan de nosotros cuando están pasando por dolor y sufrimiento. No necesitan que les digamos, "Esto es lo que sucede." Necesitan oírte decir, "Estoy contigo ahora que esto te está sucediendo".

3. **Dios está dispuesto a <u>CUIDARNOS</u> en nuestro sufrimiento (Sal. 46:1; Heb. 4:16).**

   Elizabeth Styffe habla acerca de sus experiencias con la realidad del mal cuando trabajó como enfermera en un hospital de niños en el área de cuidados intensivos.

   > "La unidad en la que trabajaba tenía niños con Cisti fibrosis, el asesino número 1 entre las enfermedades genéticas de niños. No existe cura, todos los niños con los que trabajé morirían. Dios ama a esos niños más de lo que pudiera imaginar. Había un niño, un pre-adolescente al cual me acerqué mucho. Se llamaba Juan (no es su nombre verdadero) Recibí una llamada, un día en mi casa, "Parece que Juan morirá hoy". Fui al hospital y entré al cuarto de Juan, sus padres estaban junto a él de pie. Tuvieron dos hijos, el primero ya había muerto por la misma enfermedad y Juan era su último hijo y moriría ese día. Lo que era más difícil era ver que Juan estaba sufriendo. Sus padres me vieron y me dijeron.: "¿puedes hacer algo?". Claro, como buena enfermera, corrí a buscar más medicación y a hacer mi rol de enfermera. Pero nada parecía funcionar. Su pecho saltó de la cama mientras luchaba por respirar. Tratamos de tocarlo y acomodarlo, y sus padres se metieron en la cama con él. Pero sólo había una cosa que calmaría su dolor. Me acerqué a su cama e hice lo único que se ocurrió en ese momento, canté a su oído con lágrimas: 'Jesús me ama, eso sé...' Y eso le trajo paz".

4. **Dios desarrolla nuestro <u>CARÁCTER</u> a través del sufrimiento (Stgo. 1:2– 4; Heb. 2:10).**

   Esto no hace que el sufrimiento sea bueno; por cierto, Dios es bueno. Tan bueno que puede tomar el mal que llega a nuestras vidas y ayudarnos a usarlo para que seamos más semejantes a Él en nuestro carácter.

5. **Un día, Dios <u>TERMINARÁ</u> con el sufrimiento (Ap. 21:3–4; Rom. 8:18).**

El hecho de que Dios permita el mal no significa que no sufra con su presencia en este mundo. La verdad es que a Dios le duele profundamente la realidad de la maldad en este mundo más que a nosotros. Dios puede ver la realidad de la maldad más claramente y siente el dolor del mal más profundamente de lo que cualquiera de nosotros puede imaginar.

Cuando sufrimos queremos saber que alguien nos escucha. Y Dios lo hace. Cuando sufrimos quisiéramos saber que alguien hará algo al respecto. Y Dios lo hará. Un día Dios terminará con todo ese sufrimiento.

Puedes usar la pregunta de discusión 4 ahora.

Plan de sesión dividida: Si estás enseñando este estudio en más de dos sesiones puedes terminar la primera ahora.

Dios nos ha mostrado tres razones para la existencia del mal en el mundo. Primero, la voluntad de Dios: Él permite la maldad.

Segundo... la influencia de Satanás: Porque Satanás <u>PROVOCA</u> dolor.

11

La influencia de Satanás es la segunda razón por la que existe el mal en nuestro mundo. El mal no es una creación de Satanás, pues él no tiene el poder para crear nada. Todo lo que puede hacer es torcer o retener lo que Dios ha creado.

¿Es malo el clima?

Amo el hecho de que Dios hizo nuestro mundo con 4 estaciones de tiempo para que las disfrutemos. Pero ¿recuerdas la historia de Job? Satanás usó el mal tiempo para destruir la familia de Job.

¿Es mala la ambición?

No hay nada de malo en ambicionar cosas buenas. Pero, ¿recuerdas la historia de Ananías y Zafira? Su ambición los llevó a perder sus vidas.

¿Es malo el sexo?

El sexo es una creación maravillosa de Dios que se usa para darnos unidad completa en el matrimonio. Pero Satanás puede torcer este regalo. ¿Recuerdas la historia de David?

¿Es mala nuestra habilidad para hablar?

Nuestras palabras son un don de Dios. Sin embargo, recuerda la historia de Pedro en Mateo 16:23 Cuando Pedro trató de evitar que Jesús fuera a la cruz, Jesús le dijo, "¡Apártate de mi Satanás!".

Todas estas son creaciones buenas de Dios. El mal se da cuando Satanás tuerce estas cosas, como los desastres naturales, la guerra, la inmoralidad sexual y los insultos.

Satanás es un ser espiritual poderoso, pero es un ser creado. No puede crear nada, tal como nosotros tampoco podemos crear nada. Escuchen esas palabras escritas acerca de lo que dice Satanás.

> "Tengo la voluntad para crear (dado mi orgullo), pero soy incapaz de crear (por mi envidia). Y con mi envidia levanté tanto poder como el que las mentes mortales pueden sentir. Odio al Creador tanto como odio su creación. Mi obra maestra nunca será más que la perversión –un ingenioso desorden de un gran diseño de otra persona, una perversión del orden para que se convierta en caos y muerte. ¿Por qué? . . . Tal vez, es simplemente, porque como todo buen artesano sabe, nada que dure, grande o pequeño, puede ser creado sin amor. Pero soy incapaz de amar, como también soy incapaz de mostrar bondad".

Nosotros, como creyentes, necesitamos comprender y vencer al enemigo sin glorificarlo. Satanás tiene poder, pero también es estúpido. (¿Por qué más hubiera pecado contra Dios?)

Satanás: una breve biografía.

Muchas de las ideas y figuras de Satanás con las que hemos crecido han sido influenciadas más por libros, como el Infierno de Dante o El Paraíso perdido de Milton, que por la propia Biblia. Ahora veremos la historia tal y como la Biblia la presenta.

1. **Era un ÁNGEL en el cielo (Ap. 12:3–9; 9:11).**

   Los ángeles no son personas muertas, son seres espirituales hechos para servir a Dios en el cielo. Satanás es un ser espiritual, una creación de Dios.

2. **CAYÓ del cielo por su orgullo.**

   "Se desató entonces una guerra en el cielo: Miguel y sus ángeles combatieron al dragón; éste y sus ángeles, a su vez, les hicieron frente, pero no pudieron vencer, y ya no hubo lugar para ellos en el cielo. Así fue expulsado el gran dragón, aquella serpiente antigua que se llama Diablo y Satanás, y que engaña al mundo entero. Junto con sus ángeles, fue arrojado a la tierra".
   —**Apocalipsis 12:7–9 (NVI)**

   ¿Cómo pudo suceder esto? No tengo la más mínima idea. Puedes hallar miles de conjeturas acerca de cómo y por qué Satanás, que era un ángel, pudo tomar una decisión que lo llevaría a caer. Pero todo será sólo una adivinanza. Tal vez, escucharemos más acerca de esta situación cuando

El bien y el mal: 1a Parte

lleguemos al cielo, pero por ahora todo lo que sabemos es que esto sucedió. Satanás quiso ser como Dios en poder, y esta actitud orgullosa causó su caída.

3. Tiene libertad LIMITADA para influir sobre la tierra.

El límite de Satanás: debe pedir <u>PERMISO</u> A <u>DIOS</u>.

Algunos ejemplos:

- **Pedro: "Satanás te ha pedido para zarandearte como a trigo" (Lucas 22:31).**

¡Satanás está restringido! No puede hacer lo que él decida. Debe primero pedirle permiso a Dios.

En Job 1:8 Dios dice a Satanás, ¿Te has puesto a pensar en mi siervo Job? No hay en la tierra nadie como él; es un hombre recto e intachable, que me honra y vive apartado del mal". Satanás entonces acusa a Job de servir a Dios sólo por las recompensas. Y Dios le permite a Satanás traer el mal a la vida de Job para probar que la fe de Job no decaería a pesar de sus circunstancias.

La realidad de que Satanás tiene libertad limitada sobre nosotros nos preocupa y tranquiliza al mismo tiempo. Esta no es una realidad sencilla de tratar.

Nos preocupa, porque pensamos en Satanás pidiendo permiso para lastimarnos de maneras profundas. "¿Cómo Dios permitiría algo así?" nos preguntamos. Permíteme darte una explicación que espero ayudará.

No es que vivamos en un castillo súper protegido y que sólo entran unos pocos problemas que Dios permite entrar. Este es un mundo malo, y todos estamos metidos en su obscura niebla. Todos luchamos en el campo llamado vida, con las flechas dolorosas volando sobre nosotros. Mientras permanezcamos en este mundo, nos herirán muchas de ellas. En lugar de pensar que Dios decide qué flecha te llega, piensa que Dios determina la que no te llegará. Ve una flecha que va directamente a tu corazón y no permite que pase y te lastime porque no lo podrías soportar. No permitirá que Satanás toque tu vida, antes de que Dios complete Su plan para tu vida en esta tierra. Satanás nunca tendrá el permiso para causar la muerte de alguien segundos antes de que confíe en Cristo como su Salvador. Creo que nos asombraríamos si pudiéramos ver todos los problemas que Dios ha filtrado fuera de nuestras vidas. Esto no se trata de minimizar los problemas que tienes, pero sí es un recordatorio de que Dios está obrando aún en medio de la niebla de nuestros problemas.

Entonces nuestro corazón se conforta. Dios conoce nuestros problemas y sabe que puede darnos la fortaleza para enfrentar cada problema, incluso antes de que suceda.

La fe nos recuerda que todos nuestros problemas son "filtrados por el Padre." Porque Dios permite ciertos problemas, sabemos que su promesa de darnos la fortaleza para enfrentarlos es genuina.

Una cosa más acerca de Satanás:

4. **Está por seguro <u>CONDENADO</u> a la destrucción eterna.**

Satanás será arrojado al lago de fuego, para ser atormentado para siempre.

"El diablo, que los había engañado, será arrojado al lago de fuego y azufre, donde también habrán sido arrojados la bestia y el falso profeta. Allí serán atormentados día y noche por los siglos de los siglos".
—Apocalipsis 20:10

Satanás está condenado a sufrir el juicio de Dios por la eternidad. No gobernará en el infierno. No se deleitará inflingiendo sufrimiento a otros en el infierno; él mismo sufrirá.

Satanás es el maligno. Aunque no gane placer alguno en que sufras en el infierno, sí prefiere que más personas lo acompañen allí, en lugar de que estén en el cielo en la presencia de Dios.

Cuando el Rey Herodes (de quien leímos en la historia del nacimiento de Jesús), enfrentó a la muerte, nos dice la historia que ordenó que todos los prisioneros que tenía cautivos, fueran ejecutados justo cuando exhalara por última vez. Sabía que nadie haría luto por él; había matado a la mayoría de su propia familia por temor a perder su trono. Las muertes de sus prisioneros garantizaría que habría lágrimas en su muerte. Este es un buen ejemplo de la actitud de Satanás.

Consejo práctico de enseñanza.

Una de las claves para la buena enseñanza es preguntarte constantemente, "¿Qué estarán pensando las personas que me escuchan ahora mismo?". Cuando puedes anticipar sus sentimientos o cuestionamientos, puedes darles las respuestas que esperan y enseñar la verdad de una manera que la puedan recordar. No existe mejor ejemplo de esto que el de Jesús, quien pacientemente esperaba que sus discípulos preguntaran, antes de enseñarles la verdad.

Mientras enseñas acerca de Satanás y su obrar en el mundo, podría suceder que muchos se sientan abrumados por lo que escuchan. Quizás incluso se asusten. Toma unos momentos para animarlos.

¿Te asusta toda esta charla acerca de Satanás? No debería. Algunos, probablemente hubieran preferido no venir ahora. ¡Ya tienen suficientes problemas sin escuchar de Satanás ni de todo lo que pretende hacernos! Pues tengo buenas noticias para ti. No debemos temer a Satanás porque el poder de Dios es mucho mayor.

La realidad de Satanás y su obrar nos debe alertar, pero nunca atemorizar. Estamos en una batalla; no lo dudes. ¡Pero sabemos que Dios ganará la guerra! Hay dos líneas de pensamiento que nosotros debemos rechazar. Rechazar el pensamiento de que la batalla no nos involucra. Recuerda, todo creyente está en las líneas de avanzada contra el enemigo, quieras o no. Satanás siempre buscará detener tu crecimiento e influenciar tu fe y gozo por el resto de tu vida. Segundo, rechaza la idea de que serás abrumado por las fuerzas del mal en esta batalla. El poder de Dios es inconmensurablemente mayor que el de Satanás y por ello ganará inevitablemente.

Puedes usar la pregunta de discusión 5 ahora.

Hay una tercera razón por la cual existe el mal en el mundo.

La elección del ser humano: Porque ELEGIMOS el mal

El mal está presente en este mundo porque escogemos hacer cosas malas. No podemos culpar a Dios por eso y tampoco a Satanás. ¿Quieres culpar a alguien?

Recuerda dos verdades:

1. El mal comenzó con ELLOS (Gen. 3).

Culpa a Adán y Eva.

Todos disfrutamos señalando con el dedo a otros, así que hagamos eso ahora. El mal arrancó con ellos. Adán y Eva solos tomaron la decisión de pecar. Dios dijo "No coman del árbol del conocimiento del bien y del mal". Y ellos comieron de ese árbol.

La decisión de Adán y Eva en cuanto al pecado, tuvo horribles consecuencias.

- **Si comían del árbol, ciertamente "morirían". El pecado trae muerte: espiritual y física.**

> **"Pero del árbol del conocimiento del bien y del mal no deberás comer. El día que de él comas, ciertamente morirás".**
> **—Génesis 2:17 (NVI)**

Adán y Eva sufrieron inmediatamente la muerte espiritual, es decir la separación de Dios. Eventualmente, sufrieron también la muerte física por su pecado. Dios los había creado para que vivieran por siempre, pero ahora debían enfrentar la muerte.

- **Dado que comieron del árbol, fueron expulsados del Jardín del Edén. El pecado hace que tengamos que vivir en un mundo caído e imperfecto.**

  > "Entonces, Dios el SEÑOR expulsó al ser humano del jardín del Edén, para que trabajara la tierra de la cual había sido hecho".
  >
  > —Génesis 3:23 (NVI)

  Dios nos hizo para que viviéramos en un mundo perfecto, no en uno con todos estos problemas que vemos ahora. Algunas veces, escuchamos de desastres naturales que se atribuyen a actos de Dios. Si quieres ser acertado, bíblicamente hablando, los deberíamos llamar "actos de Adán".

- **Adán y Eva pasaron su naturaleza de pecado a todos a través de sus hijos. El pecado se hizo parte de todos nosotros, cuando ellos comieron del fruto. Es por eso, que todos inevitablemente pecamos. No podemos rechazar la tentación de hacer el mal.**

  Esto es lo que llamamos "pecado original". No comenzamos con un historial limpio. Todos arrancamos con el conocimiento del bien y del mal y con un corazón defectuoso que tiende a pecar.

  El pecado original implica que los bebés no nacen espiritualmente inocentes. Estamos espiritualmente separados de Dios desde nuestro nacimiento y con una propensión a pecar. El pecado de Adán y Eva afectó a toda la raza humana. No puedes decir que jamás has pecado, "pues todos han pecado y están privados de la gloria de Dios" (Rom. 3:23).

  Si le dices a tu hijo de 3 años: "puedes jugar con todo en este cuarto, excepto con este vaso de cristal que la abuela nos regaló". ¿Qué sucederá cuando lo dejes solo en la habitación? Bien – ¡directo al vaso! Es parte de nuestra naturaleza humana el que si se nos pone un límite, deseamos sobrepasarlo.

  > **"Por medio de un solo hombre el pecado entró en el mundo, y por medio del pecado entró la muerte; fue así como la muerte pasó a toda la *humanidad, porque todos pecaron".**
  >
  > —Romanos 5:12

  Pon un círculo en "todos pecaron", en Romanos 5:12. No dice: "todos pecarán", sino "todos pecaron". ¿Ves lo que está diciendo? En Adán todos pecaron. Él era el representante de toda la raza humana e hizo lo que cada uno de nosotros hubiera hecho en la misma situación.

  A pesar de ser tan tentador el culpar a otros de nuestro problema de pecado, todos sabemos que no es allí donde termina la historia. Nos encanta pensar que si hubiésemos sido nosotros los que hubiésemos estado en el Jardín del Edén, hubiésemos obedecido a Dios.

Pero eso no es verdad. La dolorosa y honesta verdad es que siempre que se nos ha presentado esta elección hemos escogido el mal .

Esto nos lleva entonces a una segunda verdad. El mal comenzó con ellos, pero debemos admitir honestamente que:

2. El mal está presente en <u>MÍ</u>

No es sólo "su culpa." Necesitamos admitir que "el mal está presente en mi"

Pablo escribe en Romanos 7:21 acerca de la dura verdad que tuvo que aprender.

"Así que descubro esta ley: que cuando quiero hacer el bien, me acompaña el mal".

—Romanos 7:21 (NVI)

¿Has aprendido esta ley contigo mismo?

Escucha mientras leo estos versículos de Romanos 3.

"¿A qué conclusión llegamos? ¿Acaso los judíos somos mejores? ¡De ninguna manera! Ya hemos demostrado que tanto los judíos como los gentiles están bajo el pecado. Así está escrito: "No hay un solo justo, ni siquiera uno; no hay nadie que entienda, nadie que busque a Dios. Todos se han descarriado, a una se han corrompido. No hay nadie que haga lo bueno; ¡no hay uno solo!".

—Romanos 3:9–12 (NVI)

¡Necesitamos a Jesucristo! Sin Jesús, estos versículos son todo lo que nos queda. Con Jesús, podemos tener el resto del libro de Romanos. Con Jesucristo tenemos esperanza. Tenemos justicia. Con Jesús tenemos vida espiritual. Sólo Jesús puede tratar con nuestro problema de pecado.

Aleksandr Solzhenitsyn, quién vivió de primera mano todo el mal que se hacía en los campos de prisioneros soviéticos bajo el gobierno de Stalin, escribe:

"La línea que divide el bien del mal, no pasa por estados, ni clases, ni partidos políticos sino por cada corazón humano".[4]

El hecho de que el mal esté presente, debería siempre llevarme a ¡confesar mi necesidad de Dios! Por esto estudiamos la salvación antes de este tema del bien y el mal. Hubiese sido muy deprimente si te dijera, "Sabes, tendrás que esperar unas tres semanas para escuchar lo que Dios hizo por ti". Quise que escucharas primero las buenas nuevas: Jesús vino para liberarnos de nuestro pecado.

Las preguntas de discusión 6 y 7 pueden ser usadas ahora.

Las preguntas que se mantienen

¿Por qué Dios sigue permitiendo el mal? ¿Por qué no lo detiene?

Estas son las preguntas con las que realmente luchamos. Hay cosas de este mundo que no puedo comprender ni explicar. ¿Por qué permitiría Dios que un niño muera y sufra de cáncer? Me encantaría estar de pie aquí y garantizarte que Dios sanará a todo niño que sufre, pero no puedo hacer eso. Sí, puedo garantizarte que Dios ama a ese niño. Puedo garantizarte que Dios tiene un plan eterno para su vida. Puedo garantizarte que Dios obrará a través de sus circunstancias. Puedo garantizarte todas esas cosas basado en lo que Dios nos ha dicho en su Palabra, pero lo que no puedo garantizarte es que Dios obrará exactamente de la forma que le pedimos en cada una de nuestras circunstancias. No puedo garantizar que Dios nos aislará del mal mientras estemos en este mundo. ¿Por qué Dios lo permitiría? Recordemos un par de cosas.

1. **Dios ya venció el mal (1 Cor. 15:57; Col. 2:15).**

   Venció el mal en la cruz y nos permitirá unirnos a ÉL en esa victoria por la eternidad. Peleamos una batalla en la que la victoria final está asegurada. Sabemos que al luchar tendremos la victoria al final.

   Esto es lo que nos da esperanza mientras peleamos. Un día me uniré a Dios en una eternidad victoriosa en el cielo. Y todas estas preguntas que tenemos acerca de todas las cosas que suceden en la tierra serán explicadas. Si tenemos una pregunta, será respondida. Pero muchas de esas preguntas, todas las que atañen a nuestra comprensión en esta tierra, se desvanecerán en el momento en que veamos a Jesús. Estas preguntas no tendrán la importancia que les damos en este mundo porque veremos a Dios como realmente es.

   ¿Por qué esperaría Dios ese día? ¿Por qué no terminar el mal ahora mismo?

2. **Dios es <u>PACIENTE.</u>**

   Cuando ves en este mundo una situación que rompe tu corazón, algo que te hace llorar de dolor, ¿cómo crees tú que Dios se siente acerca de eso? ¿Qué crees que provoque eso en el corazón de Dios? Su corazón ciertamente llora más que los nuestros. Como dije antes, su dolor por el mal y el pecado es más profundo de lo que podamos imaginar. ¿Por qué entonces no detener el mal? Porque Dios es paciente.

   Dios ha provisto la salvación para todos (1 Juan 2:2).

   Dios desea que todos sean salvos (1 Tim. 2:3–4).

Y espera pacientemente, deseando que todos procedan a la salvación (2 Pedro 3:9).

Dios está esperando pacientemente para que más personas vengan a Él. Dios podría haber cerrado la cortina de esta obra hace mucho tiempo, y de esta forma evitar mucho de lo malo que ha pasado en el mundo. Pero los millones de personas que han sido salvas durante esos años no hubiesen sido rescatadas de una eterna separación de Dios.

Perspectiva personal clave.

¿Cómo responderías a alguien que pregunta algo como: "Cómo puede un Dios perfecto, todopoderoso y bueno, permitir las guerras, las enfermedades y el dolor en el mundo actual?" Cuando nos enfrentamos a la tragedia, nuestro primer impulso es preguntar "¿Por qué? ¿Por qué permitiría Dios esto?" Este estudio nos ha recordado algunas de las respuestas, tanto para nosotros como para otros.

1. El mundo es malo, no por la creación de Dios, sino por la ELECCIÓN del ser humano.

2. Dios se PREOCUPA por aquellos que sufren

3. El terminar un día con la maldad, es un propósito declarado de Dios

4. La razón por la que Dios espera es para que más gente sea SALVA.

Al final, la única solución al pecado y al problema del mal es la confianza. ¿Cuánto confías en Dios?

Cuando confías en Dios, no temes hacer estas preguntas —sabes que Dios puede darnos respuestas cuando no entendamos y puede darnos seguridad cuando no la tengamos.

Cuando confías en Dios, no temes admitir que mucha de la maldad ocurrida en nuestras vidas, es por nuestra culpa. El confiar nos libera de culpar a otros.

Cuando confías en Dios, logras entender algunas cosas a la luz de la eternidad. Te das cuenta de que aquellos que parece que se salen con la suya haciendo el mal, no lo hacen en verdad, y que los que parecen no ser reconocidos por lo bueno, lo serán.

Cuando confías en Dios, puedes sentir su compasión por nosotros cuando enfrentamos la maldad de este mundo. Y de vez en cuando, una verdad se afirmará en ti, la verdad de que cada herida que sientes por la maldad, será multiplicada incontables veces en el corazón de Dios.

Cuando confías en Dios, te das cuenta de que quizá obtengas una respuesta a tus cuestionamientos o quizás no, pero aún sin la respuesta que tanto buscas, sabes que puedes confiar solamente en aquel que te responde.

Oremos ahora juntos. ¿Por qué no nos tomamos las manos, estamos juntos en esto, verdad?

Señor, sé que todos los que estamos tomados de las manos ahora mismo, tendremos la oportunidad, durante este mismo año, de hablar personalmente acerca de las formas en que el mal ha impactado nuestras propias vidas. Puede ser algo tan evidente, como que alguien haya pecado contra nosotros, o puede ser una de esas circunstancias que nos dejan preguntando, "¿Por qué?". Ayúdanos, Dios, a ser honestos acerca del presente y positivos frente al futuro. Elegimos pensar en que Tú eres bueno, amoroso y paciente. Escogemos confiar en ti como un Dios bueno y amoroso, para descansar en el hecho de que un día vendrás y harás justicia con todo ese mal. Gracias por perdonarme todo el mal que he hecho en mi vida. Padre, no nos permitas caer en tentación y líbranos del mal. En el nombre de Jesús. Amén.

Comiencen a trabajar en la tarjeta de memorización 8, "La verdad acerca del Bien y el Mal".

Preguntas de discusión.

1. ¿Por qué piensas que es importante que seamos honestos acerca del hecho de que vivimos en un mundo malo? ¿Qué sucede cuando vivimos negando la realidad del mal? **23**

2. ¿Por qué piensas que fue tan importante para Dios darnos el libre albedrío? **24**

3. ¿Cuál es la diferencia entre: Dios permite el mal y Dios hace el mal? **25**

4. ¿Qué es lo que te da la mayor esperanza y ánimo al enfrentar el sufrimiento personal? **26**

5. ¿Qué te ha ayudado a reemplazar tus temores a Satanás y su maldad, por la fe en Dios? **27**

6. ¿Por qué es malsano culpar siempre a otros por el mal en el mundo? **28**

7. Jesús nos enseñó a orar "líbranos del mal" (Mat. 6:13). ¿En qué circunstancias quisieras que otros oren para que seas liberado del mal? **29**

El bien y el mal

2a Parte

Metas Transformadoras.

Capacitarte para vivir victoriosamente sobre el mal y sobre Satanás:

En un pensamiento específico.

En un hábito específico.

En una relación específica.

En un problema específico.

Resumen de los puntos principales de enseñanza.

Pon la victoria en tu mente.

Estar alerta

Ser humilde

Estar confiado

Comprender los tres canales de la maldad.

El mundo

La carne

El demonio

Venciendo el mal en mi vida diaria.

Pecados

Pruebas

Tentación

El principio nº 1 para vencer al mal.

Consejo práctico de enseñanza.

La actitud de nuestro corazón tiene un impacto tremendo en la manera que enseñamos. ¿Cómo mantener tu actitud llena de entusiasmo y fe como maestro, semana tras semana? Necesitas hallar las cosas que preparan tu corazón para enseñar. Para algunos, es escuchar música cristiana. Para otros, es un tiempo de oración. Algunos preparan su corazón hablando con las personas a las que van a enseñar. Uno de los hábitos que adoptamos cuando somos maestros, es el de hacer intencionalmente las cosas que preparan nuestro corazón para enseñar.

No es tan difícil pensar en una historia que muestre la realidad de la maldad en nuestro mundo. Desde catástrofes naturales a tragedias, pasando por crisis personales, la presencia del mal es una realidad plausible.

Pero la presencia del mal no es la única historia. Permíteme contarte una historia de victoria sobre el mal.

Samuel era un joven que andaba en grandes problemas. Comenzó a beber y a tomar drogas cuando cursaba el bachillerato, y para cuando dejó el colegio su vida ya estaba completamente controlada por esas adicciones. Sentía sólo un gran vacío existencial y de no ser por su hermana que lo encontró con una pistola en la cabeza, se hubiese quitado la vida. A través del ánimo de una familia que siempre le demostró amor y se rehusó a rendirse, Samuel llegó a confiar en Jesucristo. Se involucró en un programa llamado Celebremos la Recuperación, en donde aprendió a confiar en Dios para vivir libre del control de sus adicciones. Samuel, ahora dice:

"Cuando miro atrás, estoy tan agradecido de que no tuve que pasar por años de dolor, antes de darme cuenta de que mi vida estaba fuera de control. Nunca hubiera pensado que llegaría a estar sobrio, antes de tener la edad necesaria para beber. Pero Dios tenía un plan diferente para mi vida.

Ahora, mi relación con mi familia ha sido restablecida. Dios ha usado sus pruebas en mi vida para llevar a toda mi familia a acercarse entre ellos y a Dios. Todos asisten a la Iglesia. Dios puso en mi el deseo de terminar la escuela y obtener mi diploma, ahora asisto al post-bachillerato. El Señor me ha bendecido con un gran trabajo de profesor asociado y ayudo a niños con discapacidades. Una de las mayores bendiciones en mi vida han sido las relaciones con amigos de verdad, que me aman por lo que yo soy y no por lo que tengo.

El vacío en mi vida que trataba de llenar con drogas y alcohol, se llenó finalmente cuando rendí mi vida a Jesucristo. Y si piensan que ahora mi vida es aburrida y no tiene diversión, déjenme decirles lo divertido que estoy. Tengo muchos amigos en Cristo y Dios ha puesto en mi corazón el deseo de ayudar a otros. Ahora, Dios me está usando como un puente, para ayudar a la gente joven como yo a mantenerse sobrios.

Estoy agradecido con mi familia, que nunca se rindió y siempre estuvieron orando por mí. Quiero también agradecer a mi Señor y Salvador Jesucristo, quien me ha dado la victoria sobre mis adicciones. Dios me ha dado una vida que vale la pena. Una vida de valor y con propósito y ha hecho por mí lo que nunca pude hacer".

No te equivoques; la batalla contra el mal siempre será parte de nuestras vidas mientras vivamos en esta tierra. Pero podemos experimentar victorias en esa pelea. Podemos ganar gran cantidad de batallas mientras esperamos ansiosos el día en el que Jesús termine con esta guerra. Mira los versículos y siente conmigo la emoción de la victoria.

Perspectiva personal clave.

¡Eres victorioso sobre Satanás!

"Porque todo el que ha nacido de Dios vence al mundo. Ésta es la victoria que vence al mundo: nuestra fe".

—1 Juan 5:4 (NVI)

"Desarmó a los poderes y a las potestades, y por medio de Cristo los humilló en público al exhibirlos en su desfile triunfal".

—Colosenses 2:15 (NVI)

"¡Pero gracias a Dios, que nos da la victoria por medio de nuestro Señor Jesucristo!"

—1 Corintios 15:57 (NVI)

"Sin embargo, en todo esto somos más que vencedores por medio de aquel que nos amó".

—Romanos 8:37 (NVI)

Asegúrate de notar de donde viene la victoria. Puedes resaltar las frases: "hijos de Dios", "nuestra fe", "con la cruz", "por medio de". La victoria siempre será a través de Jesucristo.

En la última sesión, vimos el problema total de la maldad. En esta sesión, nos enfocaremos en la batalla personal que cada uno tiene contra el enemigo. Como podemos ver en los versículos anteriores, Dios nos ha garantizado la victoria, pero la victoria no viene fácil. En este estudio, veremos cómo ganar la batalla contra el mal en nuestras vidas diarias.

Pon la victoria en tu mente.

Mantente ALERTA.

La complaciente negación del mal no es el camino a la victoria. No cometas el error de pensar que un creyente victorioso marcha escondido dentro de una ostra, con la cabeza dentro de la arena y pretendiendo que el enemigo no existe.

La Biblia nos da dos figuras poderosas para ayudarnos a mantenernos alertas:

1. Vivimos "DETRÁS DE LAS LÍNEAS ENEMIGAS".

"Sabemos que pertenecemos a Dios, aunque todo el mundo esté bajo el dominio del maligno".
—1 Juan 5:19 (GNT, traducida)

Cuando un soldado queda detrás de la líneas enemigas, ¡se pone alerta! No puede sentarse cómodamente en sus rondas porque en cada encuentro existe la posibilidad potencial de descubrir al enemigo y puede ocurrir un desastre.

En un sentido espiritual, como creyentes, estamos detrás de las líneas enemigas. Eso no quiere decir que no podamos admirar la belleza de la creación de Dios mientras estemos en esta tierra. Pero existe el potencial de que experimentemos un desastre espiritual en cada circunstancia o conversación.

Algunos tratan con esta verdad, escondiéndose del mundo lo más que puedan. Pero eso es como una DESERCION espiritual. En Juan 17:15-18 Jesús ora por nosotros, "No te pido que los quites del mundo, sino que los protejas del maligno. Ellos no son del mundo, como tampoco lo soy yo…. Como tú me enviaste al mundo, yo los envío también al mundo". (Juan17:15–18).

Estás detrás de las líneas enemigas. Mantente ALERTA.

2. Satanás es como un "LEÓN RUGIENTE".

"Practiquen el dominio propio y manténganse alerta. Su enemigo el diablo ronda como león rugiente, buscando a quién devorar".
—1 Pedro 5:8 (NVI)

La primera regla de los domadores de leones es: ¡nunca le des la espalda a un león! Por la gracia y fuerza de Dios, los creyentes podemos enfrentar a este león sin temor. Y debemos enfrentarlo. Debemos estar alertas ante el hecho de que Satanás siempre nos está atacando para vencernos. En sus ataques, te habrás dado cuenta de que Satanás no se presenta personalmente, con horca y todo. En unos pocos momentos, veremos las principales formas en las que estos ataques llegan a nuestras vidas.

Hay una segunda actitud que es vital para nuestra eventual victoria.

Ser HUMILDE

Es sorprendente lo poderosa que es una actitud humilde para vencer el mal. Como nos dice Proverbios 16:18, "Antes de la destrucción viene el orgullo". Una de las derrotas militares más grandes y famosas en

América fue la que sufrió el General George Custer. Custer, el hombre más joven al que se le haya otorgado el rango de general en la milicia norteamericana, nos sirve como ejemplo del peligro que conlleva el orgullo humano. El día después de su derrota, las palabras del Times de Nueva York acerca de él, fueron éstas:

> "El ataque de Custer, según pudo saberse a través de los cuarteles, fue efecto de la imprudencia de Custer, por decir lo menos…. El movimiento hecho por Custer es censurable, según la opinión de personal militar de alto rango destacado en esta ciudad.
>
> Oficiales más antiguos, afirman que sus decisiones vinieron de un orgullo tonto, el cual, a menudo resulta en la derrota de los hombres. Parece ser que días antes de este evento, Terry le ofreció cuatro compañías adicionales, pero él las rechazó".[2]
>
> —New York Times, Julio 6, 1876

"Orgullo tonto, que a menudo resulta en la derrota de los hombres". El orgullo es aún más peligroso en el campo de batalla espiritual, donde siempre resultará en derrotas. Debo reconocer que no tengo el poder en mi para vencer el mal. No debemos ser "Generales Custer espirituales", que por desear orgullosamente obtener el crédito y el honor, terminan perdiendo la batalla. Mira lo que Dios nos dice en Santiago 4:6-7

"Por eso dice la Escritura: «Dios se opone a los orgullosos, pero da gracia a los humildes. Así que sométanse a Dios. Resistan al diablo, y él huirá de ustedes".

—Santiago 4:6–7 (NVI)

Siempre que resistas a Satanás, debes comenzar RINDIÉNDOTE a Dios.

¡Siempre! Puedes enfrentar a Satanás basado en tu poder o rendirte a Dios y descansar en su fuerza y poder. Basado en tu poder, es como atacar a un porta-aviones con un bote de pedales de los que alquilamos a nuestros hijos en los lagos de un parque. Trata de atacar a Satanás con tus fuerzas y te pronostico dos palabras: "Estás frito". Pero en las fuerzas de Dios es como contar con toda una flota de barcos frente a los cuales la derrota de Satanás es inminente.

Rendirse a Dios no es un proceso complicado. Es sólo cuestión de admitir delante de Él que no tenemos la fuerza para manejar algo por nuestra cuenta y pedirle humildemente que nos ayude.

Estar alerta, ser humilde y . . .

Ser *CONFIADO*

¿Se puede ser humilde y confiado al mismo tiempo? Claro que sí. Esta es la descripción de la vida cristiana. Ser humilde, significa que no confío en mi. Significa que estoy confiando en Dios.

- **Confiado por la presencia de Dios**

  "Porque el que está en ustedes es más poderoso que el que está en el mundo".

  —1 Juan 4:4 (NVI)

- **Confiado por la promesa de Dios**

  "Muy pronto el Dios de paz aplastará a Satanás bajo los pies de ustedes".

  —Romanos 16:20 (NVI)

- **Confiado por tus oraciones.**

  Jesús nos mandó a orar con fe por la victoria personal sobre el mal.

  "No nos dejes caer en tentación, mas líbranos del mal".

  —Mateo 6:13 (NVI)

Miremos más de cerca la oración de Jesús en Mateo 6:13. ¿Puedes imaginar a Jesús mintiendo a sus seguidores? ¡Claro que no! Jesús nos enseñó a orar victoriosamente frente al mal. Jesús no nos enseñaría a orar de esta forma si no fuera posible experimentarla en nuestras vidas. Su liderazgo y liberación se basaron en dar una nueva dirección y atmósfera a nuestras vidas.

> Puedes usar la pregunta de discusión 1 ahora.

Una de las razones por la que dejamos que el mal nos atrape, es la mala comprensión que tenemos de cómo llega el mal a nuestras vidas. ¡Esta información es vital para todos los creyentes!

Comprendiendo los tres canales de la maldad.

 14

Satanás es la fuente de todo mal, pero hay tres diferentes vertientes de las cuales puede fluir el mal para influenciar nuestras vidas. Para vivir en victoria, debes comprender cuales son estos canales y saber la estrategia bíblica para la victoria.

De otra manera, si usas la estrategia equivocada, terminarás derrotado.

Piensa en esto por sólo un momento. Permíteme compartir contigo algunas de las batallas que libramos a diario.Sugeriré algunas estrategias para lograr la victoria, tú dime cuáles funcionarían y cuáles no.

Primero, un niño que rehúsa comer verduras.

Entonces tú:

A. Le darías un helado para que coma en lugar de los vegetales.

B. Atarías al niño en la silla hasta que se comiera esas zanahorias (u otros vegetales).

C. Le darías al niño 10,00 dólares por cada vegetal que se comiera.

D. Te quedarías con el niño y le insistirías gentilmente para que coma.

Segundo, te enteras de que alguien en tu oficina está murmurando de ti.

Entonces tú:

A. También chismeas de esa persona.

B. Escondes algo apestoso en uno de sus cajones, para vengarte.

C. Hablas con la persona que sabes que inició el chisme.

Este es el punto: en una batalla, el sólo hacer algo no es suficiente. Debes hacer lo correcto. Miremos lo que la Palabra de Dios nos dice acerca de ser victorioso sobre las tres maneras en que el mal llega a nuestras vidas: el mundo, la carne, y el maligno.

El *MUNDO*

Conoce a tu enemigo

En cualquier batalla, la clave para la victoria sobre el enemigo, es conocer y comprender al enemigo.

Con respecto al mundo, significa conocer la filosofía que lo rige y que reina sobre esta tierra.

La Biblia usa la palabra mundo para referirse a este planeta en el que vivimos. Pero también usa la palabra mundo para señalar a una filosofía de vida "sin Dios". Esta es la idea cada vez que usamos la palabra "mundano".

¿Es la filosofía del mundo diferente a la de Cristo? ¡Sin duda! Permíteme darte algunos ejemplos. El mundo dice, "Mientras más tienes, más feliz eres". "Si no te preocupas por ti, nadie lo hará". "Si te sientes bien, hazlo".

Tienes la idea. Lee conmigo 1 Juan 2:16

"Porque nada de lo que hay en el mundo, -los malos deseos del cuerpo, la codicia de los ojos y la arrogancia de la vida- proviene del Padre sino del mundo".

—1 Juan 2:16 (NVI)

Pon un círculo en: "malos deseos", "codicia de los ojos", y "arrogancia". Estos son los tres mayores. Los malos deseos de adquirir, la codicia de los ojos, nuestras pasiones, y la arrogancia u orgullo constituyen el pensamiento central del mundo.

Estrategia para la victoria.

¿Cuál es la decisión personal que puedo tomar para tener victoria en este campo de batalla particular?

<u>AMAR</u> a Dios.

Miremos de cerca 1 Juan 2:15–17.

"No amen al mundo ni nada de lo que hay en él. Si alguien ama al mundo, no tiene el amor del Padre. Porque nada de lo que hay en el mundo -los malos deseos del cuerpo, la codicia de los ojos y la arrogancia de la vida- proviene del Padre sino del mundo. El mundo se acaba con sus malos deseos, pero el que hace la voluntad de Dios permanece para siempre".

—1 Juan 2:15–17 (NVI)

La razón por la que caemos en la forma de pensar del mundo es porque amamos las cosas de este mundo. Las amamos porque pensamos que nos harán felices, nos darán contentamiento y también seguridad. La única forma de escapar de nuestro amor por las cosas del mundo es hallar ¡un amor más grande!

Todos necesitamos de un amor mayor en nuestras vidas. Este anhelo es una de las razones por las que existen tantas canciones de amor. Una búsqueda rápida por el Internet de canciones de amor, revela que hay sitios enteros en la red dedicados a:

Canciones de amor medievales.

Canciones de amor para tocadiscos con tragamonedas.

Canciones de amor para aquellos que han estado enamorados más de una vez.

Canciones de amor para armónica.

Canciones de amor para los que amamos y dejamos de amar.

Las 100 mejores canciones de amor.

Las 25 mejores canciones de amor.

Las 10 mejores canciones de amor.

Canciones de amor románticas.

Canciones de amor tontas.

Canciones de amor para mí mismo.

No hay nada de malo con el amor romántico. Pero no puede cubrir las necesidades más profundas de nuestras vidas. Estas, sólo se satisfacen en nuestra relación con Dios, quien nos hizo. Nuestro amor por Dios no es un amor romántico, sino relacional.

Ningún amor profundo se desarrolla en un instante. Y esto se aplica especialmente a nuestro amor a Dios. Se desarrolla al pasar tiempo con él, viendo las cosas del mundo cada vez más pequeñas y menos importantes y a Dios cada vez mayor y más importante.

La *CARNE*
Conoce a tu enemigo.

Una palabra fresca.

Dos significados para "carne" en la Biblia:

1. Nuestros cuerpos físicos (1 Cor. 15:39; Juan 1:14)

2. Nuestra "disposición espiritual a pecar" (1 Cor. 3:3)

¡Esta es una materia importante! Hay una gran diferencia entre decir: "nuestros cuerpos son malos", y decir: "nuestra carne es mala".

¿Recuerdas nuestro estudio del Espíritu Santo? Nuestros cuerpos son ahora templos ¡del Espíritu Santo! 1ª Corintios 15 nos dice que un día nuestros cuerpos resucitarán para la vida eterna. El pecado comienza en nuestros corazones poco dispuestos, no en nuestros cuerpos físicos. El pecado viene de dentro no de fuera. El mal está en el corazón. No pensamos cosas malas porque vivimos en un mundo malo. ¡Vivimos en un mundo malo porque pensamos en cosas malas! (Mat. 15:10–20)

Estrategia para la victoria.

"Les hablo así, hermanos, porque ustedes han sido llamados a ser libres; pero no se valgan de esa libertad para dar rienda suelta a sus pasiones. Más bien sírvanse unos a otros con amor....Así que les digo: Vivan por el Espíritu, y no seguirán los deseos de la naturaleza pecaminosa".
—Gálatas 5:13, 16 (NVI)

SERVIRNOS unos a otros en amor.

VIVIR por el Espíritu.

Las decisiones que tenemos frente a nosotros se presentan muy claras en Gálatas 5:13 y 16. Pablo escribe a creyentes y les advierte sobre la tentación y acerca de no ser indulgentes frente a nuestra naturaleza pecaminosa. Aquí hay dos alternativas opuestas que Dios nos presenta: Ser indulgente o servir a otros. Vivir por ti mismo o por el Espíritu. Si no escoges servir, acabarás siendo egoísta. Si no vives bajo la guía del Espíritu, tus planes siempre apuntarán hacia tu auto-satisfacción.

El secreto de la victoria no está en tratar de no ser orgulloso, sino en servir a otros.

El secreto de la victoria no es tratar de detener a la carne, sino escoger seguir al Espíritu.

El Demonio.

Conoce a tu enemigo.

Mira el estudio de la sesión pasada

Prueba sobre lo aprendido la semana anterior:

¿Satanás siempre viste de rojo? ¿Gobierna Satanás en el infierno?

¿Dice Satanás la verdad? (¿Ya tuviste suficiente?)

Respecto a conocer a Satanás, nuestro enemigo, J. I. Packer escribió,

"Por un lado, podemos tomar a Satanás demasiado en serio, tal como la iglesia temprana en la edad media. Esto hará que perdamos la paz de Dios, debido a nuestros temores y fantasías… Por otro lado, también podemos errar al no tomar al demonio lo suficientemente en serio… El no tomar al demonio en serio tiene dos efectos negativos: engaña a los hombres y no les permite reconocerse como objeto del ataque de Satanás, deshonrando a Cristo, al quitarle a la cruz su significado de haber conquistado a Satanás y a sus huestes".[3]

Puedes usar la pregunta de discusión 2 ahora.

Estrategia para la victoria.

Ponerse la <u>ARMADURA</u> espiritual.

"Por lo tanto, pónganse toda la armadura de Dios, para que cuando llegue el día malo puedan resistir hasta el fin con firmeza. Manténganse firmes, ceñidos con el cinturón de la verdad, protegidos por la coraza de justicia, y calzados con la disposición de proclamar el evangelio de la paz. Además de todo esto, tomen el escudo de la fe, con el cual pueden apagar todas las flechas encendidas del maligno. Tomen el casco de la salvación y la espada del Espíritu, que es la palabra de Dios. Oren en el Espíritu en todo momento, con peticiones y ruegos. Manténganse alerta y perseveren en oración por todos los santos".

—Efesios 6:13–18 (NVI)

¿Qué es esta armadura? Trata de no enfocarte en las figuras del cinto o el yelmo que presenta Efesios 6; enfócate en lo que la figura trata de comunicar. Pablo discute siete cosas que constituyen una armadura contra el enemigo:

1. La verdad

2. La justicia

3. La disposición a compartir las Buenas Nuevas

4. **La fe**

5. **La salvación**

6. **La Palabra de Dios**

7. **La oración**

Cuando Pablo habla del casco de la salvación, no está tratando de comunicar que la verdad de la salvación nos protege la cabeza y no el corazón. El punto, es que necesitamos estas siete cosas en nuestras vidas si queremos ser victoriosos. Si pasas por alto alguna de ellas, serás vulnerable a los ataques.

Puedes usar la pregunta de discusión 3 ahora.

Permíteme hacerte algunas preguntas que tienen respuestas obvias.

Sabiendo que estamos en una batalla constante con Satanás, ¿qué días son los mejores para usar la armadura: los fines de semana, los días entre semana, o todos los días? ¡La armadura no será buena a menos que te la pongas!

Sabiendo que vas a enfrentar una batalla diaria con el mal, ¿a qué hora piensas que es mejor ponerte la armadura: al comenzar el día, a la mitad de la batalla, o justo antes de morir en la batalla? Espero que hayas captado el punto. ¡La armadura debe colocarse al comenzar el día! ¿Por qué esperar hasta que Satanás lance sus dardos?

Sabemos que somos débiles y vulnerables en muchos puntos, ¿Qué partes de la armadura espiritual debes usar? ¡Toda!

¿Cómo puedes ponerte la armadura espiritual? Espiritualmente ¡claro! En tu espíritu, debes reconocer la protección de la verdad y la nueva justicia que tienes en Él. Algunas personas hacen esto mentalmente, antes de salir de su cama en la mañana. Para otros, puede ser mejor dar este paso antes de ir a dormir por la noche.

Plan de sesión dividida: Si estás enseñando este estudio en más de dos sesiones, puedes terminar la primera sesión ahora.

Me encanta el libro de crecimiento cristiano que se llama: "¿Por qué me cuesta tanto crecer?" ¡Esa es una pregunta que todos nos hemos hecho! El autor del libro, que fue piloto de la marina durante la II Guerra Mundial, compara nuestro crecimiento como creyentes con la forma en que los soldados capturaban una isla en el Pacífico Sur. Lo primero que hacían era establecer un comando en la playa, asegurando un espacio de tierra relativamente pequeño. Desde ese lugar, olas sucesivas de marinos comienzan a salir y tomaban progresivamente la isla. Si bien el primer puesto de avanzada fue tomado muy rápidamente, para tomar el resto de la isla se toman semanas o meses, y algunas veces, incluso años.

Existe un paralelo con la manera en la que nosotros, como creyentes, obtenemos la victoria sobre el mal en nuestras vidas diarias. En el momento en que venimos a Cristo, Dios establece un puesto de avanzada en nuestras vidas. Envía su Espíritu a nuestras vidas y nos da todas las promesas de su Palabra. Pero el proceso de victoria toma mucho más. Algunas veces, bastante. Tenemos victorias sorpresivas, pero lo más común es que las victorias vengan en pequeños pasos muy dolorosos. Dios obra para vencer el mal en nuestras vidas un día a la vez.

Venciendo el mal en mi vida diaria.

Hay muchas formas en las que debemos enfrentar la realidad del mal en las elecciones y las circunstancias de nuestras vidas diarias. ¿Cómo puedo gozar de la victoria de Dios cuando enfrento estos diferentes tipos de maldad en mi vida?

Pecado.

Nosotros tenemos la opción personal de pecar o no hacerlo.

> **"Ciertamente les aseguro que todo el que peca es esclavo del pecado -respondió Jesús"**
>
> —Juan 8:34 (NVI)

Pon un círculo alrededor de las palabras "esclavo del pecado" en este versículo. El pecado nos esclaviza al orgullo, a las pasiones y a las posesiones de las que hablamos antes. Es un sentimiento horrible, el despertarnos una mañana y darnos cuenta que son las posesiones las que nos tienen. Aún como creyentes en Cristo, algunos saben que el pecado que han permitido en sus vidas, ha tomado el control paulatinamente. Te dices a ti mismo que puedes parar cuando quieras, pero la realidad, cada vez pasas más y más tiempo pensando en ese pecado y pones más y más energía tratando de ocultarlo.

¿Quieres la victoria?, decide <u>ARREPENTIRTE.</u>

> **"Si confesamos nuestros pecados, Dios, que es fiel y justo, nos los perdonará y nos limpiará de toda maldad".**
>
> —1 Juan 1:9 (NVI)

Pocas semanas atrás vimos la definición de arrepentimiento, que es cambiar de dirección. Mira Hechos 3:19.

> **"Por tanto, para que sean borrados sus pecados, arrepiéntanse y vuélvanse a Dios, a fin de que vengan tiempos de descanso de parte del Señor"**
>
> —Hch 3:19 (NVI)

Arrepentimiento = renovación

El saber que por nuestro arrepentimiento seremos renovados, no hace a éste más fácil. Sé que soy un pecador, pero es aún una lucha el admitir que puedo pecar. Tenemos una negación interna hacia el arrepentimiento: nuestro orgullo humano. Padres, pueden ver esto en sus hijos, ¿verdad? ¿O ustedes tienen hijos perfectos que, aún antes de que descubras aquel vaso roto, te dicen: "Yo fui quien rompió ese vaso porque fui desobediente y tire una pelota de fútbol dentro de la casa"? ¡Ni en sueños! Dios ve el mismo tipo de desobediencia en ti y en mi. Culpamos a otros, nos excusamos de nuestro pecado, pretendemos que no es un problema, en fin, cualquier cosa, en lugar de arrepentirnos. Y mientras tanto, todo el tiempo, Dios nos está prometiendo desde el cielo: "Si solo cambiaras, podría renovar tu vida de maneras que no puedes imaginar".

Pruebas.

 27

Enfrentamos el mal porque vivimos en un mundo caído. Y a veces enfrentamos circunstancias inevitables y dolorosas en esta vida. Puede ser que nosotros mismos traigamos circunstancias dolorosas y pruebas en nuestras vidas, pero algunas veces no tienen nada que ver con nosotros.

Escuchemos esta famosa cita de C. S. Lewis acerca de cómo Dios usa los problemas en nuestra vida:

28

"Dios nos susurra en nuestro placer,

habla a nuestra conciencia,

pero grita en nuestro dolor:

Es su megáfono para hablar a un mundo sordo".[4]
—C. S. Lewis

Hablamos hace algunas semanas, mientras estudiábamos la santificación, acerca de la verdad que Dios hace crecer en nosotros cuando tenemos problemas.

Debemos recordar esto a menudo. Dios obra en nuestras vidas, no a pesar de, sino incluso a través de las dificultades que enfrentamos. ¿Cómo lo hace?

¿Quieres tener Victoria? Decide <u>REGOCIJARTE EN ÉL</u> (Mat. 5:12; Rom. 5:3–4).

29

"Santiago, siervo de Dios y del Señor Jesucristo, a las doce tribus que se hallan dispersas por el mundo: Saludos. Hermanos míos, considérense muy dichosos cuando tengan que enfrentarse con diversas pruebas, pues ya saben que la prueba de su fe produce constancia. Y la constancia debe llevar a feliz término la obra, para que sean *perfectos e íntegros, sin que les falte nada".
—Santiago 1:1–4 (NVI)

No te regocijas porque tienes pruebas —eso sería desquiciado. Te regocijas porque sabes que Dios está obrando aún a través de las pruebas. Estamos agradecidos en todas las cosas, sabiendo que Dios está desarrollando nuestro carácter y que podemos confiar en Él, aún en las pruebas que el mal nos trae.

Perspectiva personal clave.

Dos razones por la que Dios permite los problemas en nuestra vida:

1. **Para desarrollar madurez (Santiago 1:1–4; Rom. 5:3–4). Dios puede darnos el bien absoluto o el mal temporal (Gen. 50:20; Rom. 8:28).**
2. **Para capacitarnos para el <u>MINISTERIO</u> (2 Cor. 1:3–7).**

2ª Corintios 1:4 nos dice que Dios "nos consuela en todas nuestras tribulaciones, para que podamos consolar a aquellos que están en tribulaciones con el consuelo que de Dios hemos recibido". Eventualmente, podrás consolar a alguien con el consuelo que Dios te dio cuando enfrentabas una prueba. Tu ministerio mayor, vendrá probablemente de tu mayor dolor.

Tentación.

Enfrentamos el mal porque Satanás nos tienta a hacer lo malo.

Escuchemos la descripción de Bruce Wilkerson de cómo se siente ser tentado.

> "Eres tentado "cuando" algo se da —si no se hubiera dado no sentirías la tentación. "Cada uno es tentado cuando es puesto a un lado". Las palabras "puesto a un lado", han sido tomadas del contexto de caza y pesca en el que un pez descuidado es lentamente sacado de su grupo original en el resto del cardumen o cuando un animal cae en una trampa en la zona de caza. La figura es la de una persona que se distrae con algo que llama su atención, desenfocándola de su situación normal
> Consideremos cómo se da esto: un ruido, alguien que pasa, una llamada, un "pensamiento que nos distrae", algo que pareciera provenir de la nada, una carta, una persona que se cruza justo en nuestro camino a la oficina, ese olor único que trae al instante viejas memorias de pecados pasados, esa hermosa piscina que ha puesto el vecino junto a tu horrible patio trasero, esa cajera que equivocadamente te entrega 20,00 dólares extra en el cambio, alguien que comparte un delicioso chisme, ese compañero de oficina casado(a) que habla de lo que podría suceder en el próximo viaje de negocios... Los guerreros entrenados saben cómo discernir la tentación casi instantáneamente; cuando su atención ha sido dispersada, inmediatamente ¡regresan!"

La tentación es diferente del pecado. No es un pecado ser tentado, el pecado es ceder frente a esa tentación. No puedes evitar el ser tentado, pero puedes decidir no darle un sí a la tentación y al pecado. Como Martín Lutero solía decir: "No puedes evitar que los pájaros vuelen sobre tu cabeza, pero si puedes evitar que hagan un nido sobre tu pelo".

¿Quieres victoria? Decide <u>RECHAZAR</u> (Lucas22:46; Lucas 4:1–13).

Es interesante que la Biblia nunca nos diga nada acerca de resistir la tentación, pero en su lugar se nos llama rechazarla al paso. No entres a una guerra con la tentación. Siempre nos arrastrará al lodo del pecado. En lugar de resistir, RECHAZA. Comentaré más sobre esta guerra que nos cautiva, en un momento.

Dado que la tentación es gran parte de nuestra batalla diaria con el mal, pasemos unos pocos minutos más en esto. La tentación huye en presencia de la verdad. Aquí tenemos:

Cuatro verdades que debemos recordar acerca de la tentación:

1. La tentación siempre estará en nuestras vidas (Lucas 4:2; 1 Tes. 3:5).

No interesa cuánto hayas crecido como creyente, siempre enfrentarás la tentación.

Jesús fue perfecto y fue tentado.

2. No es pecado ser tentado; el pecado es rendirnos frente a la tentación.

Jesús fue tentado, pero nunca pecó (Mat. 4:1; Heb. 4:15).

Así es como Satanás intenta atraparte. Enfrentas una tentación. El maligno te dice que ya has perdido tu santidad sólo porque te has sentido tentado y eso te hace sentir culpable. Y luego, (¿puedes escuchar esa acusación?) dice algo como: "Ya eres culpable. Deberías entonces pecar... ¡de una vez! ".

Erwin Lutzer dijo,

"La tentación no es pecado; es un llamado a la batalla".[6]

—Erwin Lutzer

3. Todos enfrentamos las mismas tentaciones.

"La mujer vio que el fruto del árbol era bueno para comer, y que tenía buen aspecto y era deseable para adquirir sabiduría, así que tomó de su fruto y comió. Luego le dio a su esposo, y también él comió".

—Genesis 3:6 (NVI)

"Porque nada de lo que hay en el mundo -los malos deseos del *cuerpo, la codicia de los ojos y la arrogancia de la vida- proviene del Padre sino del mundo".

—1 Juan 2:16

Nuevamente, vemos los tres grandes enemigos: Placer, Posesiones y Poder. Puedes verlos presentes desde el Génesis, hasta llegar a las palabras de Dios en Primera de Juan. El pecado puede venir con muchas diversas envolturas, pero sólo éstos son los tres sabores disponibles.

Hay algo en la naturaleza humana, que ama el pensar que las tentaciones son únicas. "Nadie ha enfrentado el tipo de presiones que YO estoy enfrentando", nos decimos a nosotros mismos. No te eches flores. ¡No somos tan creativos! Nada nuevo hay debajo del sol. Enfrentamos las mismas tentaciones que las personas enfrentaron miles de años atrás. Algunos envidiaban el caballo del vecino; ahora envidiamos el Porsche del vecino. Es la misma tentación.

4. <u>SIEMPRE</u> habrá una manera de escapar.

"Ustedes no han sufrido ninguna *tentación que no sea común al género humano. Pero Dios es fiel, y no permitirá que ustedes sean tentados más allá de lo que puedan aguantar. Más bien, cuando llegue la tentación, él les dará también una salida a fin de que puedan resistir".

—1 Corintios 10:13 (NVI)

¿Siempre? Sí, !Siempre! Permíteme enfatizar esto diciéndolo de nuevo: ¡siempre!

Podemos tomar la frase "No pude" y ¡sacarla de nuestro vocabulario! La promesa de Dios en Primera de Corintios 10:13 nos dice que no enfrentaremos ninguna tentación que no podamos manejar- nunca. Para el cristiano no hay tal cosa como una tentación irresistible.

Permíteme un pequeño ejercicio espiritual. Cuando la tentación se cruza en tu camino, mírala fijamente y dile, "Ambos sabemos que si caigo no será tu culpa, sino mi decisión. Dios me ha provisto ya una salida."

Tal vez bucas la salida de Dios- y no la encuentras. ¿Acaso Dios la escondería? No. Nos da instrucciones específicas para tratar con cada tipo de tentación.

La salida a la pasión inmoral es clara: CORRE. Segunda a Timoteo 2:22 nos dice "Huye de las malas pasiones de la juventud". No dependas de tu fuerza de voluntad. Sal de la situación ¡lo más rápido que puedas!

La vía para salir del materialismo también está dada: agradecer y dar. Un corazón agradecido combinado con el hábito de dar harán que veas las cosas de tu vida desde una perspectiva totalmente diferente.

La vía para salir del orgullo es: servir. Jesús mismo es nuestro ejemplo. Satanás le ofreció el mundo, tratando de apelar a su orgullo. Jesús resistió a esa tentación con la decisión de servir.

 ## Una observación más detallada.

Una pregunta frecuente.

¿Cómo tratar con un "pecado habitual?" –El ciclo del pecado, confesión, pecado, confesión…?

Cambia el patrón a: "pecado-confesión-reenfoque".

Algunas veces, nos convertimos en nuestros peores enemigos. Mientras más nos enfocamos en lo que no debemos hacer, más se nos tienta y somos arrastrados a hacerlo. Si te pones a pelear con Satanás, ¡perderás! La solución: suelta tu lado de la cuerda y huye, ¡Niégate a jugar el juego de Satanás!.

Aquí tienes cuatro maneras de reenfocar tu pensamiento

1. Adoración.

La adoración es magnificar a Dios. Siempre que puedas magnificar a Dios, desechas el poder del mal en tu vida. Acérquense a Dios, y él se acercará a ustedes (Stgo 4:8).

2. Salida radical (Mat. 5:29–30).

¿Cortarnos la mano derecha? ¿No es eso un poco radical? Obviamente, Jesús no está hablando literalmente, lo que dice es que no importa lo que debamos dejar de lado en nuestra vida. Por ejemplo, algunos consejeros sabios aconsejan a aquellos caídos en adulterio que rompan todo tipo de contacto con sus parejas ilegítimas, aún cuando se requiera cambiar de empleo, iglesia, comunidad, o ciudad. ¿Por qué? Porque para romper un patrón de pecado a menudo se requiere una "salida radical" de alguna situación o circunstancia que nos causa la caída.

3. Decir la verdad; rendir cuentas a otra persona.

Este es el paso que nadie quisiera dar. Es el paso que más poder tiene para cambiar nuestras vidas.

4. Fidelidad en el tiempo.

No te desanimes si no sientes un cambio inmediato. Piensa en esto como una balanza. Mientras más peso pones en el lado positivo, algún día la balanza se inclinará.

Puedes usar la pregunta de discusión 4 ahora.

El principio n° 1 para vencer el mal.

¡Tomar la ofensiva!

- **Cuando nos enfrentamos con la acusación interna, debemos pensar en la <u>CRUZ</u>.**

Uno de los nombres de Satanás es "el Acusador." A través de la tentación, las circunstancias, o las palabras de otros, las acusaciones te llegarán... Escucharás, tal vez sólo en tus pensamientos, "No eres lo suficientemente bueno". "¿Cómo puede Dios amar a alguien así?". "No estás a la altura..." En lugar de argumentar con esos pensamientos internos de inadecuación, Dios nos invita a enfocarnos en la cruz de Cristo. Sin importar tus errores o fracasos, ni como te sientas al respecto, Jesús murió por ti en esa cruz porque te ama.

> **"Desarmó a los poderes y a las potestades, y por medio de Cristo los humilló en público al exhibirlos en su desfile triunfal"**
> **—Colosenses 2:15 (NVI)**

- **Cuando seas enfrentado con la confrontación externa, imagínate a ti mismo como alguien que ha sido <u>RESCATADO</u>.**

> **"El Señor me librará de todo mal y me preservará para su reino celestial. A él sea la gloria por los siglos de los siglos. Amén".**
> **—2 Timoteo 4:18 (NVI)**

> **"Jesucristo dio su vida por nuestros pecados para rescatarnos de este mundo malvado, según la voluntad de nuestro Dios y Padre".**
> **—Gálatas 1:4 (NVI)**

Segunda Timoteo 4:18 y Gálatas 1:4 hablan de "todo mal" que podamos enfrentar y del hecho de que vivimos en un "mundo malvado". Hablan también de la mayor operación de rescate alguna vez hecha: Jesús mismo descendiendo del cielo a la tierra para lanzarnos la cuerda salvadora.

- **Cuando te enfrentes al mal, haz el <u>BIEN</u>.**

> **"No seas vencido de lo malo, mas bien vence con el bien el mal".**
> **—Romanos 12:21 (NVI)**

Este versículo extremadamente significativo, nos dice lo importante que es para nosotros enfocarnos. Nunca derrotarás al mal enfocándote en el mal: Satanás, sus demonios y las fuerzas malignas de este mundo. El mal es derrotado enfocándonos en lo que es bueno y viviéndolo.

Romanos 8:37 lo resume todo. Leamos juntos.

> **"Pasamos por todas estas cosas triunfantes, victoriosos, por el poder de aquel que nos amó".**
> **—Romanos 8:37 (NJB traducido)**

Todos los días enfrentamos una batalla, pero se nos ha suplido ¡todo lo que necesitamos para la victoria! Nada bueno nos ha sido retenido. Se nos dará lo que necesitemos y cuando lo necesitemos.

Cuando habían pasado más de 16 años de finalizada la Segunda Guerra Mundial, un soldado japonés aún estaba escondido en una cueva en una zona del campo. Se resistió a rendirse y seguía combatiendo mentalmente una Guerra que había terminado ya dos décadas atrás. No sabía que la Segunda Guerra Mundial ya había terminado y que su país había sido derrotado... Cuando el Sargento Ito Masashi subía por una roca cercana al campamento Americano, el final inevitable se dio. Supo que se lo había ubicado. Se quedó congelado. Pensó que ese día sería masacrado al ser capturado... Quieto, se preparó para lo que le vendría, pero un hombre se le acercó amablemente y le preguntó, " ¿Está usted bien....?"

La historia del Sargento Masashi nos recuerda la condición de mucha gente en nuestro mundo actual. No están concientes de que la "Guerra espiritual" ya se peleó y se ganó cuando Cristo fue a la cruz dos mil años atrás.

El mal es real. Nos impacta todos los días. Pero no tienes que temer al mal o a Satanás. Dios venció en la cruz.

Pensemos en algunas formas en las que podemos actuar basados en esta verdad.

Actuando basados en la verdad.

¿Cómo podrías vencer al mal con el bien en esta semana?

Con un pensamiento específico: ¿Cómo puedes cambiar tu enfoque mental de lo que es malo, a lo bueno?

Con un hábito específico: ¿Cómo puedes cambiar un mal hábito, comprometiéndote con uno bueno?

En una relación específica: ¿Cómo puedes comenzar a ver aquello que parece malo como algo que Dios puede usar para el bien?

En un problema específico: ¿Cómo puedes regocijarte en lo que Dios está haciendo en tu vida a través de un problema que enfrentas ahora mismo?

La pregunta de discusión 5 puede hacerse ahora.

Termine memorizando la tarjeta 8, "La verdad acerca del Bien y el Mal."

Preguntas de Discusión.

1. ¿En qué formas ves que Dios te recuerda que pongas tu confianza en Él y no en ti mismo? Pon cualquier ejemplo que venga a tu mente de cómo se ha fortalecido tu confianza en el Señor.

2. ¿A través de qué "canal" parece que el mal extiende su influencia sobre ti con más frecuencia: el mundo, la carne o Satanás? ¿Por qué piensas que sucede eso?

3. ¿Cuáles de las 7 partes de la armadura mencionada en Efesios 6 es la más efectiva para ti, en cuanto a la protección del mal? ¿Cómo te colocas la armadura en tu vida diaria?

4. ¿Cuál ha sido la forma personal más efectiva a través de la cual has tratado con la tentación y las luchas con el orgullo, los placeres y las posesiones (la tentación de ser, hacer o tener)?

5. Hablen juntos acerca de cómo responderían las cuatro preguntas acerca de nuestros pensamientos, hábitos, relaciones y problemas, en la sección de "Actuando basados la verdad", al final de este estudio. Pide al grupo que ore por ti en cada una de esas áreas durante la siguiente semana.

Para estudios posteriores

Elwell, Walter, ed. Análisis Tópico de la Biblia. Grand Rapids, Mich.: Baker, 1991.

Geisler, Norman, and Ron Brooks. Cuando los escépticos pregunten. Wheaton, Ill.: Victor, 1990.

Lewis, C. S. El Problema del sufrimiento. New York: Touchstone, 1996. Little, Paul. Know What You Believe. Wheaton, Ill.: Victor, 1987. Rhodes, Ron. El corazón del cristianismo. Eugene, Ore.: Harvest House,

1996.

Yancey, Philip. Desilusionado con Dios. Grand Rapids, Mich.:

Zondervan, 1988.

Yancey, Philip. ¿Dónde está Dios cuando sufrimos? Grand Rapids, Mich.:

Zondervan, 1990.

La vida después de la muerte

1a Parte

Metas transformadoras.

- Darte una comprensión profunda y estimular tu gratitud por el rescate de Dios y la certeza de una eternidad a su lado.

- Cambiar tu forma de pensar acerca de ti y de otros: Desde un enfoque del aquí y ahora, a un enfoque eterno.

Resumen de los puntos principales de enseñanza.

¿Es real el Infierno?

¿Por qué se creó el Infierno?

¿Quiénes irán al Infierno?

¿Qué les pasa a las personas en el Infierno?

    Tormento emocional/relacional

    Tormento físico.

    Tormento espiritual.

¿Adónde van las personas cuando mueren?

    La revelación progresiva de una vida después de la muerte en la Biblia

    El estado intermedio y la resurrección del cuerpo

Consejo práctico de enseñanza

Toma un momento antes de iniciar la enseñanza para recordarte a ti mismo el amor que tienes hacia aquellos que vas a enseñar. Como maestros, necesitamos amar la verdad y a cada persona a la que enseñamos. Dejar de lado alguno de esos amores, causará una pérdida en la profundidad de lo que enseñamos. No hay tema que requiera ser enseñado con más amor que el de hoy: La verdad acerca del Infierno.

¿Qué sección del periódico lees primero? (Primera página… Negocios… Deportes).

Sugeriría que la sección más importante para revisar en el periódico, es la casi siempre ignorada sección que aparece en la parte de atrás: la de los obituarios. Sé de una persona mayor que lee esta sección primero, y si su nombre no está allí ¡sabe que tendrá un gran día! Para muchos de nosotros, es algo que preferimos ignorar. Aún como creyentes, no deseamos pensar con un pie en el Cielo; nos gusta estar firmemente plantados en la tierra, en el aquí y ahora.

¿Cuántos de ustedes han invitado a un amigo para tomar un café e iniciaron su conversación hablando de la muerte? Seguramente tu amigo pensaría ¡qué le echaste a ese café! Pero la verdad es que una de las claves para tener una perspectiva saludable de la vida es conocer la verdad acerca de la muerte.

Existe actualmente, un interés mayor en la vida después de la muerte del que existía hace unos años. En los 90's, 70 millones de americanos estaban más interesados en este asunto, frente a los 50 millones que se interesaban antes de esa década. ¡Hay una conexión aquí!

¿Por qué estamos estudiando esto? Primero, la Biblia tiene mucho que decir al respecto. Es un tema que ciertamente Dios desea que comprendamos. Segundo, otras personas pueden tener mucho que decir al respecto. Todos tienen una opinión respecto a la muerte, al Cielo y al Infierno. Muchas de las personas que hablan de la vida después de la muerte, no tienen ni idea de lo que dicen. Lo inventan.

Tal vez has obtenido tus ideas acerca de la vida después de la muerte de la parapsicología, de libros famosos, o de programas de TV. O quizás pueden ser sólo ideas que has desarrollado por ti mismo. Tu propia filosofía acerca de la muerte. La dura verdad es que no importa lo que una actriz como Shirley Mc Lane, o programas como los de Oprah Winfrey, o una persona como tu y yo pensemos. ¿En quién confiarás, en Jesús o en una actriz de cine? ¿En tus ideas o en la verdad de Dios?

Sólo Dios, el creador del Cielo y el Infierno, nos puede instruir. Sólo Jesús, el que murió y se levantó de la muerte es quien tiene la genuina autoridad.

Todos nos imaginamos el fin de nuestras vidas: cuánto tiempo nos queda, las circunstancias en que moriremos, y cómo será la muerte exactamente. La Biblia nos ofrece algunas verdades claras acerca del final de nuestras vidas, que necesitamos comprender. Estas verdades afectarán la forma en la que vivimos ahora y la manera en la que vemos el futuro.

En esta sesión veremos lo que la Biblia tiene que decirnos acerca del Infierno. Cubriremos lo referente al Cielo en la siguiente sesión (¡Primero las malas noticias, y después las buenas!)

Referencia en Eclesiastés 7:4.

> "El sabio tiene presente la muerte; el necio sólo piensa en la diversión".
>
> —Eclesiastes 7:4

Este no es un versículo para poner en una tarjeta navideña de felicitaciones, pero sí nos recuerda lo sabio que es pensar en la muerte. Sólo un tonto pasaría toda su vida sabiendo que morirá, sin prepararse para ello o sin pensar en esa realidad.

La pregunta de discusión 1 puede usarse aquí.

Las preguntas más frecuentes acerca del Infierno incluyen:

¿Es real el Infierno?

¿Por qué se creó el Infierno?

¿Quiénes irán al Infierno?

¿Qué les pasa a las personas en el Infierno?

¿Dónde van las personas cuando mueren?

¿Cómo puedo estar seguro de que no iré al Infierno?

Tal vez pienses ¡A esta sesión debí faltar! Pero es mi oración que al finalizar nuestro tiempo juntos, comprendamos de mejor manera todo acerca de este horrible lugar que para muchos es sólo una mala palabra, y que lleguemos a profundizar ese abrumador sentimiento de gratitud al Señor por Su salvación.

¿Es el Infierno un lugar real?

Nuestras opiniones acerca de la existencia de Cielo y el Infierno son muy interesantes. Escucha las respuestas a una encuesta nacional que aparecieron en la revista *Time*.

¿Crees en la existencia del Cielo, en que viviremos con Dios después de la muerte?

SÍ: 81%
No: 13%

¿Crees en el Infierno, donde la gente es castigada para siempre después de morir?

SÍ: 63%
No: 30%

La parte fascinante de este estudio, es que aún en esta era, en la que casi no se emiten juicios, un 63% de la gente piensa todavía en un lugar llamado ¡Infierno! Una de las razones, es que la Biblia es muy clara acerca del Infierno. Jesús es muy claro en su enseñanza acerca del Cielo y el Infierno.

Jesús enseñó que el Infierno es un lugar de juicio. (En realidad, hay más versículos en los que se enseña acerca del Infierno que del Cielo.)

"Aquellos irán al castigo eterno, y los justos a la vida eterna".
—Mateo 25:46 (NVI)

"Ciertamente les aseguro que ya viene la hora, y ha llegado ya, en que los muertos oirán la voz del Hijo de Dios, y los que la oigan vivirán. Los que han hecho el bien resucitarán para tener vida, pero los que han practicado el mal resucitarán para ser juzgados. Yo no puedo hacer nada por mi propia cuenta; juzgo sólo según lo que oigo, y mi juicio es justo, pues no busco hacer mi propia voluntad sino cumplir la voluntad del que me envió".
—Juan 5:24, 28–29 (NVI)

La Biblia habla de un momento de juicio por el que los seres humanos deben pasar. Se refiere al mismo en varios versículos, como un momento de "separar" o "escoger" a los justos de los injustos.

Versículo.	Metáfora
Mateo 13:47–51	Una red
Mateo 25:31–46	El pastor que separa ovejas de cabras
Mateo 13:24–30	La siega en la que se separa el trigo de la cizaña

La Biblia nos lo presenta. Habrá un día en el que los peces buenos se separarán de los malos, las ovejas se separarán de las cabras, y el trigo se apartará de la cizaña. Ese día, obviamente no ha llegado todavía, pero vendrá.

¿Quién es el que juzga y separa? JESÚS, el único justo.

Jesús es el centro de todo lo que enseñamos acerca del Cielo y el Infierno. Él está en el centro de este momento de separación y juicio.

"Él ha fijado un día en que juzgará al mundo con justicia, por medio del hombre que ha designado. De ello ha dado pruebas a todos al levantarlo de entre los muertos".
—Hch 17:31 (NVI)

Mientras yo hablo de la realidad del Infierno, muchos de ustedes estarán luchando con los sentimientos que engendra este artículo del *U.S. News & World Report*.

> "Muchos cristianos modernos simplemente se avergüenzan del Infierno... En la creciente cultura secular americana, añade, (Al) Mohler, "el Infierno se ha convertido en un concepto tan equivocado políticamente como el que más" . . . (Martin) Marty de la Universidad de Chicago ha enfatizado hace pocos años que "el Infierno ha desaparecido y nadie lo notó".[2]

Leemos que Jesús enseñó que existe un lugar llamado Infierno, y creemos en sus palabras. Sin embargo, existe algo dentro de nosotros que aún se perturba con la realidad del Infierno. Por un lado, esperamos el juicio y la justicia —no podemos aceptar que un Hitler o a un Stalin tengan la misma recompensa en la eternidad que la Madre Teresa o Billy Graham.. Pero por otro lado, pensamos cómo y por qué Dios crearía un lugar como ese. Nos preguntamos si no sería mejor, que éste simplemente no existiera. Responderemos esas preguntas mientras caminemos a través de este estudio juntos.

Existe un lugar llamado Infierno, pero ¿por qué? Nada puede crearse separado de Dios.

¿Por qué entonces un Dios amoroso podría crear un lugar así?

¿ Por qué fue creado el infierno?

- **El Infierno no fue creado originalmente para los seres humanos sino para <u>SATANÁS Y SUS ÁNGELES</u>.**

"Luego dirá a los que estén a su izquierda: "Apártense de mí, malditos, al fuego eterno preparado para el diablo y sus ángeles".
—**Mateo 25:41 (NVI)**

Estos son los ángeles que siguieron a Satanás cuando éste trató de liderar una rebelión contra Dios en el Cielo; también se los llama demonios.

Encierra en un círculo dos palabras en este versículo: "preparado" es la primera. El Infierno no es un accidente, es un lugar preparado por Dios. Pon un círculo en "apártense". Esta palabra nos dice por qué Dios preparó tal lugar. Satanás y sus ángeles vivieron originalmente con Dios en los Cielos, pero salieron de la presencia de Dios por decisión propia. Satanás escogió vivir lejos de la presencia de Dios. Su residencia es ahora nuestra tierra, pero no siempre será así.

- **Contrariamente a la opinion popular, Satanás no está todavía confinado al Infierno. Él reside ahora en la <u>TIERRA</u>.**

Satanás es llamado 4 veces en los evangelios: el "príncipe de este mundo".

"El juicio de este mundo ha llegado ya, y el príncipe de este mundo va a ser expulsado".

—Juan 12:31 (NVI)

Satanás puede vivir apartado de Dios en la tierra —así como mucha gente en este mundo vive separada de Dios. Esa es la elección que Satanás hizo. Pero, ¿qué pasará cuando esta tierra ya no sea el lugar donde se pueda vivir separado de Dios?

•De acuerdo al Apocalipsis, un día Dios lanzará a Satanás, a la muerte y al Hades al <u>LAGO</u> <u>DE</u> <u>FUEGO</u> (otro nombre para Infierno). ¹⁰

"El diablo, que los había engañado, será arrojado al lago de fuego y azufre, donde también habrán sido arrojados la bestia y el falso profeta. Allí serán atormentados día y noche por los siglos de los siglos".

—Apocalipsis 20:10 (NVI)

"La muerte y el Infierno fueron arrojados al lago de fuego. Este lago de fuego es la muerte segunda".

—Apocalipsis 20:14 (NVI)

Un día, Dios creará un cielo y una tierra nuevos. Nada en esta creación ¡será separado de Dios! Pero Satanás, escogió hace mucho no ser parte de esta nueva creación. Su decisión de rebelarse contra Dios lo condenó a una separación eterna de Dios. Para esto fue que se creó originalmente el Infierno, para Satanás y sus demonios, como un lugar de separación de Dios

Es importante comprender que Satanás no gobernará en el Infierno; esta es una figura que hemos obtenido de libros y películas, pero ciertamente no de la Biblia. Satanás será atormentado en el Infierno.

Puedes usar la pregunta de discusión 2 ahora.

¿Quiénes estarán en el Infierno? ¹¹

El Infierno fue creado para Satanás y sus demonios. Lamentablemente, ellos no serán los únicos que estarán allí por la eternidad.

Los hechos de la vida y la eternidad que eventualmente debemos enfrentar son: ¹²

•Todos estábamos encaminados a una eternidad sin Dios en el Infierno.

..."Pues todos han pecado y están privados de la gloria de Dios".
—Romanos 3:23 (NVI)

Algunas personas tienen más bondad que otras, pero Romanos 3:23 nos dice que "ninguno es lo suficientemente bueno" como para merecer la gloria de Dios.

El cielo es un lugar perfecto. Yo no soy perfecto, tú no eres perfecto. Si Dios te permitiera, como persona imperfecta, entrar en el Cielo perfecto, entonces el Cielo dejaría de ser perfecto. No importa lo bueno que seas, el estándar de Dios es la perfección, y ese es un estándar que no podemos alcanzar. La verdad es que en realidad, no deseamos vivir la eternidad en un Cielo perfecto ¿verdad?

Nos encanta pensar que al final todo se solucionará y que todos llegaremos al Cielo, pero eso no es verdad. Escucha esta cita basada en una encuesta extensiva, sobre las actitudes de los americanos frente a la vida después de la muerte.

"La inquebrantable confianza en una gozosa eternidad está profundamente arraigada en nuestra historia y psiquis... Los americanos creemos que ser felices es nuestro derecho. Lo garantizamos en la Declaración de la Independencia. Nos sentimos con el derecho de hacerlo y demandaríamos a alguien que no lo creyera. Andrew Greeley, profesor de sociología en la Universidad de Chicago y renombrado escritor, apoya la idea de que los americanos son cada vez más optimistas en cuanto a su eternidad. "El creer en el Infierno ya no se da. Pero la creencia en el Cielo se mantiene. La gente tiene una convicción de que Dios nunca los madará al Infierno".

Pero el engañarnos a nosotros mismos acerca de lo desesperada que es nuestra situación al estar sin Dios, no nos trae absolutamente nada bueno. En realidad, nos hace un daño devastador; nos impide conocer esta segunda verdad.

- **Jesús vino a rescatarnos de la segura separación de Dios.**

"y esperar del cielo a Jesús, su Hijo a quien resucitó, que nos libra del castigo venidero".
—1 Tes 1:10 (NVI)

Sólo Jesús nos puede rescatar porque sólo Él nos puede ofrecer el perdón de cualquier pecado, porque es por el pecado que pasaremos la eternidad en el Infierno.

Necesitamos ser rescatados; ¡Dios envió un rescatador! No conozco una manera mejor y más clara de señalar el amor real que Dios tiene por cada uno de nosotros.

- **¡Los que confían en el Señor *son* rescatados!**

...**"Por eso (Jesús) puede salvar para siempre a los que se acercan a Dios por medio de él, pues vive para siempre, para rogar a Dios por ellos".**
—Hebreos 7:25 (DHH)

Billy Graham escribió:

"¿Enviará un Dios amoroso a los hombres al Infierno? La respuesta de Jesús y las enseñanzas de la Biblia son muy claras: ¡Sí! No es que Dios desee hacerlo, pero los hombres se condenan a sí mismos al Infierno eterno porque en su ceguera, necedad, egoísmo y amor al placer pecaminoso, rechazan el camino de Dios a la salvación y la esperanza de una vida eterna junto a Él.

Supón que una persona enferma va al doctor. El médico le diagnostica y le prescribe una medicina. Sin embargo, las recomendaciones del doctor son ignoradas y en unos pocos días la persona regresa a la oficina del doctor diciendo: "Es su culpa que haya empeorado. ¡Haga algo!"

Dios ha prescrito ya el remedio para la enfermedad espiritual de la raza humana. La solución es una fe personal y el compromiso con Jesucristo. Dado que el remedio es nacer de nuevo, si deliberadamente lo rechazamos, entonces debemos sufrir las horribles consecuencias."[4]

- **Los que no han puesto su confianza en Jesús no serán rescatados del Infierno.**

"Y el testimonio es éste: que Dios nos ha dado vida eterna, y esa vida está en su Hijo. El que tiene al Hijo, tiene la vida; el que no tiene al Hijo de Dios, no tiene la vida".
—1 Juan 5:11–12 (NVI)

El actuar como si Dios tuviese la culpa por la gente que va al Infierno es lo mismo que culpar al juez y al jurado por la decisión de condenar a un asesino.

Esto significa que siempre que escuches a alguien preguntar: "¿Por qué enviaría Dios a la gente al Infierno?", sabes que tienen una perspectiva patas para arriba. Dios no envía a nadie al Infierno. Nosotros solos lo hacemos, por nuestro pecado. Basados en nuestra decisión de pecar, todos estamos destinados a una eternidad separados de Dios. Dios sería completamente justo si permitiera que sufriéramos las consecuencias de nuestra rebelión. Pero su amor por nosotros es lo que no le permite simplemente hacerse a un lado y ver cómo esto sucede. ¡Él envió a su propio Hijo a rescatarnos!

Perspectiva personal clave.

¿Qué de las personas que amo?

Después de que nosotros hemos sido rescatados del Infierno confiando en la gracia y amor de Jesús, nuestras mentes inmediatamente se dirigen a aquellos que amamos. La idea de que ellos pasen su eternidad separados de Dios es demasiado dolorosa para aceptarla.

Pero si están vivos, ¡NO TE RINDAS!

Comunica a aquellos que amas las Buenas Noticias de que Dios puede rescatarlos también. Muchos que inicialmente rechazaron la invitación de Dios a la vida y el perdón a través de Jesús, terminaron aceptándolo. (El apóstol Pablo fue uno de ellos.)

Hasta aquí

Pero si ya murieron, CONFÍALOS A DIOS.

Recuerda que Dios es el juez último en la eternidad; no tú. En lugar de encerrarte en un inútil sufrimiento por ellos, frente a aquello que ya no podrás cambiar, déjalos en manos de Dios. Que esa preocupación más bien te motive a compartir con aquellos que aún viven y pueden acceder a la esperanza que Jesús nos da. Asegúrate de que aquellos que amas no tengan duda alguna de tu fe en Cristo y del hecho de que irás al Cielo cuando mueras.

Puedes usar la pregunta de discusión 3 ahora.

Plan de sesión dividida: Si estás enseñando este estudio en más de dos sesiones, termina la primera ahora.

¿Cómo es el Infierno?

En el Infierno, el matemático que vivió para su ciencia, no podrá sumar 2+2. El pianista que se idolatraba por su arte, no podrá tocar una simple escala. El hombre que vivió para el sexo, vivirá en una eterna lujuria sin un cuerpo para usar. La mujer que hizo de la moda su dios, tendrá miles de vestidos, pero no tendrá un espejo. El Infierno es un deseo eterno, eternamente incumplido.

Pero hay otro lado que G. K. Chesterton resaltó: "El Infierno es el máximo reconocimiento de Dios a la realidad de la libertad humana y a la dignidad de la personalidad del ser". El Infierno, ¿un reconocimiento? Sí, porque Dios está diciéndonos: "Eres significativo, Yo te tomo en serio. Escoge rechazarme, escoge el Infierno si quieres. Te dejaré ir".

C. S. Lewis lo puso de esta forma:

"Sólo hay dos tipos de personas al final: los que le dicen a Dios, "Así sea," y aquellos a los que Dios les dice: "Así sea". Todos los que van al Infierno es porque eligieron ir. Sin decisión personal no existiría Infierno. Ningún alma que desee constante y seriamente gozar, se lo perderá".[6]

Dios no desea que nos separemos de Él. Es por eso que envió a su Hijo a morir por nosotros, tomando nuestro lugar. Y nos advierte muy claramente lo que sucederá con aquellos que están separados de Él en el Infierno.

¿Qué les sucede a las personas en el Infierno?

En este mundo, aún el peor pecador disfruta de los beneficios de la presencia de Dios. Aunque este mundo está manchado por el pecado, seguimos experimentando los gozos de la creación de Dios y su obra. Pero en el Infierno no será así.

¿Cómo es el Infierno? La cosa más horrible, "es un lugar totalmente separado de Dios". No hay amor, no hay creatividad, no hay bondad, no hay perdón, no hay belleza, no hay luz. No está Dios.

Por estar totalmente separado de Dios, el Infierno es un lugar de tormento.

La Biblia enseña claramente que el Infierno es un lugar de tormento y angustia eternos.

"Aquéllos irán al castigo eterno, y los justos a la vida eterna".
—Mateo 25:46 (NVI)

Mira lo que es el Infierno, no para que te deleites en lo que les espera sufrir a los malos, sino para que te compadezcas de aquellos que necesitan del Señor y para alabar a Dios por rescatarnos del Infierno.

Tormento emocional/relacional

"Pero a los súbditos del reino se les echará afuera, a la oscuridad, donde habrá llanto y rechinar de dientes".
—Mateo 8:12 (NVI)

"No teman a los que matan el cuerpo pero no pueden matar el alma. Teman más bien al que puede destruir alma y cuerpo en el Infierno".
—Mateo 10:28 (NVI)

El Infierno no será una gran fiesta. Tal vez has escuchado decir: "Prefiero estar de fiesta con mis amigos en el Infierno que sentarme para siempre aburrido en una nube en el cielo". No hay amigos en el Infierno. No hay fiestas. Es un lugar de separación, desilusión y tormentos eternos.

Mira en Mateo 8:12: "eterno llanto y rechinar de dientes". Cuando tomas una decisión de la que te arrepientes, aprietas los dientes con ira por tu elección. Eso es lo que significa rechinar los dientes. El Infierno es un lugar de eterno arrepentimiento y lamento. Mateo 10:28 nos dice que el Infierno es un lugar de muerte, de muerte eterna. Las personas no dejan de existir en el Infierno, pero sería equivocado decir que van a "vivir" por siempre allí, es un lugar de muerte.

Tormento físico.

"Si tu mano te hace pecar, córtatela. Más te vale entrar en la vida manco, que ir con las dos manos al Infierno, donde el fuego nunca se apaga.Y si tu pie te hace pecar, córtatelo. Más te vale entrar en la vida cojo, que ser arrojado con los dos pies al Infierno.Y si tu ojo te hace pecar, sácatelo. Más te vale entrar tuerto en el reino de Dios, que ser arrojado con los dos ojos al Infierno, donde el gusano no muere, y el fuego no se apaga. La sal con que todos serán sazonados es el fuego. La sal es buena, pero si deja de ser salada, ¿cómo le pueden volver a dar sabor? Que no falte la sal entre ustedes, para que puedan vivir en paz unos con otros".

—Marcos 9:43–48 (NVI)

Fuego- este suele ser nuestro enfoque cuando hablamos de cómo es el Infierno. El fuego es una figura de tormento, que se refiere a ese lugar de separación de Dios. El Infierno no es un lugar de NADA. Es un lugar de tormento porque está separado de todo lo que Dios es. Por más horrible que parezca el tormento físico, el sufrimiento espiritual es aún más profundo.

Tormento espiritual

"Luego dirá a los que estén a su izquierda: "Apártense de mí, malditos, al fuego eterno preparado para el diablo y sus ángeles".

—Mateo 25:41 (NVI)

"Ellos sufrirán el castigo de la destrucción eterna, lejos de la presencia del Señor y de la majestad de su poder"

—2 Tesalonicenses 1:9 (NVI)

Mira las palabras en Mateo 25:41 y en 2 Tesalonicenses 1:9: apártense de mi . . . malditos . . . fuego eterno . . . castigo . . . lejos.

Jill Briscoe escribe:

> "Hablaba acerca de las realidades del Infierno a un grupo de muchachos pre-ado-lescentes. Me preguntaba si estaban interesados. ¡Lo estaban! Aún más, me dieron algunas definiciones. "¿Cómo piensas que es el Infierno en realidad?" pre-gunté. "Pienso que es como echarle una buena mirada a Dios y luego no permi-tirte verlo más," me dijo seriamente un muchacho de 13 años. Pienso que tenía el concepto acertado del Infierno. Es la idea de exclusión de la misma presencia de Dios".[7]

Esta verdad nos hace pensar dos veces antes de pensar, escuchar o decir insensiblemente las palabras: "vete al Infierno". ¡No deseamos eso para nadie! Y Dios tampoco. Quisiera que regresemos a esto en un momento, pero primero respondamos a esta pregunta:

Puedes usar la pregunta de discusión 4 ahora.

¿A dónde van las personas cuando mueren?

En este punto, veremos en profundidad algunas cosas referentes a la vida después de la muerte. Colócate tu traje de buceo espiritual, porque nos sumergiremos muy profundo en los siguientes minutos. Las verdades que examinaremos a continuación son complicadas, pero valen la pena. Si no comprendemos bien estas verdades, podemos ser presa de falsas enseñanzas y de dudas personales de todo tipo.

Por ejemplo, algunos enseñan que como creyentes, no vamos al Cielo inmediatamente después de morir, y que nuestras almas "duermen" en las tumbas hasta que Jesús regrese. Pero eso no es lo que la Biblia enseña. Otros, enseñan que antes de ir al Cielo, los creyentes son castigados por sus pecados en un lugar llamado el purgatorio. Nuevamente, eso no es lo que la Biblia enseña, y veremos por qué. Estos son sólo un par de ejemplos de las confusiones y falsas enseñanzas que existen acerca de la vida después de la muerte. Aclararemos las confusiones en los siguientes minutos.

De acuerdo con las enseñanzas del Nuevo Testamento, los creyentes van directamente a la presencia de Dios, donde esperan la resurrección del cuerpo y el gozo eterno del Cielo. Los no creyentes van al Hades para ser castigados y esperar la resurrección del cuerpo y el castigo final en el Infierno.

Esa es la simple verdad al respecto. Y así lo podemos dejar, pero entonces, te dejaría sin la seguridad que necesitas. No quiero que pienses que te estoy asegurando que al morir estarás inmediatamente con Jesús. Pero quiero que sepas que Dios te asegura que "estarás con Él". Para tener esta seguridad, lancémonos a un profundo estudio de la Biblia.

Esta simple afirmación ¡nos trae muchas preguntas! Para responderlas, debemos desarrollar las enseñanzas acerca de la vida después de la muerte, (contenidas tanto en el tanto en el Antiguo como en el Nuevo Testamento), las referidas al estado intermedio entre hoy y el juicio final por Jesús, y las que aluden a la resurrección futura del cuerpo. Dado que una gran parte de las falsas enseñanzas y temores infundados proceden de la mala comprensión de estas verdades, las examinaremos profundamente.

La revelación progresiva de la vida después de la muerte en la Biblia.

A menudo, la Biblia nos presenta en el Nuevo Testamento, un acercamiento mucho mayor a algunos temas que el que se nos ofrece en el Antiguo. Esto es lo que llamamos la Revelación Progresiva, que significa: Dios revelándonos más y más de un tema el cual se presenta de principio a fin en la Biblia.

Supón que un amigo te dice: "No estarás con el Señor cuando mueras, porque está escrito en el Antiguo Testamento que cuando morimos vamos a un lugar llamado el SEOL, un lugar de sombras". Tu respuesta debe ser: "pero Dios no se detuvo en el Antiguo Testamento. ¡Nos dió mucha luz respecto a este tema!". Es fácil confundirnos acerca de las enseñanzas bíblicas respecto a este tema si sólo vemos en el Antiguo Testamento.

1. En gran parte del Antiguo Testamento, lo que venía a partir de la muerte era visto como algo oscuro y desconocido.

Podemos ver esto, si analizamos la palabra más usada en el Antiguo Testamento para designar la vida después de la muerte: *el Seol.*

El Seol.

La palabra hebrea Seol se usa unas 66 veces en el Antiguo Testamento. Consistentemente, el Antiguo Testamento se refiere a que el cuerpo del hombre va a la tumba y su alma al Seol. La idea más temprana del Seol, indica que en las mentes de las personas no se hacía una distinción entre personas buenas y malas: todos iban al Seol. (Gen. 25:8; 37:35). Al transcurrir el tiempo, la gente comenzó a creer que el propio Seol tendría secciones; hay un contraste evidente entre la parte "de arriba" y la de "abajo". Aunque no se lo dice explícitamente, parece que los malos irían a la parte baja mientras los buenos a la parte alta.(Deut. 32:22).

Juan 5: 28-29

Daniel 12:2

Oseas 13:14

El Seol es el comienzo de nuestra comprensión del asunto de la vida después de la muerte, ¡pero Dios reveló mucho más! Hemos llegado a conocer mucho más de la vida después de la muerte a medida que Dios se ha ido revelando a través del Antiguo y Nuevo Testamento. Es algo así como una foto instantánea, que se va revelando frente a nuestros ojos. La figura de una vida post-muerte se aclara un poco más en los Salmos, aún más en Daniel, y mucho más en el Nuevo Testamento. Pero así como necesitamos comprender lo enseñado en Levítico acerca del sacrificio de animales, a la luz de lo que el Nuevo Testamento nos dice del sacrificio de Jesús, también debemos comprender lo que el Antiguo Testamento nos dice de la vida después de la muerte, a la luz de lo que el Nuevo Testamento declara al respecto. Por lo tanto, la respuesta a tu amigo que te dice que no irás al Cielo cuando mueras, es: "Dios nos dice en el Nuevo Testamento, que inmediatamente estaremos con Jesús cuando muramos. Lo que no se les aseguró a los creyentes del Antiguo Testamento, ¡se nos asegura ahora!

Una mirada más de cerca.

Aunque los santos del Antiguo Testamento no tenían una comprensión clara y precisa de lo que sucedería después de la muerte, esta falta de comprensión no les impidió que disfrutaran de sus recompensas eternas. Quizá no sabían que irían a la presencia de Dios, pero ciertamente allí fueron.

---

2. **Durante el período inter-testamentario (400 años entre los eventos finales del Antiguo Testamento y los primeros del Nuevo) el concepto judío del Seol progresó hasta el punto en que se creía que ese lugar tenía dos compartimentos distintos.**

24

Una sección, era un lugar de tormento para los malvados y se llamaba HADES.

25

La otra sección era un lugar de disfrute conciente, llamado a menudo EL SENO DE ABRAHAM o PARAÍSO.

Jesús contó una historia en la que hablaba de esos dos lugares, el Hades y el Paraíso: la historia del rico y Lázaro.

"Había un hombre rico que se vestía lujosamente y daba espléndidos banquetes todos los días. A la puerta de su casa se tendía un mendigo llamado Lázaro, que estaba cubierto de llagas y que hubiera querido llenarse el estómago con lo que caía de la mesa del rico. Hasta los perros se acercaban y le lamían las llagas. Resulta que murió el mendigo, y los ángeles se lo llevaron para que estuviera al lado de Abraham. También murió el rico, y lo sepultaron. En el Infierno, en medio de sus tormentos, el rico levantó los ojos y vio de lejos a Abraham, y a Lázaro junto a él. Así que alzó la voz y lo llamó: "Padre Abraham, ten compasión de mí y manda a Lázaro que moje la punta del dedo en agua y me refresque la lengua, porque estoy sufriendo mucho en este fuego." Pero Abraham le contestó: "Hijo, recuerda que durante tu vida te fue muy bien, mientras que a Lázaro le fue muy mal; pero ahora a él le toca recibir consuelo aquí, y a ti, sufrir terriblemente. Además de eso, hay un gran abismo entre nosotros y ustedes, de modo que los que quieren pasar de aquí para allá no pueden, ni tampoco pueden los de allá para acá." Él respondió: "Entonces te ruego, padre, que mandes a Lázaro a la casa de mi padre, para que advierta a mis cinco hermanos y no vengan ellos también a este lugar de tormento." Pero Abraham le contestó: "Ya tienen a Moisés y a los profetas; ¡que les hagan caso a ellos!" "No les

Cielo

harán caso, padre Abraham -replicó el rico-; en cambio, si se les presentara uno de entre los muertos, entonces sí se arrepentirían."
Abraham le dijo: "Si no les hacen caso a Moisés y a los profetas, tampoco se convencerán aunque alguien se levante de entre los muertos."
—Lucas16:19–31 (NVI)

Aquí se nos da la idea clara de dos diferentes lugares. El hombre rico puede ver a Lázaro en el paraíso pero no puede cruzar al otro lado.

Una observación detallada

La historia de Jesús en Lucas 16 nos enseña dos verdades que no nos gusta oir:

1. No existe <u>DESCANSO</u> del tormento.

2. No hay <u>SEGUNDAS</u> <u>OPORTUNIDADES</u>

26

Hebrea 9:27

¿Ves como nuestro Dios va incrementando nuestro entendimiento? En primer lugar, la gente pensaba que todos los muertos iban a un solo lugar llamado el Seol. Luego, Dios reveló una luz adicional, y la gente comprendió que el Seol tenía dos opciones: El Hades para los malos y el paraíso para los justos. Existe una línea clara entre los dos lugares, la cual no puede ser cruzada.

Después de la resurrección de Jesús, la figura se aclara aún más.

3. **Después de la resurrección de Cristo, el Nuevo Testamento nos enseña que los creyentes que <u>mueren entran inmediatamente a la presencia de Cristo</u> y que los <u>no creyentes</u> entran inmediatamente a un <u>lugar de castigo</u> y <u>separación de Dios</u>.**

27

"Me siento presionado por dos posibilidades: deseo partir y estar con Cristo, que es muchísimo mejor".
—Filipenses 1:23 (NVI)

28

Mt. 25:46

Filipenses 1:23 nos dice que cuando partamos de esta tierra estaremos "con Cristo".

¿Por qué estoy llevándolos a estas aguas profundas doctrinales? Porque las ideas falsas acerca de la vida después de la muerte nacen precisamente de la falta de conocimiento de que iremos directamente con Jesús cuando muramos, y surgen las dudas que se nos plantan en la mente acerca del plan eterno de Dios para nosotros. Todos los creyentes de todos los tiempos están ahora con el Señor en el Cielo, y es allí donde tú y yo iremos al morir. No hay período de espera. No hay un purgatorio. No hay un largo sueño de las almas. ¡Hay una inmediata ida a la presencia del Señor!

El Estado Intermedio y la Resurrección del cuerpo

"Por eso, mantenemos siempre la confianza, aunque sabemos que mientras vivamos en este cuerpo estaremos alejados del Señor. Vivimos por fe, no por vista. Así que nos mantenemos confiados, y preferiríamos ausentarnos de este cuerpo y vivir junto al Señor".

—2 Corintios 5:6–8 (NVI)

El "Estado intermedio", es la frase usada por los teólogos para describir el estado en el cual están los que han muerto entre este presente y el momento en el que Jesús regrese.

¿Por qué la diferencia? Porque mientras nuestras almas ya tienen un lugar, ya sea junto a Dios o para sufrir en el Hades, nuestros cuerpos no han sido aún resucitados con un cuerpo glorificado como el de Jesús.

"Encontraron que había sido quitada la piedra que cubría el sepulcro y, al entrar, no hallaron el cuerpo del Señor Jesús".

—Lucas 24:2–3 (NVI)

Parece que hemos llegado tan lejos como esperábamos. ¡Pero los voy a llevar aún más profundo!

Sabemos que cuando muramos, nuestro espíritu irá con Cristo. Pero: ¿qué pasará con nuestro cuerpo? ¿Será simplemente puesto a un lado?

Cuando Jesús resucitó ¿qué le sucedió a su cuerpo? Ya no estaba en la tumba. El cuerpo de Jesús desapareció de la tumba porque su cuerpo ya había resucitado. Su cuerpo físico fue transformado para llegar a ser un cuerpo glorificado que viviría para siempre. Cuando, como creyentes, morimos, ¿qué sucede con nuestros cuerpos? Nuestros espíritus van con el Señor, pero nuestros cuerpos permanecen en la tierra. ¿Por qué la diferencia? Veamos lo que dice la Biblia.

La Biblia nos dice claramente que:

• Cuando Jesús resucitó, obtuvo un cuerpo resucitado (Juan 20:19–20).

• Nosotros también tendremos un cuerpo resucitado (1 Corintios 15:42–44). 51–54

• Recibiremos ese cuerpo resucitado cuando Jesús regrese (1 Tesalonicenses 4:16–17). 13–18

No temas. Aunque el cuerpo espera la resurrección, cuando mueras, tu espíritu irá inmediatamente con el Señor.

Así que ¿A qué te parecerás en el Cielo, cuando estés con Él en espíritu y aún no hayas recibido tu cuerpo resucitado? Te tengo una respuesta teológica de cuatro palabras: "Aún no lo sabemos" La Biblia no nos lo dice.

Ilústralo de esta manera:

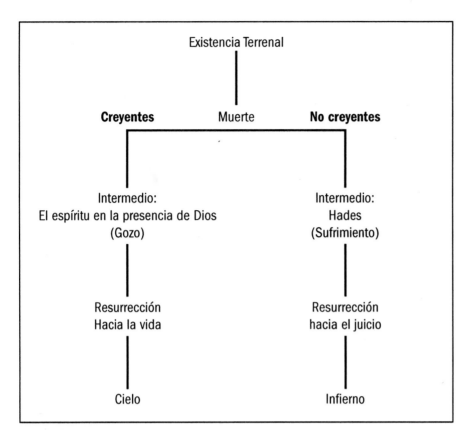

Por cierto, hay *muchas* cosas que no sabemos acerca de la vida después de la muerte. Pero Dios nos ha dicho justo lo que necesitamos saber mientras estamos aquí en la tierra. Dios no nos carga con cosas que no necesitamos conocer sino hasta que lleguemos a su presencia. Honestamente, algunas veces las preguntas que hacemos a Dios son algo parecido a lo que tu hijo de 5 añitos te pregunta: "¿Quisiera que me digas qué me sucederá en mi examen de admisión a la universidad?, ¡dímelo ahora!" La respuesta de Dios para nosotros será la misma que daríamos a nuestro niño de jardín, "Si te lo digo ahora no lo comprenderías, y tienes otras cosas en las que concentrarte por ahora... ¡como limpiar tu dormitorio!" En el medio de la neblina de este estudio, sería bueno tomar un momento para admitir algo acerca de nosotros. Si ni siquiera hemos aprobado la clase de cortar y pegar, espiritualmente hablando (como "ama a Dios"y "ama a tu prójimo"), entonces ¿por qué pedimos a Dios que nos enseñe cálculo infinitesimal? La pregunta simple y directa que *podemos* responder es esta:

Perspectiva
Personal clave.

¿Cómo puedo estar seguro de que no pasaré mi eternidad en el Infierno?

¿Qué tipo de crímen debe cometer una persona para ser enviado a tan horrible lugar?

El crimen que enviará a una persona al Infierno es:

RECHAZAR a Jesucristo como el Hijo de Dios, el Salvador que todos necesitamos.

"Porque tanto amó Dios al mundo, que dio a su Hijo unigénito, para que todo el que cree en él no se pierda, sino que tenga vida eterna. Dios no envió a su Hijo al mundo para condenar al mundo, sino para salvarlo por medio de él. El que cree en él no es condenado, pero el que no cree ya está condenado por no haber creído en el nombre del Hijo unigénito de Dios".

—Juan 3:16–18 (NVI)

Recuerda: Si decides (por deseo o omisión) vivir separado de Dios en esta vida, vivirás separado de Dios ¡en la vida siguiente! Pero si aceptas la oferta de Dios de tener una relación con Él a través de Jesús, vivirás con Dios durante tu siguiente vida.

Al final diremos a Dios, "Que así sea" o Dios nos dirá "Que así sea".

En una iglesia de una zona hispana de Los Angeles, el pastor de jóvenes se puso de pie para hablar en un concierto de música cristiana. Los cantantes habían ya invitado a todos a hacer un compromiso con Cristo. No sólo nadie respondió, sino que era evidente que nadie escuchaba. Entonces el pastor miró las filas de atrás de la carpa en la que se había llevado a cabo el evento y dijo: "Todos ustedes allá atrás,...vengan acá. Andrés, José –a ustedes les hablo –suban acá ahora mismo". Cuando llamó a cada uno de esos adolescentes por su nombre, se evidenció que no era un evangelista improvisado; de verdad amaba a esos muchachos. Los jóvenes trataban de aparecer muy listos mientras subían a la tarima, pero este pastor los conocía demasiado bien. "Antes de partir en esta noche", les dijo, "escúchenme. El mensaje en esta música, es un asunto serio. Sé que saben de lo que hablo – en este vecindario esta podría ser la última vez que algunos de ustedes escuchen esto. Esto se trata del Cielo y el Infierno – es un asunto serio para ustedes".

En nuestra sociedad hacemos lo posible para no tomarnos el Infierno "demasiado en serio." Lanzamos la palabra como si fuera una grosería ocasional, hacemos bromas acerca del Infierno que son muy comunes. Pero en algún lugar en lo profundo, sabemos que estamos penetrando la oscuridad, y eso es asunto mayor.

Aclaremos algunos asuntos serios ahora mismo:

Si Jesús te ha rescatado—agradécele como nunca antes.

Si dependes de tí para ese rescate y has negado el amor de Dios por ti, vuélvete a Él ahora mismo. Clama a Él por la salvación que sólo Jesús nos puede dar.

Si tienes amigos o familia que han muerto y temes que estén separados de Dios, en el Infierno, confía en Dios como juez perfecto y justo. Déjalo en sus manos. Si tienes amigos o familia vivos, pero que no han confiado en Jesús para su rescate, pídele a Dios que te dé valor para compartirles las Buenas Nuevas del amor de Cristo – las Buenas Nuevas de que Jesús vino para perdonarles sus pecados si confían en Él.

Oremos juntos.

Padre,

Al estudiar la verdad acerca del Infierno, mi alma está abrumada. Es una realidad que hace que las cosas correctas se vean mucho más importantes. Hay un lugar llamado Infierno – y en realidad eso nos dice lo grande que es nuestra salvación. Hay un lugar llamado Infierno- y eso nos urge a decirles a otros las buenas noticias sobre Jesús. Hay un lugar llamado Infierno – y eso nos motiva a vivir las vidas santas a las que hemos sido llamados. Padre, es nuestra oración que las personas puedan ver y escuchar de nosotros cuál es la diferencia que Jesús puede hacer para que confíen en ti. Gracias, Padre, por haber enviado a Jesús a morir en la cruz – y por invitar a todas las personas de todos los lugares y de todos los tiempos a hallar su esperanza en ti.

En el nombre de Jesús, AMÉN

Puedes usar la pregunta 5 de discusión ahora.

Puedes comenzar a memorizar la tarjeta 9, "La Verdad acerca de la Vida después de la muerte."

Preguntas de discusión.

1. ¿ Qué piensas que es lo que influye más poderosamente en las creencias de las personas acerca de la vida después de la muerte?

   •La Biblia

   •Otras religiones del mundo

   •Pensamiento de la Nueva Era

   •Pensamiento Positivo

   •Películas y TV

   •Otras _____

2. Hemos aprendido que existe un Infierno. ¿Qué es lo que te recuerda más claramente que el Infierno es un lugar real? ¿Por qué es tan importante el hecho de que exista un Infierno?

3. Tomen tiempo juntos como grupo para orar acerca de dos cosas:

   •Oraciones de alabanza por el sacrificio voluntario de Jesús en la cruz, que nos salvó del Infierno.

   •Oraciones por aquellos que sabes que aún no han confiado en Cristo, para que sean salvos .

4. ¿Por qué piensas que la Biblia es tan clara y gráfica al enseñarnos que existe un lugar de sufrimiento?

5. ¿Cómo te hace sentir el hecho de que, como creyente, nunca tendrás que estar de pie frente a Dios para ser juzgado, respecto a si irás al Cielo o al Infierno, porque eso ya está arreglado? Hablen juntos acerca de la confianza y el gozo de saber que ya hemos tomado la decisión más importante de nuestras vidas.

La vida después de la muerte
2a Parte

Metas Transformadoras.

• ¡Gozo!

• Decidir vivir a la luz de la eternidad, de una manera significativa durante la siguiente semana.

Resumen de los puntos principales de enseñanza.

¿Dónde está el Cielo?

¿Quiénes estarán en el Cielo?

¿Cómo se me juzgará como creyente?

    1. El Juicio del Gran Trono Blanco.

    2. El Juicio "bema".

¿Cómo será el Cielo?

¿Cómo afecta el Cielo mi vida actual?

Quisiera hablarte acerca de una meta para tu vida, que cambiará tu existencia por completo. No se trata de una de esas metas personales que nos fijamos y nos esforzamos por alcanzar, esperando lograrlo. Quisiera hablarte acerca de una meta que ciertamente alcanzarás. Esta meta sola es tan importante, que sólo el saber que la alcanzaremos puede cambiar todo para nosotros.

Esa meta es un lugar…llamado Cielo. Pero espera, no me quites la atención. Supón que tenemos tres cajas, en las que ponemos las cosas de acuerdo a su prioridad: urgente, no urgente, y cuando me muera. Dado que el Cielo iría directo a la tercera caja, tendemos a no darle mucha atención. Yo me incluyo.

Y ese es un gran error. No hay mayor verdad sobre la cual construir tu vida, (y así reducir tus ansiedades y motivar en ti un verdadero sentido de grandeza), que esta meta del Cielo.

Escuchen lo que el apóstol Pablo, quien logró un gran impacto en este mundo, tiene que decirnos al respecto de esta meta en nuestras vidas,

"Sigo avanzando hacia la meta, para ganar el premio que Dios ofrece mediante su llamamiento celestial en Cristo Jesús".
— Filipenses 3:14 (NVI)

La meta que debes tener, dice Pablo, es el Cielo. Él compara el Cielo con la línea de llegada a una meta. A menudo, Pablo comparó su vida con una carrera (no es una mala comparación) Qué tal si te dijera: "Quiero que corras una carrera, pero no te diré dónde está la línea de llegada". Eso sería ¡muy extraño! Cuando no estamos seguros de dónde está la línea final, pueden suceder dos cosas:

Corremos todo el tiempo una carrera frenética, por si acaso la línea final esté al doblar la esquina.

Corremos una carrera frustrante: como no sabemos a dónde nos dirigimos, bajamos la velocidad, incluso nos detenemos, y esperamos que alguien venga a darnos instrucciones.

Necesitamos una línea de llegada y la esperanza y recompensa del Cielo es la meta última de cada vida. No hay nada de malo en tener otras metas: en los negocios, la familia o la escuela. Debemos tener metas. Necesitamos tenerlas en la vida. Pero si las ves como los objetivos finales, ¡te desilusionarás! No son suficientes. Necesitamos la esperanza de llegar al Cielo.

Veamos Eclesiastés 3:11. Todos nacemos con un sentimiento interior acerca de esto que vamos a estudiar. Tenemos una intuición, sentimos que hay algo mayor y más grande, que hemos sido hechos para vivir más allá de esta tierra.

Dios ha creado al hombre y a la mujer con el sentimiento de que esta vida no es todo lo que hay. Leamos lo que dice la Biblia:

"Dios hizo todo hermoso en su momento, y puso en la mente humana el sentido del tiempo, aún cuando el hombre no alcanza a comprender la obra que Dios realiza de principio a fin".
— Eclesiastés 3:11 (NVI)

Todos sabemos instintivamente, que la tumba no es nuestro destino final. En la última sesión, exploramos lo que será la vida después de la muerte para los no creyentes.

Pero quedan muchas preguntas acerca de los asuntos específicos relativos a la vida después de la muerte para los creyentes:

¿Dónde está el Cielo?

¿Quién estará en el Cielo?

¿Cómo seré juzgado como creyente?

¿Cómo será el Cielo?

¿Cómo podría afectar el Cielo mi vida actual?

¿Dónde está el Cielo?

Que tal si te dijera que no temas dar una respuesta equivocada, y que señales hacia donde está el Cielo. ¿Hacia dónde señalarías? Señala conmigo. Sí, seguro que no apuntarías tu dedo a los costados o hacia abajo; señalarías hacia arriba.

El Cielo está <u>ARRIBA</u>

Ahora, algunos de ustedes se estarán diciendo: "¡GUAU, que profundo! El Cielo está arriba, ¿cómo se dió cuenta?"

El hecho de que tanto un niño de 4 años, como un adulto de 40, señalen arriba cuando se les pregunta donde está el Cielo, puede sonar simplista, pero en realidad tiene un profundo significado. La palabra "cielo" siempre ha tenido la connotación de algo que está "arriba".

"Hacia ti dirijo la mirada, hacia ti, cuyo trono está en el cielo".
—Salmo 123:1 (NVI)

Esto nace de las tres formas en las que se usa esta palabra en el Antiguo Testamento.

En el Antiguo Testamento, se habla del cielo figurativamente, en términos de las alturas o firmamento. Los cielos es el lugar donde vuelan los pájaros, respiran los árboles y cae la lluvia. Este era llamado el <u>PRIMER</u> <u>CIELO</u>.

También se llamaba "cielos" al lugar donde están la luna y las estrellas en sus órbitas.

Este era llamado el <u>SEGUNDO</u> <u>CIELO</u>.

Y el <u>TERCER</u> <u>CIELO</u>, o el cielo mayor, era el lugar donde habitaba Dios de una manera especial.

Ese tercer cielo no está "arriba", en el sentido de que está allí afuera más allá de la órbita de Plutón. La Biblia no nos da una localización exacta del Cielo; nos indica que es un lugar por sobre cualquier cosa que conocemos. Está más alto de lo que podemos experimentar e imaginar, más allá del dolor y la confusión de este mundo.

El hecho de que el Cielo sea el lugar donde Dios habita, nos lleva a la segunda pista (profundamente emocional), que nos da la Biblia acerca de dónde está el Cielo.

El Cielo es un *HOGAR*

La palabra *hogar* es tan poderosa. No hay "lugar" más importante. Aunque puedes haber crecido en un hogar que estaba muy lejos de lo que debía ser, todos tenemos dentro de nosotros la figura idílica de lo que debería ser el hogar. Es una figura de profunda realización personal, seguridad inconmovible, relaciones ricas y llenas de significado, y de un gozo que perdura.

El Cielo es el lugar donde Dios HABITA y el lugar <u>FINAL</u> <u>DONDE HABITAREMOS</u> los creyentes.

> "Oí una potente voz que provenía del trono y decía: «¡Aquí, entre los seres humanos, está la morada de Dios! Él acampará en medio de ellos, y ellos serán su pueblo; Dios mismo estará con ellos y será su Dios».
> —Apocalipsis 21:3 (NVI)

Uno de los nombres que se le ha dado al Cielo es <u>CIUDAD CELESTIAL</u>.

> "Antes bien, anhelaban una patria mejor, es decir, la celestial. Por lo tanto, Dios no se avergonzó de ser llamado su Dios, y les preparó una ciudad".
> —Hebreos 11:16 (NVI)

Hay historias que vale la pena repetir. Una de esas es la que experimentó una pareja de esposos al regreso de su campo de misión, la cual ha sido el tema de muchos sermones, e-mails, e incluso de una canción escrita por Steven Curtis Chapman.

> Una pareja mayor estuvo trabajando en África por años y regresaban a Nueva York para su retiro… Su salud estaba afectada; se sentían vencidos, desanimados y temerosos. Cuando subieron a la cubierta, a un lado del barco, descubrieron que sus reservaciones eran para el mismo barco en el que iría el presidente Teddy Roosevelt, quien regresaba de sus expediciones de cacería.
>
> Cuando abordaron el barco, nadie les prestó atención. Miraron el tremendo despliegue que acompañó la llegada del Presidente… todos los pasajeros trataban de ubicarse en los mejores lugares para captar algo de aquel gran hombre. Al zarpar el barco, el viejo misionero le dijo a su esposa, "Algo anda mal. ¿Para qué dimos nuestras vidas en servicio fiel a Dios, en África, todos estos años y a la postre a nadie le importa nada acerca de nosotros? Y este hombre, viene de su viaje de cacería y todos arman tal escándalo".
>
> Su esposa entonces respondió: "Querido, no deberías sentirte así". Pero él le dijo: "No lo puedo evitar; no me parece correcto".

Cuando el barco atracó en Nueva York, una banda estaba esperando al presidente. El alcalde y otras dignidades estaban allí. Los diarios estaban llenos de noticias acerca de la llegada del presidente.

Nadie notó la llegada de la pareja misionera. Bajaron del barco y encontraron un lugar barato al lado este de la ciudad, esperando al día siguiente, para ver si encontraban algo que hacer para sobrevivir en la ciudad.

En esa noche, el espíritu del hombre se quebrantó. Le dijo a su esposa, "no lo puedo soportar, Dios no nos trata con justicia". Su esposa replicó, "¿Por qué no entras a la habitación y hablas con el Señor acerca de todo el asunto?"

Tiempo después, salió de la habitación, y su rostro estaba completamente cambiado. Su esposa le preguntó, "¿Qué sucedió?"

"El Señor arregló cuentas conmigo", dijo. "Le dije lo molesto que estaba por toda esa tremenda bienvenida que recibió el presidente, mientras que nadie vino siquiera a vernos cuando llegamos. Para cuando terminé, pareció como si el Señor pusiera su mano en mi hombro y simplemente dijo: "¡pero, si aún no llegas a casa!"[1]

El Cielo es nuestro hogar, un hogar lejano, que está más allá de cualquier cosa que podamos imaginar aquí en la tierra. Aún en nuestros mejores días, hay algo en todos nosotros que sabe, que hay algo más allá de este mundo, algo por lo que esperamos y anhelamos ir a casa. Me encanta lo que Vance Havner dijo en sus últimos años acerca de nuestro deseo por el Cielo: "Estoy anhelando el Cielo. Es la esperanza de morir lo que me ha tenido vivo tanto tiempo". [2]

> Puedes usar la pregunta de discusión 1 ahora.

¿Quién estará en el Cielo? 15

"En Hebreos 12:22–23 se nos presentan muchos habitantes:

"Por el contrario, ustedes se han acercado al monte Sión, a la Jerusalén celestial, la ciudad del Dios viviente. Se han acercado a millares y millares de ángeles, a una asamblea gozosa, a la iglesia de los primogénitos inscritos en el cielo. Se han acercado a Dios, el juez de todos; a los espíritus de los justos que han llegado a la perfección"
—Hebreos 12:22–23 (NVI)

En este pasaje, se nos dice que en el Cielo estarán:

Los Ángeles

Dios

La Iglesia

Los creyentes del Antiguo Testamento

Tomemos un momento ahora para aclarar unas pocas cosas:

Primero, notemos que los ángeles y los hombres son diferentes. No es que te conviertes en ángel cuando mueres, pues los ángeles y los seres humanos siempre han sido creaciones diferentes de Dios.

Segundo, los creyentes, tanto del Nuevo como del Antiguo Testamento, estarán el Cielo. Como recordarás de nuestro estudio de la salvación, nosotros estaremos en el Cielo por lo que Jesús hizo por nosotros en la cruz. Los creyentes del Antiguo Testamento, por haber creído en la promesa del Mesías que sabían que un día vendría. Y todos los que vivieron después de Jesús, porque pusieron su fe en el mismo Mesías, el Hijo de Dios, que dio su vida en una cruz.

Como vimos en el último estudio, las únicas personas que pasarán la eternidad con Dios son aquellos que lo han escogido durante su vida.

"que si confiesas con tu boca que Jesús es el Señor, y crees en tu corazón que Dios lo levantó de entre los muertos, serás salvo".
—Romanos 10:9 (NVI)

Sólo piénsalo. Cuando compartas con alguien las buenas nuevas del amor de Jesús, no sólo le estás ofreciendo la fortaleza que necesita para vivir su vida diaria en este mundo, sino que ¡le estás mostrando el camino a una vida eterna! Billy Graham. habla acerca de la urgencia que esto pone en el hecho de compartir nuestra fe:

"Una mujer que acababa de experimentar una muerte en su familia, me dijo que ahora sentía una urgencia grande de compartir a Cristo con alguien. Tanto que cuando llegó el hombre que se encargaba de las reparaciones para arreglar la calefacción, se volteó a él y le dijo, "si esa calefacción explotara en tu cara ahora mismo y murieras, ¿tendrías la seguridad de dónde pasarías la eternidad?" El hombre salió disparado, tan rápido, que olvidó dejar su factura.

¿Por qué algunas personas creen que tienen ya su ticket pagado para el Cielo? Dan muchas respuestas, pero la mayoría pueden ser clasificadas dentro de tres actitudes básicas. La primera es: "Sólo mira lo que hice en la tierra. Mi currículo es bastante bueno, comparado con el de otros. Iré al Cielo porque viví una vida buena".

. . . La segunda respuesta puede ser: "Realmente no sé, y no estoy seguro de que me interese. A veces lo pienso por un momento, pero hay otras cosas que me parecen mucho más importantes".

Solo una respuesta puede dar a una persona el privilegio y gozo de saber que entrará en el Cielo. "Como he creído en Jesucristo y lo he aceptado como mi Salvador, Él está sentado a la diestra del Padre intercediendo por mí".[3]

Una observación detallada.

¿Irán al Cielo los bebés o niños que mueren? ¡Sí! Aunque no son lo suficientemente mayores para ser salvos, están seguros por la gracia de Dios. Un niño (o alguien mentalmente incapacitado) que muere antes de alcanzar la edad en la que puede comprender su pecado o necesidad de Cristo, no será puesto a cuentas por lo que no pudo comprender. Eso violaría tanto la justicia, como la gracia de Dios. Aunque la Biblia no responde directamente estas preguntas, podemos ver dos indicaciones específicas para saber que la respuesta es sí.

1. Dios es justo y correcto en todo lo que hace.

   "El Señor es justo en todos sus caminos y bondadoso en todas sus obras.
   —Salmo 145:17

   Dios nunca errará en ninguno de sus juicios.

2. David pensó que sería reunido con su bebé que había muerto (2 Sam. 12:23).

¿Cómo seré juzgado como creyente?

Aquellos de ustedes que tienen la tendencia a auto examinarse, seguramente estarán pensando, "este es uno de esos exámenes finales y quisiera asegurarme que lo pasaré".

La Biblia nos habla de dos juicios que se llevarán a cabo al terminar el mundo:

1. El Juicio del <u>GRAN</u> <u>TRONO</u> <u>BLANCO</u>.

   En este juicio, aquellos que no han creído en Jesús, escucharán su juicio final y su sentencia de separación de Dios. Aquellos que confiaron en Cristo no enfrentarán este juicio.

   La figura que algunos de nosotros tiene en la mente no es bíblica. ¿Sabes la figura de la que estamos hablando, ¿verdad? Todos en fila, con decenas de miles más adelante y una línea llega tan lejos que no puedes ver su final. Frente a ti, unos grandes portones de entrada y San Pedro con una lista. Al acercarte cada vez más a las puertas, te dices a ti mismo: "espero que mi nombre esté en esa lista".

   Mírenme. Escuchen lo que voy a decir ahora. Gracias a lo que Jesús hizo por nosotros, ¡tú nunca estarás en esa línea! En el momento en el que le pediste a Cristo que fuera tu salvador, eso fue arreglado. ¡Ya has pasado de muerte a vida! Escucha lo que nos promete Jesús en Juan 5:23.

"Ciertamente les aseguro que el que oye mi palabra y cree al que me envió, tiene vida eterna y no será juzgado, sino que ha pasado de la muerte a la vida".

—Juan 5:23

Sin embargo, hay un juicio para los creyentes, que es diferente del Gran Trono Blanco. Se los llama el

2. El juicio "BEMA".

Tratándose de los creyentes de Corinto, Pablo escribe,,

"Porque es necesario que todos comparezcamos ante el tribunal de Cristo, para que cada uno reciba lo que le corresponda, según lo bueno o malo que haya hecho mientras vivió en el cuerpo".

—2 Corintios 5:10 (NVI)

"Bema", es la palabra griega que se traduce como "tribunal" en estos versículos.

Puedes subrayar la palabra "todos", en 2 Corintios 5:10. Esto significa: tú, yo, y cada uno de los creyentes que han vivido.

Este no es un juicio para determinar si tú y yo iremos al cielo o al infierno por la eternidad. Este juicio se trata acerca de las recompensas, (ganancia o pérdida de las mismas).

Vi una gran ilustración de este tribunal de Cristo cuando estaba en el tercer grado de la escuela elemental. Estaba en mi último día de escuela, y los padres se unieron a sus hijos y al maestro en la sala de clase. Era el día de los premios, ese día en el que cada niño recibía un premio por haber aprendido y por el carácter demostrado durante ese año escolar. La Sr. Rohdes, la maestra, sacó un banco y lo puso enfrente de la clase. Cada niño se acercaba al banco y recibía la recompensa de las manos de su maestro. Mientras colocaba la banca, la Sra. Rohdes dijo: "Esta es nuestra silla de los premios. En realidad, es la misma "silla de las pruebas" que usamos para su examen oral final la semana anterior – pero ahora es la silla de los premios".

Esta es una figura de lo que sucederá en aquel momento, cuando estemos de pie delante de Jesús. Seremos probados en la presencia de Jesús –y las cosas fútiles que hayamos construido durante nuestra vida, las perderemos. Nuestras obras serán probadas. Y luego, en presencia de todos, seremos recompensados por las cosas duraderas y permanentes que hayamos hecho. Y así como ese día, cada uno de los niños de la clase tuvo que pasar y sentarse en la silla, cada uno de nosotros será recompensado según nuestra fe.

Primera Corintios 3 nos da una descripción más clara de cómo funcionará este juicio para los creyentes.

La naturaleza del juicio Bema

"Según la gracia que Dios me ha dado, yo, como maestro constructor, eché los cimientos, y otro construye sobre ellos. Pero cada uno tenga cuidado de cómo construye, porque nadie puede poner un fundamento diferente del que ya está puesto, que es Jesucristo. Si alguien construye sobre este fundamento, ya sea con oro, plata y piedras preciosas, o con madera, heno y paja, su obra se mostrará tal cual es, pues el día del juicio la dejará al descubierto. El fuego la dará a conocer, y pondrá a prueba la calidad del trabajo de cada uno. Si lo que alguien ha construido permanece, recibirá su recompensa, pero si su obra es consumida por las llamas, él sufrirá pérdida. Será salvo, pero como quien pasa por el fuego".

—1 Corintios 3:1

Escribe conmigo las tres verdades que veremos en este pasaje y luego caminaremos juntos a través de ellas.

1. **Lo que hayamos construido en nuestra vidas y que perdure, será** <u>RECOMPENSADO</u>.

2. **Lo que hayamos hecho en nuestras vidas y que no perdure, se** <u>PERDERÁ</u>.

3. **Sin importar las recompensas o pérdidas, nuestra salvación es** <u>SEGURA</u>.

Este juicio se presenta como un fuego, un fuego que prueba la calidad de lo que tú y yo hayamos construido en nuestras vidas. Algunas cosas en nuestras vidas son como el heno y la hojarasca. Puede que se vean lindas o incluso impresionantes, pero no pasarán la prueba de la eternidad. Hay muchas cosas en este mundo que no perdurarán. ¿Estás de acuerdo con eso? ¡Absolutamente! Tienes muchas cosas que ni siquiera durarán este año. Todos necesitamos un techo sobre la cabeza y ciertas cosas para sobrevivir, pero si gasto todo mi tiempo y energías para conseguir una casa más grande y mejor, y otro montón de cosas, todo lo que hago es añadir más madera a la fogata para cuando entre en la eternidad. Al final, veremos lo que realmente importa. Al final, seremos recompensados por las cosas perdurables que hayamos construido en nuestras vidas.

> Puedes usar la pregunta 2 de discusión ahora.

Recuerda la escena de la *"Lista de Schindler"*, la película de Spielberg. Oscar Schindler, hombre de negocios polaco, usó parte de su fortuna para incluir los nombres de trabajadores judíos, en una lista que los libraría de ser enviados a morir en los campos de concentración. Enfrentando los rostros de aquellos a los que había librado de la muerte, tiene un momento de claridad, en el que se da cuenta de lo que realmente importa y tiene valor. En una conversación con su amigo judío Itzhak Stern, acerca de lo que podría haber sucedido, él dijo:

Schindler:	Pude haber conseguido más. . . Si sólo hubiera . . . Pude haber conseguido más. . .
Stern:	Oskar, hay 1100 personas que están vivos por ti, míralos.
Schindler:	Si hubiera hecho más dinero . . . Tiré tanto dinero, no tienes idea. Si sólo . . .
Stern:	Habrán generaciones que descenderán de esta gente, por lo que tú hiciste
Schindler:	No fue suficiente.
Stern:	Hiciste tanto.
Schindler:	Este auto. Goeth pudo haberlo comprado. ¿Por qué lo mantuve? Hubiera salvado 10 personas con él. Diez, diez más . . .(Toma el prendedor de su solapa) Este prendedor, dos personas más. Es de oro. Dos personas más. Me hubieran dado dos más por él. Por lo menos uno. Uno más. Una persona más. Una persona, Stern. Por esto, pude haber obtenido una persona más y no lo hice.[4]

Se estaba haciendo la pregunta que todos nos haremos al final. ¿Por qué no invertí más en lo que era realmente importante? Las buenas noticias son: no debes esperar a llegar al Cielo para hacerte esta pregunta. ¡Puedes comenzar ahora! Dios no desea que seamos motivados por la culpa de lo que no hayamos hecho. Dios no quiere que vivamos motivados por la culpa o por las cosas que dejamos de hacer. La motivación reside en que podemos ser recompensados, haciendo que nuestras vidas cuenten. ¡Y las recompensas son genuinas e inimaginables! Primera Corintios 3 las llama oro, plata y piedras preciosas. Son aquellos que han conocido a Cristo gracias a ti, es el carácter que has desarrollado, tus sacrificios, tus oraciones elevadas: ¡oro, plata y piedras preciosas que perdurarán para la eternidad!

"Por lo tanto, no juzguen nada antes de tiempo; esperen hasta que venga el Señor. Él sacará a la luz lo que está oculto en la oscuridad y pondrá al descubierto las intenciones de cada corazón. Entonces cada uno recibirá de Dios la alabanza que le corresponda".
—1 Corintios 4:5 (NVI)

Una observación detallada.

Se nos dice en las Escrituras, que los creyentes serán recompensados sobre la base de 3 puntos específicos:

1. ACCIONES

"Porque el Hijo del hombre ha de venir en la gloria de su Padre con sus ángeles, y entonces recompensará a cada persona según lo que haya hecho."

—Mateo 16:27

2. PENSAMIENTOS

«Yo, el SEÑOR, sondeo el corazón y examino los pensamientos, para darle a cada uno según sus acciones y según el fruto de sus obras.»

—Jeremías 17:10

3. PALABRAS

"Pero yo les digo que en el día del juicio todos tendrán que dar cuenta de toda palabra ociosa que hayan pronunciado".

—Mateo 12:36

Siempre que actúe como Cristo, haré un impacto eterno. Siempre que piense como Cristo, haré un impacto eterno. Siempre que hable como Cristo, haré un impacto eterno. Y llegará el día en el cual Jesús nos mire a los ojos y nos diga por cada acto, pensamiento y palabra: "bien hecho".

Plan de sesión dividida: Si estás enseñando este estudio en dos sesiones, termina la primera ahora.

¿Cómo será el Cielo?

Seis verdades para gozarte

Permíteme leer una porción de un artículo acerca del Cielo de una revista poco común: *Entertainment Weekly*. Considerando la explosión de películas acerca del cielo y el infierno, este artículo hace la siguiente pregunta, "De todas formas, ¿de quién es esta vida después de la muerte?"

"Las visiones seculares acerca del cielo y el infierno, se han vuelto muy comunes en los cines. Sin embargo, a medida que siguen surgiendo más películas sobre el tema, se va creando este peculiar catecismo cinematográfico.

Las propuestas de Hollywood incluyen un sentimentalismo empalagoso, presentándonos una muy completa y perspicaz versión disfrazada de espiritualidad, que contempla la muerte de ángeles y efectos especiales que hacen brillar vasijas de barro... Tal vez, como resultado de todo ese pluralismo, y de una mezcla de conceptos metafísicos con la idea de: "sálvese usted mismo", éstas películas han logrado molestar a algunos teólogos".[5]

¡Claro que sí! Aquí tienes un pequeño consejo que te servirá en la vida: no obtengas tu teología de las películas de cine. Puede que de vez en cuando, encuentres una raíz de verdad, pero normalmente son ocasiones muy esporádicas.

¿Quieres saber algo? La realidad acerca del Cielo es aún más asombrosa que lo que Hollywood podría alguna vez imaginar en una película. Aún cuando lo que se describiese fuera correcto, nunca podríamos, por más que lo intentáramos, reflejar la grandeza de un lugar así. Lo que lograríamos sería solo una muy pobre imitación de la verdad acerca de la vida después de la muerte. ¡La realidad del Cielo, sí es de película! El Cielo no es un lugar etéreo, en el cual podemos escoger una nube para tocar el arpa. Es un lugar material, lleno de belleza, que casi no podemos imaginar.

> El Cielo no es un lugar aburrido; no es estático ni monocromático. Es un lugar de gozo dinámico y eterno, en donde nunca podrás superarte a ti mismo, pues es un lugar de realización completa. El Cielo es real...; lo que no es el Cielo, es menos real.6

Leamos el Salmo 16:11.

"Me has dado a conocer la senda de la vida; me llenarás de alegría en tu presencia, y de dicha eterna a tu derecha".

—Salmo 16:11 (NVI)

Entre las docenas y docenas de gozos de los que podríamos hablar como parte de la eternidad en el Cielo, tomemos unos minutos para analizar seis de ellos. Los hemos abordado en estudios anteriores. Quisiera simplemente tocarlos como recordatorio de lo que será el Cielo.

1. Santidad

"¡Al único Dios, nuestro Salvador, que puede guardarlos para que no caigan, y establecerlos sin tacha y con gran alegría ante su gloriosa presencia".

—Judas 1:24 (NVI)

Pon un círculo en la expresión "sin tacha."

"Queridos hermanos, ahora somos hijos de Dios, pero todavía no se ha manifestado lo que habremos de ser. Sabemos, sin embargo, que cuando Cristo venga seremos semejantes a él, porque lo veremos tal como él es".

—1 Juan 3:2 (NVI)

¡Pon un círculo en la expresión "sin tacha."

"Queridos hermanos, ahora somos hijos de Dios, pero todavía no se ha manifestado lo que habremos de ser. Sabemos, sin embargo, que cuando Cristo venga seremos semejantes a él, porque lo veremos tal como Él es.

1 Juan 3:2 (NVI)

Pon un círculo en la expresión: "semejantes a Él".

No seremos los mismos en el Cielo que en la tierra. Seremos aún seres humanos, (no nos convertiremos en dioses), ¡pero seremos como Cristo!

En nuestro corazón y carácter, seremos completamente como Él. No sé tú, pero por mucho que pueda haber crecido como creyente, sé que seré muy diferente a la persona que soy ahora. Espero ansiosamente ese día en el que ¡seré una nueva persona!

2. Un cuerpo glorificado

"De hecho, sabemos que si esta tienda de campaña en que vivimos se deshace, tenemos de Dios un edificio, una casa eterna en el Cielo, no construida por manos humanas".

—2 Corintios 5:1 (NVI)

"Realmente, vivimos en esta tienda de campaña, suspirando y agobiados, pues no deseamos ser desvestidos sino revestidos, para que lo mortal sea absorbido por la vida".

—2 Corintios 5:4 (NVI)

Hablamos acerca de esto, pocas sesiones antes, pero es bueno recordar que un día tendremos un cuerpo glorificado. Puede que necesites ese recordatorio cuando te mires el espejo ¡mañana por la mañana!

3. Inmortalidad

"Él les enjugará toda lágrima de los ojos. Ya no habrá muerte, ni llanto, ni lamento ni dolor, porque las primeras cosas han dejado de existir".

—Apocalipsis 21:4 (NVI)

"Porque lo corruptible tiene que revestirse de lo incorruptible, y lo mortal, de inmortalidad".

–1 Corintios 15:53

¿No estás contento con las cosas que acabo de describir? ¿Quién querría la inmortalidad, si el Cielo fuera un lugar aburrido, en donde la gente sufre como aquí en la tierra, o un lugar en el que nuestros cuerpos se deterioraran con la edad? Pon un círculo en la palabra "inmortalidad". Es un lugar en el que realmente viviremos para siempre.

En el cielo nunca esucharás las palabras: "Estuvimos ahí" o "hicimos eso". No hay aburrimiento allí, todo es continua y eternamente nuevo. Siempre fresco. Siempre vibrando con vida.

4. Satisfacción de todas las necesidades

> **"Ya no sufrirán hambre ni sed. No los abatirá el sol ni ningún calor abrasador".**
>
> —Apocalipsis 7:16 (NVI)

Me pregunto qué comeremos en el Cielo. Supongo que no tendremos que comer si no lo queremos, para eso es el Cielo. Pero sabemos que Jesús comió algunas veces, cuando estuvo en su cuerpo resucitado, así que, por lo menos, en el Cielo existe la posibilidad de comer. Y si es así, ¡seguro que hay mucho más que un simple pastel para mí!

Más serio que este asunto de la sed y el hambre, es el hecho de que todas nuestras necesidades serán cubiertas. No sólo estaremos llenos, ¡nunca más sentiremos hambre!

5. Compartiendo la gloria de Cristo.

> **"Y si somos hijos, somos herederos; herederos de Dios y coherederos con Cristo, pues si ahora sufrimos con él, también tendremos parte con él en su gloria".**
>
> —Romanos 8:17 (NVI)

Señala la expresión: "herederos de Dios".

Tú y yo compartiremos la herencia del Hijo de Dios, Jesucristo. Este debe ser uno de los goces más sorprendentes del Cielo. Para todos nosotros, es mucho más que el solo hecho de estar en el Cielo con Jesús. No he conocido a una persona que tenga la actitud de decir: "No iré al Cielo a menos que se me dé una parte de la herencia de Cristo". Para todos nosotros, el hecho de estar en el Cielo ya es un enorme privilegio, pero además, Dios añade la gracia de compartir la gloria de su Hijo.

6. Comunión íntima con Dios y con otros creyentes.

> **"Ahora vemos de manera indirecta y velada, como en un espejo; pero entonces veremos cara a cara. Ahora conozco de manera imperfecta, pero entonces conoceré tal y como soy conocido".**
>
> —1 Corintios 13:12 (NVI)

Pon un círculo en la expresión: "tal como soy conocido". Seremos totalmente conocidos y totalmente amados. Ya eres totalmente amado por Dios, pero en el Cielo podrás ver esa realidad claramente.

Puedes usar las preguntas de discusión 3 y 4 ahora.

Una de las maneras de aplicar estas verdades en tu vida diaria, es recordar que esta vida no lo es todo, y que no es todo lo buena que podría ser. Imaginemos a un grupo de hombres de edad mediana, sentados alrededor de una fogata y abriendo sus botellas. Ellos dicen: "nada puede haber mejor que esto".¡Pues espero que sí lo haya!

¡De hecho, sí hay algo mejor! Dilo conmigo: ¡Esto va a mejorar! Te animo a escribir estas palabras en una tarjeta y ponerla en tu billetera o cartera, lista para ser leída en cualquier momento. En la calle, en un embotellamiento, o esperando en el aeropuerto. O cuando tu día sea insoportable. Tal vez, cuando el doctor te dé noticias terribles. Esto va a mejorar. Un día, Dios nos llevará a casa. Seremos como Jesús. No habrá más muerte. Nuestros cuerpos serán inmortales. Toda necesidad será cubierta. Y seremos completamente conocidos.

Una cosa más: escoge el mejor día que tengas en este año —ese día en el que todo te haya ido perfectamente. En ese día, recuerda: " ¡El Cielo será mejor incluso que este día!".

Consejo práctico de enseñanza.

La forma más poderosa de decir algo, es la forma más personal de hacerlo. Para muchas personas es difícil hablar de manera personal, porque al hacerlo, nos estamos abriendo a otros. Nuestras emociones y palabras no salen como desearíamos. Una forma de romper esto es siendo honesto con el grupo al que enseñas. Diles que estás por compartir un tema muy personal. "Sabrán perdonar si no encuentro las palabras exactas, pero espero que escuchen a mi corazón en esta ocasión". Al hablar de los goces del Cielo, haz de tu esperanza una expresión personal de gozo.

¿Cómo puede el Cielo afectar mi vida actual?

Philip Yancey escribe:

> Un extraño hecho acerca de la vida americana: aunque el 91 por ciento de nosotros cree en la vida después de la muerte (según dice George Gallup), ninguno habla mucho acerca de ello. Los cristianos creen que pasarán la eternidad en un lugar espléndido llamado cielo… ¿no les parece un poco bizarro que simplemente ignoremos el Cielo, actuando como si no importara? [7]

Es correcto lo que se dice. A menudo actuamos como si el Cielo fuera algo para después; "por ahora necesito las fuerzas para sobrevivir hoy", decimos.

Nuestro error es olvidar (o nunca reconocer), que la verdad del Cielo es esencial para enfrentar las realidades de la vida diaria.

Paul Minear dijo,

> Si borras la idea de Cielo del léxico del hombre, éste será pronto reducido a una condición unidimensional, viviendo sin ningún medio invisible de apoyo.

C. S. Lewis escribió:

> Si lees historia, verás que los cristianos que hicieron más por el mundo actual, fueron aquellos que pensaron más en el futuro.... Por causa de que los creyentes han dejado de pensar en el otro mundo, se han vuelto tan inefectivos en el actual.[9]

Así que ¿cómo pueden mis pensamientos respecto al Cielo afectar mi vida diaria?

Veamos cinco áreas específicas que pueden afectar nuestras vidas ahora:

1. Motivación al <u>EVANGELISMO</u>

"-Yo soy el camino, la verdad y la vida -le contestó Jesús-. Nadie llega al Padre sino por mí."

—Juan 14:6 (NVI)

"Y el testimonio es éste: que Dios nos ha dado vida eterna, y esa vida está en su Hijo. El que tiene al Hijo, tiene la vida; el que no tiene al Hijo de Dios, no tiene la vida".

—1 Juan 5:11-12 (NVI)

La verdad del Cielo, ataca la incomodidad inherente que enfrentamos al compartir nuestra fe. Para muchos de nosotros, es difícil hablar acerca de asuntos tan personales e importantes como la realidad de nuestra salvación. Para atacar esa reticencia, recuerda lo que está ofreciendo a las personas. ¡Una eternidad de gozo!

Supón por un momento conmigo, que tienes un amigo que padece cáncer. Mientras lees una revista descubres un artículo que dice que se ha hallado una nueva cura para el cáncer, que ha probado ser 100% efectiva. ¿Qué harías? Dejarías de comentarle a ese amigo, tal vez por temor de que él o ella no te crean?

¿Dejarías de comentarle a ese amigo, tal vez por temor de que él o ella no te crean?

> ¿Te quedarías con esta información sólo porque no puedes responder todas las preguntas que ellos pueden tener acerca de este nuevo tratamiento?

> ¿Esperarías otro momento mejor para decírselo?

> ¿Orarías para que él o ella misma encuentren ese artículo por su cuenta?

> ¿Dudarías en decirles, tal vez porque podrían pensar que estás juzgando su cáncer?

¡De ninguna manera! No harías nada de eso. Correrías al teléfono más cercano y les dirías, porque no podrías esperar para darles las buenas nuevas.

Una de las razones por las que todos nosotros, y me incluyo, no compartimos las Buenas Nuevas, es porque ¡hemos olvidado lo buenas que éstas son! Estás compartiendo con la gente la vida eterna que Dios ofrece.

2. Uso sabio de nuestro <u>DINERO</u>

"No acumulen para sí tesoros en la tierra, donde la polilla y el óxido destruyen, y donde los ladrones se meten a robar. Más bien, acumulen para sí tesoros en el cielo, donde ni la polilla ni el óxido carcomen, ni los ladrones se meten a robar. Porque donde esté tu tesoro, allí estará también tu corazón".

—**Mateo 6:19–21 (NVI)**

¿Cómo haces tesoros en el Cielo?

Invierte todo lo que puedas en las cosas que perdurarán: la salvación de otras personas, el crecimiento en el carácter de Cristo, es decir, cosas que te durarán más allá de esta vida. Recuerda ese viejo dicho: "No puedes llevártelo, pero ¡sí lo puedes mandar por adelantado!" Algunas veces, el invertir en la eternidad, significa que puedes dar lo que tienes para servir a otros. Otras veces, significa que puedes usar lo que tienes para servir a otros: casa, auto, posesiones, etc.

3. Servir a los <u>NECESITADOS</u>

"Entonces dirá el Rey a los que estén a su derecha: "Vengan ustedes, a quienes mi Padre ha bendecido; reciban su herencia, el reino preparado para ustedes desde la creación del mundo. Porque tuve hambre, y ustedes me dieron de comer; tuve sed, y me dieron de beber; fui forastero, y me dieron alojamiento; necesité ropa, y me vistieron; estuve enfermo, y me atendieron; estuve en la cárcel, y me visitaron." Y le contestarán los justos: "Señor, ¿cuándo te vimos hambriento y te alimentamos, o sediento y te dimos de beber? ¿Cuándo te vimos como forastero y te dimos alojamiento, o necesitado de ropa y te vestimos? ¿Cuándo te vimos enfermo o en la cárcel y te visitamos?" El Rey les responderá: "Les aseguro que todo lo que hicieron por uno de mis hermanos, aun por el más pequeño, lo hicieron por mí".

—**Mateo 25:34–40 (NVI)**

Es asombroso que en Mateo 25, las recompensas en el Cielo son entregadas a aquellos que se preocuparon por la gente menos notoria en este mundo.

Lamentablemente, nuestro hábito es hablar y planificar una estrategia para satisfacer las necesidades de ellos, en lugar de actuar realmente y dar los pasos para llenar esta necesidad.

A la luz de la eternidad, ¿a quién debemos prestar atención en esta semana?

Escucha esto, Cristiano

Tuve hambre, y formaste clubes de ayuda social para discutir el asunto. Gracias.

Estuve preso, y te reuniste escondido en el sótano de tu capilla para orar por mi liberación.

Estuve desnudo, y en tu mente debatías acerca de la moralidad de mi apariencia.

Estuve enfermo, y te arrodillaste y agradeciste por tu propia salud.

No tenía hogar, y me predicaste del refugio espiritual del amor de Dios.

Estaba solo, y me dejaste solo para orar por mí.

Parecías tan santo, tan cercano a Dios. Pero aún tengo hambre, estoy solo y tengo frío.

Gracias.

4. Fortaleza en EL SUFRIMIENTO

30
31

"Por tanto, no nos desanimamos. Al contrario, aunque por fuera nos vamos desgastando, por dentro nos vamos renovando día tras día. Pues los sufrimientos ligeros y efímeros que ahora padecemos producen una gloria eterna que vale muchísimo más que todo sufrimiento. Así que no nos fijamos en lo visible sino en lo invisible, ya que lo que se ve es pasajero, mientras que lo que no se ve es eterno".

—2 Corintios 4:16–18 (NVI)

A menudo, los primeros creyentes buscaban la fuerza que necesitaban en la esperanza del Cielo, para poder soportar la persecución que enfrentaron regularmente. En lugar de sentir que Dios debía liberarlos del sufrimiento en la tierra, ellos reconocieron que cualquier dolor que pudieran afrontar, sería nada, comparado a la Gloria que Dios estaba preparándoles.

Escucha una paráfrasis de este pasaje:

"Así que no nos rendimos, ¡Cómo podríamos! Aún cuando fuera de nosotros parezca que las cosas se caen a pedazos, en el interior, donde Dios está haciendo una nueva vida, no hay un solo día en el que nos falte su gracia. Estos tiempos duros son nada comparados con los buenos tiempos que están por venir, y la espléndida celebración que está preparada para nosotros. Esto está mucho más allá de lo que nuestros ojos pueden ver. Las cosas que vemos ahora no estarán mañana. Pero las cosas que no podemos ver ahora durarán para siempre".

—2 Corintios 4:16–18 (traducido)

5. Tomar con calma las <u>ANSIEDADES</u>

"Ya que han resucitado con Cristo, busquen las cosas de arriba, donde está Cristo sentado a la derecha de Dios. Concentren su atención en las cosas de arriba, no en las de la tierra".

—Colosenses 3:1–2

William Barclay lo puso de esta forma:

> Es muy fácil para un hombre ocuparse con las cosas de este mundo y olvidar las cosas de la eternidad, se preocupa tanto por las cosas que ve, que olvida atender las que no ve, está tan interesado en escuchar los argumentos de este mundo, que no puede escuchar la suave invitación de la voz de Cristo.[11]

Puedes usar la pregunta de discusión 5 ahora.

Pongámonos prácticos por un momento. ¿Cómo logras en medio de este mundo, poner tus ojos en lo que no puedes ver? ¿Cómo incorporar esta tremenda verdad en mi vida diaria? ¿Acaso debo andar por allí viendo "visiones celestiales" cada día?

Si has planificado las vacaciones de tu vida para el próximo verano, ¿esperarías a que llegara el verano para pensar acerca de eso? Claro que no. Harías todas las previsiones necesarias para ir, y estarías esperando ansiosamente ese viaje. Así es, exactamente, como podemos poner nuestra mirada en el Cielo: haciendo los preparativos para ir allá

Para cerrar, aquí te presentamos algunas formas prácticas con las que puedes llenar tus pensamientos con ideas del Cielo.

Actuando en la verdad.

La Palabra de Dios nos instruye repetidamente a cambiar nuestro enfoque de las cosas terrenales para poner nuestra mente en la perspectiva de Dios. Durante una semana, toma siete minutos, al comenzar o finalizar el día, para enfocarte en las siguientes siete verdades:

1. **Su plan para mí nunca cambia.**

2. **Mi salvación está segura en el Cielo, donde nada puede destruirla.**

3. **Cuando venga por mí, iré con él al hogar que cuidadosa y amorosamente me preparó.**

4. Nada podrá jamás separarme de su amor; ni el dolor, ni el sufrimiento, ni las tragedias, ni las dificultades, ni el demonio, ni... ¡esos horribles errores de mi parte!

5. Pasaré mis días aprendiendo a amar y confiar en Él.

6. Debo tener brazos y manos compasivas para abrazar a otros seres humanos.

7. Y algún día, me uniré a millones de otros creyentes ante su trono, para juntos, adorarle.

"Cantaban con todas sus fuerzas: «¡Digno es el Cordero, que ha sido sacrificado, de recibir el poder, la riqueza y la sabiduría, la fortaleza y la honra, la gloria y la alabanza!»"

—Apocalipsis 5:12

Oremos juntos:

Señor, no quiero vivir un momento más con alguna duda acerca de si estaré o no en el Cielo. Gracias por enviar a Jesús para decirme las Buenas Nuevas: que me amas y deseas recibirme en tu hogar eterno. En lugar de confiar en lo que yo pueda hacer para entrar en el Cielo, confiaré en el camino que has provisto tú. A través de la muerte Jesús y su resurrección puedo confiar en tu perdón y guía.

Te pido que me ayudes a ver los problemas y sufrimientos de esta vida a la luz de la esperanza del Cielo. Confío que vendrá un día, cuando tú quitarás todo el sufrimiento, corregirás toda injusticia y multiplicarás todo el gozo.

Al ver con expectativa la promesa del Cielo, estoy decidido a invertir mi vida en la eternidad en este año. Quiero usar los dones y talentos que me has dado para hacer algo más en este mundo, que darme una buena vida yo mismo y a mi familia. Quiero vivir para lo que realmente perdura.

En el nombre de Jesús. Amén

Termina memorizando la tarjeta 9, "La verdad acerca de la Vida después de la muerte."

Preguntas de discusión.

1. Hagan juntos una lluvia de ideas acerca de lo maravilloso que será el Cielo, ¡diviértanse! completando las siguientes afirmaciones:

Lo mejor respecto al Cielo será que no deberé …

Lo mejor acerca del Cielo será que voy a poder …

Una imagen que me ayuda a pensar en la grandeza del Cielo es:

En el Cielo habrá abundante …

En el Cielo no habrá …

Alguien que quisiera ver en el Cielo es …

Algo que me gustaría hacer en el Cielo es …

2. Primera de Corintios 3:10–15 nos dice que los creyentes que construyen las cosas equivocadas en sus vidas "sufrirán pérdidas" pero igual serán salvos. ¿Qué cosas que hacemos mal piensas que serán "quemadas"? ¿Qué cosas crees que perduran? ¿Qué pérdidas crees que sufriremos?

3. Mira nuevamente la lista de las seis cosas que describen "como será el Cielo" ¿Cuáles puntos te parecen más atractivos ahora mismo? ¿Cuál es la más difícil de comprender?

4. ¿Cómo quisieras que fuera tu cuerpo glorificado? ¿Qué te gustaría poder hacer?

5. ¿De qué manera te gustaría que la verdad del Cielo impacte tu vida diaria?

Para estudios posteriores.

Elwell, Walter, ed. *Análisis Tópico de la Biblia*. Grand Rapids, Mich.: Baker, 1991.

Evans, Louis H., *Sr. Tu emocionante Futuro*. Wheaton, Ill.: Tyndale, 1982.

Gilmore, John. *Cielo Probado*. Grand Rapids, Mich.: Baker, 1989.

Habermas, Gary R. *Inmortalidad: El otro lado de la muerte*. Nashville: Nelson, 1992.

Hybels, Bill. "Tu eternidad futura: El Cielo." Audiotape. Carol Stream, Ill.: Preaching Today, n.d.

Morey, Dr. Robert A. Muerte y la vida después de la muerte. Minneapolis: Bethany, 1984.

Rhodes, Ron. Heaven: La patria no descubierta. Eugene, Ore.: Harvest House, 1995.

Toon, Peter. *Cielo e Infierno. Nashville*: Nelson, 1986.

Rhodes, Ron. Heaven: The Undiscovered Country. Eugene, Ore.: Harvest House, 1995.

Toon, Peter. Heaven and Hell. Nashville: Nelson, 1986.

La Iglesia
1a Parte

Metas Transformadoras.

• Profundizar tu amor y compromiso hacia la iglesia.

• Ver de una forma nueva y más profunda cuál es tu parte en la tarea de cumplir los cinco propósitos de la iglesia.

Resumen de puntos principales de enseñanza.

Los comienzos de la Iglesia

    de acuerdo a la visión de Dios,

    establecida por Jesús y

    avivada por el poder del Espíritu.

La naturaleza de la Iglesia (¿Qué se supone que sea la iglesia?)

    La Iglesia es una *ekklesia*.

    La Iglesia es *koinonia*.

    Las regulaciones de la Iglesia

La misión de la Iglesia (¿Qué se supone que debe hacer la iglesia?)

¿Qué viene a tu mente cuando digo la palabra "Iglesia"? Algunas personas piensan en una organización, como la Alianza Cristiana y Misionera o la denominación bautista de iglesias. Otros, piensan en un edificio –la iglesia de la esquina. Otros piensan en eventos – Fui a la iglesia el fin de semana.

Permíteme contarte acerca de una familia que fue a la iglesia por primera vez: Mamá, papá, su hija de 11, y un varón de 7 años de edad. Era la primera vez que el pequeño asistía a una iglesia –así que observaba todo detenidamente. Mantenía sus ojos en sus padres para darse cuenta de cuando ponerse en pie o sentarse, cuando cantar y cuando escuchar. Cuando circularon las canastas de la ofrenda, se sorprendió al ver a la gente poniendo dinero, pero sin tomar nada. Ese día, su padre sacó de su billetera un billete de 1 dólar, lo dobló a la mitad y lo colocó en la canasta. Camino a casa, el padre se quejó del servicio: "la música estaba demasiado alta, el predicador se tardó demasiado y el piano tenía algunas teclas desafinadas". "Pero Papa", dijo el pequeño desde su asiento de atrás, "debes admitir que fue un buen programa, ¡por un dólar!"

Debemos admitir que esta es la manera en la que algunas personas piensan de la iglesia. Es un evento de una hora o más que se realiza los domingos. El servicio dominical puede ser un evento importante en la vida de las iglesias, pero la iglesia es mucho más que un evento. El edificio es el lugar donde la iglesia se reúne, pero la iglesia es mucho más que el edificio.

Este es uno de los estudios más importantes que haremos en este material de *Fundamentos*. ¿Por qué? Porque *tú eres la iglesia*. Tú y yo, como seguidores de Jesucristo, somos la iglesia de Jesús. Y si no comprendemos lo que es la iglesia, no podremos llegar a ser todo lo que Dios nos ha llamado a ser.

Al arrancar este estudio de la iglesia de Dios, algunos podrían preguntar: "¿Por qué es tan importante la iglesia?" Por qué no podemos tener simplemente una relación con Jesús y olvidarnos de la iglesia. Todos conocemos a personas que se consideran a sí mismos cristianos y asisten rara vez a una iglesia. ¿Es la iglesia realmente necesaria?

¡Absolutamente! Tener fe en Dios significa que no podemos vivir nuestra vida cristiana aislados, como un llanero solitario cristiano. La verdad, es que no podemos vivir la vida cristiana sin pertenecer a una iglesia. El Nuevo Testamento jamás cita a cristianos que no se relacionaran con una congregación.

Necesitamos cambiar nuestra imagen de la iglesia.

Nuestra necesidad de la iglesia

El Ideal de Dios	Nuestra Práctica actual
La iglesia es una necesidad espiritual	La iglesia es una activitdad opcional
La interdependencia es valorada	El individualismo es valorado
La espiritualidad se da en la comunidad	La religión es un asunto privado
Involucrarse activamente en asuntos sociales	Distante del mundo real
Toda la gente aceptada	Practica la segregación (racial, social status, etc.)
Comportamiento Auténtico con el público y vida privada encajan.	Hipocresía; al decir ciertas cosas pero practicar otras

Para recuperar el rol que Dios tenía originalmente para su iglesia, debemos comprender cómo comenzó la iglesia, cuál es su naturaleza, su misión, y explorar las implicaciones de esto para nuestra iglesia.

El comienzo de la Iglesia.

La *VISIÓN* de Dios

La Biblia lo deja claro, Dios siempre ha deseado crear gente para sí mismo, gente que lo ame con todo su corazón y gente que pueda ser probada en su fidelidad a Dios.

> **"Porque para el SEÑOR tu Dios tú eres un pueblo santo; él te eligió para que fueras su posesión exclusiva entre todos los pueblos de la tierra".**
> **—Deuteronomio 7:6 (NVI)**

Deuteronomio 7:6 nos recuerda que Dios escogió a un pueblo en tiempos del Antiguo Testamento, para que lo siguiera. Nosotros lo conocemos como la nación de Israel. ¿Qué grupo constituye el pueblo de Dios en la actualidad? ¡La Iglesia! Nosotros somos ahora el pueblo de Dios.

Findley Edge, autor del clásico libro de renovación: *El Reverdecer de la Iglesia,* escribe:

¿Qué significa que seamos el pueblo de Dios? Son personas que creen, claro que sí. Son personas "buenas" en términos morales, claro que sí. Pero éstas no son cosas que constituyen el alma del asunto. Lo que hace únicas a estas personas es su llamado, su llamado a una misión. Esto se comprende claramente. Ellos han aceptado gozosamente esta misión y han dado sus vidas para cumplirla... El pueblo de Dios cree que Dios está buscando actuar en las vidas de las personas para darles lo que desesperadamente necesitan. Ellos piensan tan profundamente y con tanto compromiso al respecto, que estarían dispuestos gozosamente a dar sus vidas a Dios como instrumentos en búsqueda de la causa de que "sea hecho en la tierra como en los cielos".[1]

 Una observación detallada.

Cuando Adán renunció a la bendición de estar en armonía con Dios, Dios decidió crear un pueblo para sí. Llamó a Abraham, Isaac y Jacob para que fueran los patriarcas de ese pueblo llamado Israel. Cuando Israel probó ser infiel a las promesas de su convenio con Dios, Dios continuó su plan a través de un "remanente" de personas, pero ellos nuevamente fueron infieles. Entonces el plan de Dios se completó cuando envió a su propio Hijo Jesús, para reunir finalmente a toda la gente que quisiera pertenecer a Dios. Este pueblo sería "una raza elegida, real sacerdocio, nación santa, y un pueblo adquirido por Dios". Esto es la Iglesia.

Miremos 1 Pedro 2:9. Quisiera que notes que como pueblo escogido por Dios, le pertenecemos a Él.

"Pero ustedes son linaje escogido, real sacerdocio, nación santa, pueblo que pertenece a Dios, para que proclamen las obras maravillosas de aquel que los llamó de las tinieblas a su luz admirable".

—1 Pedro 2:9

Dios, y sólo Dios, tiene los derechos de propiedad sobre la Iglesia. Porque es de ÉL. Dios, por sí solo, propone, compone, impone y dispone. Dios nunca rendirá Sus derechos como dueño y poseedor de la Iglesia…. Todo lo que la iglesia es, tiene, hace y será se debe al hecho de que es de origen y posesión divinos y a que el Espíritu Santo está obrando. Es la Iglesia de Dios.[2]

ESTABLECIDA por Jesús.

En Mateo 16:18, Jesús dice, "y sobre esta piedra edificaré mi iglesia, y las puertas del reino de la muerte no prevalecerán contra ella". Esto indica que la iglesia estaría presente en aquel futuro del que Jesús hablaba. Estaba haciendo una predicción acerca del futuro de la iglesia y su fundamento.

Estas palabras de Jesús, siguieron inmediatamente a la gran confesión de fe de Pedro. Jesús había preguntado a sus discípulos: "¿Quién creen ustedes que soy yo?" Es entonces cuando Pedro responde a Jesús: "Tú eres el Cristo, el Hijo del Dios viviente". En respuesta a esa fe, es que Jesús dice, "sobre esto construiré mi iglesia".

No tomemos esto a la ligera. Esa pequeña frase, "Construiré mi iglesia," es más crucial que cualquier otra cosa de la que hayamos hablado, para comprender lo que es la iglesia.

¿De quién es esta iglesia?

Jesús dijo: "Mi iglesia". Es la iglesia de Jesús.

¿Quién construye la iglesia? ¡Jesús!

No hay duda de que somos parte de la iglesia y Jesús mismo nos involucra en su construcción. Pero si la iglesia se vuelve nuestra, en lugar de Suya, deja de ser iglesia. Puede ser un club social o una organización de servicios, pero una iglesia ¡No! Tal vez estés pensando: "Eso significa que hay muchas organizaciones que se llaman a sí mismas "iglesia" y realmente no lo son. Exacto. Y muchas veces, nuestra perspectiva personal puede ser distorsionada, cuando comenzamos a pensar en la iglesia como "mi organización", en lugar de la iglesia de Jesús.

El lugar en el que Pedro hizo esta confesión de Jesús, es importante. Fue en Cesarea de Filipo, al extremo norte de Israel. Esta zona sobre el Mar de Galilea es totalmente diferente a la idea de un lugar desértico, que siempre tenemos de Israel. Es hermosa y montañosa, con riachuelos y manantiales que cruzan un hermoso paraje verde con follaje. Aquí viene lo hermoso de este detalle. Dentro de esas montañas había cuevas, donde abundaban las imágenes y estatuas de muchos de los dioses que eran idolatrados en esos días. Cesarea de Filipo era el lugar de nacimiento del Dios griego Pan y estaba lleno de antiguos templos paganos. Y es aquí, en este lugar, donde Pedro pronuncia esta valiente afirmación que significa: "confío sólo en Jesús como el único camino verdadero a Dios". Aquí, en este lugar, Jesús dijo que construiría su Iglesia.

¡Que buena representación de la Iglesia en nuestros días!, una Iglesia que está parada en el medio de un mundo donde hay tantas ideas acerca de quién es Dios y cual es su plan para el mundo. Algunos dicen: "Este es Dios", otros dicen, "No, ese es Dios" y aún otros dicen: "Debemos aceptar la idea que cada uno tenga de Dios". Y como creyentes, aún decimos lo que decían los cristianos en el Nuevo Testamento: "Jesús es el Cristo, Él es el camino a Dios". Y Jesús aún está diciendo: "sobre esto construiré mi iglesia – sobre esa fe y en la decisión de seguirme".

ENERGIZADA *por el Espíritu.*

¿Cómo se construye la iglesia? Es la obra del Espíritu Santo, el que bautiza a los nuevos creyentes en el cuerpo de Cristo.

Leamos juntos 1 Corintios 12:13.

"Todos fuimos bautizados por un solo Espíritu para constituir un solo cuerpo -ya seamos judíos o gentiles, esclavos o libres-, y a todos se nos dio a beber de un mismo Espíritu".

1 Corintios 12:13 (NVI)

¿Cuándo nació la iglesia? No nuestra iglesia local, sino la iglesia en general. La iglesia nació en el día de Pentecostés. Cuando el Espíritu Santo vino a las vidas de los creyentes que estaban reunidos en un aposento alto en ese día, allí fue cuando la iglesia comenzó a vivir.

W. A. Criswell, pastor por cincuenta años de la Primera Iglesia Bautista de Dallas, escribió:

> La iglesia fundada durante el ministerio terrenal de Jesús, tuvo que esperar para nacer. Era una iglesia potencial antes del Pentecostés. Los miembros estaban sorprendidos por los eventos de los meses anteriores. Sabían intelectualmente las cosas que habían sucedido, pero no se habían apropiado del poder y autoridad que Jesús les había conferido. Aún no habían recibido al Espíritu Santo….Estamos seguros de que ningún poder terrenal pudo haber logrado que este grupo de temerosos y faltos de liderazgo, cambiaran la historia del mundo. Sólo Dios pudo hacerlo y lo que ellos tenían era su testimonio. El don de Dios, que dio poder a la primera iglesia, fue el Espíritu Santo.[3]

El Espíritu Santo es el poder detrás de cada pedacito de crecimiento y efectividad en el ministerio de una iglesia. Para que una iglesia logre hacer una diferencia en este mundo, tiene que estar conectada al poder del Espíritu Santo. Decir lo contrario, es tan imposible como prender una lámpara que no esté conectada a la pared. Dios tuvo la visión, Jesús la estableció y el Espíritu la energizó. Toda la Trinidad está involucrada en todos los aspectos de la iglesia en este mundo.

Es Su iglesia, así que una de las preguntas que debemos hacer es, "¿Qué nos dice Dios que la iglesia debe ser?"

La Naturaleza de la Iglesia (¿Qué debe ser?)

La iglesia es una *EKKLESIA*.

La palabra que se usa para describir a la Iglesia en el Nuevo Testamento es ekklesia, cuyo significado es "llamado". Se usaba para describir una asamblea de gente (ya sea secular o espiritual), pero la idea era la de una asamblea o comunidad llamada por Dios. Así que la asamblea no era la clave. La clave era el hecho de que Dios los había juntado.

Esta palabra, *ekklesia*, se repite unas 114 veces en el Nuevo Testamento, pero sólo 3 veces en los evangelios, porque Jesús no estableció la iglesia hasta su resurrección. Cualquier palabra que se repita tantas veces en la Biblia, se refiere obviamente a algo importante y para tomarlo en cuenta.

Ekklesia, se refiere tanto a la iglesia <u>UNIVERSAL</u> como a la *LOCAL*.

La iglesia universal se compone de personas de toda tribu, raza, nación, o cultura (sin importar su denominación), que hayan aceptado a Jesucristo como su Señor y Salvador.

En la iglesia universal, el énfasis está en la <u>UNIDAD</u>.

Tú y yo tenemos unidad con todos los creyentes; esto significa, unidad no sólo con los que viven en otros lugares, sino con los que han vivido en otras épocas. Tienes unidad con ese pastor joven que reúne a una iglesia en una casa en el lejano norte de la China, con ese creyente en la India que está sufriendo persecución por su fe, y con ese grupo pequeño de creyentes en Francia que está tratando de lidiar con años de apatía espiritual.

Permíteme contarte algo acerca de un momento en el que la unidad se sintió fuertemente. Un grupo de la Iglesia de Saddleback tuvo que viajar a Taiwan para una reunión con un gran grupo de líderes jóvenes. Mientras conducíamos desde el aeropuerto de Taipei, nuestro traductor, Philip, comenzó a contarnos de la carga que había en su corazón por este país. Siendo una nación con uno de los menores porcentajes de creyentes, comparado con el resto del mundo, los cristianos a menudo se sentían solos y desanimados. Durante la conferencia, Philip hizo un excelente trabajo de traducción – en su propio estilo seco y frío, (era ingeniero). Hablando en la última sesión, Rick Warren, miró al grupo que se había reunido en la sala de adoración más grande y los animó con las palabras: "No se rindan". Cuando Philip comenzó a traducir estas tres palabras, su voz se rompió de compasión, por aquellos que no tienen a Cristo y por esos líderes en aquel país. "No se rindan", dijo Rick nuevamente y Philip perdió nuevamente la voz; se oía tan suave cuando esas palabras brotaban de sus labios... Se hubiese podido escuchar caer un alfiler en esa habitación— Todos nuestros corazones estaban unidos en su amor por su pueblo. La unidad que todos sentimos con él y con esos creyentes, era profunda y real, y se mantiene hasta el día de hoy.

Esta unidad que sentimos como parte del cuerpo de Cristo en este mundo, necesita ser expresada de una manera en la que la gente pueda ver y sentir. Ahí es donde entra la iglesia local.

Puedes usar la pregunta de discusión 1.

La iglesia local es un grupo de creyentes que se reúnen para adorar, instruirse, tener comunión y ministerio.

Pablo escribió muchas cartas a grupos locales de creyentes. Tú conoces los nombres de algunos de ellos. A la iglesia que está en … (puedes llenar los nombres conmigo).

En la iglesia local, el énfasis está en el <u>MINISTERIO</u> de la iglesia.

La iglesia local es el cuerpo de Cristo ministrando a nuestra comunidad. Somos las manos compasivas de Jesús para aquellos alrededor nuestro. Estamos en los pies de Jesús para llevar las Buenas Nuevas de Su amor a nuestros hogares, trabajos y escuelas. Al ministrarnos unos a otros y a los de nuestra comunidad, la iglesia local trae luz a un mundo en tinieblas. Permíteme preguntar: ¿cuánta luz debe haber para que sea notada en un cuarto oscuro? ¡Pues sólo un poco! Las iglesias alrededor del mundo, grandes y pequeñas, traen más luz a sus comunidades de la que puedes imaginar.

La iglesia es una <u>KOINONÍA</u>.

13

Otra palabra griega importante que se relaciona con la iglesia es *koinonía*. Difícil de traducirla, lleva consigo la idea de comunión, compañerismo, compartir y participar. Se usa para describir la vida en la *ekklesia* o iglesia, y significa: compartir en Cristo.

Koinonía, es nuestra participación juntos en la vida de Dios a través de Jesucristo.

Koinonía es:

• más que una relación entre amigos y colegas.

• más que participar en una gran cena.

• más que decir: "yo puedo llevarme bien contigo porque eres parecido a mí".

Nunca reduzcas la palabra comunión a una reunión programada que tendremos después del servicio en la iglesia o a una buena relación con alguien que te cae bien, sea o no un creyente.

Consejo práctico de enseñanza.

Cuando enseñas, es importante ir al "paso" de tus palabras. Si siempre hablas a una misma velocidad, los que escuchan comenzarán a desatenderte. Sin importar tu ritmo natural, hay momentos en los que debes acelerar o darle energía a lo que dices, y otras veces necesitamos bajar la velocidad y añadirle énfasis. Por ejemplo, el siguiente párrafo es uno en el que podrías bajar la velocidad para que la gente se meta en lo que dices. El bajar la velocidad de lo que dices y hacer pausas entre las frases, permitirá que la gente entienda el elemento histórico y la profundidad de la verdadera comunión.

Al comenzar la iglesia, la comunión significaba: que judíos y gentiles, quienes habían sido enemigos durante siglos, ahora debían convertirse en un solo pueblo, en el Cuerpo de Cristo. Esto era romper con miles de años de separación. Aquellos que antes no se hablaban, ahora se reunían para adorar juntos en la iglesia. Así de profunda es la comunión. La *Koinonía* es posible solamente a través de la obra sobrenatural de Dios. Ahora veremos algunas palabras que caracterizan la comunión de la iglesia. Estas palabras surgen de algunos pasajes en los que la palabra *Koinonía* es usada en el Nuevo Testamento. Permítanme ponerlo de una forma práctica. Estas palabras deberían ser vividas en todo grupo pequeño que sea parte de la iglesia. Deben ser palabras que caractericen nuestra relación con otros creyentes. Son palabras que deben ser examinadas y aplicadas en nuestra manera de servir en el cuerpo de Cristo.

La *Koinonía* únicamente es posible a través de la obra sobrenatural de Dios.

Ahora veremos algunas palabras que caracterizan la comunión de la iglesia. Estas palabras surgen de algunos pasajes en los que la palabra *Koinonía* es usada en el Nuevo Testamento. Permítanme ponerlo de una forma práctica. Estas palabras deberían ser vividas en todo grupo pequeño que sea parte de la iglesia Deben ser palabras que caractericen nuestra relación con otros creyentes. Son palabras que deben ser examinadas y aplicadas en nuestra manera de servir en el cuerpo de Cristo.

La *koinonía* se caracteriza por:

•**LUZ** (1 Juan 1:6–7)

La luz de la presencia de Dios caracteriza nuestras relaciones como creyentes —vemos las cosas más claramente. ¡Esto no nos hace perfectos!

Esto significa que podemos escoger caminar juntos, en lugar de andar a los tumbos por la oscuridad.

•**UNIDAD** (Fil. 2:1–2)

Unidad no es lo mismo que uniformidad. Digan esto conmigo. "Unidad no es uniformidad". ¿Notaste que aunque todos tenemos voces diferentes, cuando las unimos suenan como una sola voz, más fuerte? No tenemos que ser los mismos para tener unidad. En realidad, lo emocionante acerca de la unidad cristiana es que Dios nos da la habilidad para trabajar como si fuéramos una sola persona, a pesar de que somos tan distintos entre nosotros.

•ACEPTACIÓN (Filemón. 1:17)

Miremos Filemón 1:17.

"De modo que, si me tienes por compañero, recíbelo como a mí mismo".

—Filemón 1:17

Pablo está escribiendo a su amigo Filemón acerca de otro amigo llamado Onésimo —le pide a un amigo que reciba a otro. Suena bien ¿verdad? Hasta que te das cuenta de que Onésimo era un esclavo fugitivo y su amo era nada más y nada menos que ¡el propio Filemón! En un mundo en donde a los esclavos se les trataba como a objetos, Pablo le pide, "Recíbelo como a un hermano cristiano. Acéptalo como parte de la familia." ¡Eso sí que es radical!

Piensa, ¿A quién necesitas aceptar como parte de la familia de Dios?

•COMPARTIR LOS BIENES MATERIALES (Hchs 2:44–45)

Cuando otros tienen necesidad en el cuerpo de Cristo, eso significa que TÚ también la tienes. Es cierto, que posteriormente en el Nuevo Testamento, Pablo tuvo que advertir a los tesalonicenses, acerca de que algunos estaban sacando ventaja de la comunión —sin trabajar y esperando que otros los mantengan. Pero esto no es lo usual. Si ves a un compañero creyente con una necesidad genuina y sabes que Dios te ha dado la habilidad para satisfacer esa necesidad, ¡entonces hazlo!

•DAR DINERO (2 Cor. 8:4)

El ofrendar en la iglesia es una expresión de nuestra comunión como creyentes. No sólo porque debemos atender a las necesidades de otros, sino porque estamos trabajando juntos para alcanzar el mundo para Cristo.

La siguiente es una palabra que no nos gusta mencionar, pero lo haremos.

La comunión se caracteriza por:

•SUFRIMIENTO (Fil. 3:8–10)

El sufrimiento. Todos estamos familiarizados, pero alejados ¿verdad? Pablo escribe en Filipenses 3:10,

"Lo he perdido todo a fin de conocer a Cristo, experimentar el poder que se manifestó en su resurrección, participar en sus sufrimientos y llegar a ser semejante a él en su muerte".

—Filipenses 3:10

Como creyentes, en Estados Unidos, debemos decir que no sabemos mucho acerca de lo que significa: "participar en sus sufrimientos".

No sabemos nada de nuestros hermanos en países como Rusia, por ejemplo, ¿cuáles son sus sufrimientos? No sabemos lo que nuestros compañeros creyentes en China estén pasando. No tenemos comunión con sus sufrimientos. Debemos admitir que no conocemos lo que muchos de nuestros compañeros creyentes están sufriendo en el mundo.

Pero eso no significa que no sepamos nada. Tampoco significa que no suframos pérdidas y perjuicios por nuestra relación con Cristo. Y eso tampoco significa que debamos olvidar lo que muchos en la Iglesia de Cristo alrededor del mundo enfrentan. Cuando una parte del cuerpo sufre, todo el cuerpo se duele con él. Tus oraciones por los cristianos perseguidos del mundo, pueden tener más impacto que el que te imaginas.

Tal vez estés asustado o sufriendo. ¡Yo también! ¿A quién le gusta enfrentar tiempos de sufrimiento? Pero el apóstol Pablo, que pasó por tanto sufrimiento, más del que tú y yo jamás enfrentaremos – en tres ocasiones diferentes, casi lo matan, fue golpeado, apaleado, apedreado, nos dice que con cada sufrimiento su sentimiento de cercanía a Jesús aumentaba y se profundizaba.

• **LA CENA DEL SEÑOR** (1 Cor. 10:16)

La palabra griega para comunión, koinonia se usa para describir la Cena del Señor. En la Cena del Señor, (comunión), comulgamos con otros creyentes y con Jesús. Es una expresión tan importante de nuestra comunión que es una de las dos "ordenanzas" que Jesús dió a su iglesia.

Puedes usar la pregunta de discusión 2 ahora.

Una observación más detallada.
Las ordenanzas de la iglesia.

La palabra *"ordenanza"* viene de la palabra: ordenado. Se refiere a los eventos que Jesús ordenó específicamente para que fuesen parte de nuestra adoración como iglesia. Las dos ordenanzas que Jesús dió a la Iglesia son: el Bautismo y la Cena del Señor.

El Bautismo demuestra FISICAMENTE lo que ya se dio ESPIRITUALMENTE cuando aceptamos a Cristo. A través del bautismo, nuestra participación en su muerte, sepultura y resurrección es graficada, y nos levantamos del agua simbolizando la nueva vida que ahora tenemos en Jesucristo.¿Por qué es tan importante para ti el ser bautizado como un creyente en Cristo? En primer lugar, y sobre todo ¡Porque Jesús lo ordenó! Lo instruyó como un paso obligatorio para seguirle.

15

En la Gran Comisión en Mateo 28:19 y 20, Jesús nos dijo: "Vayan y hagan discípulos en todas las naciones, bautizándolos en el Nombre del Padre y del Hijo y del Espíritu Santo".

Cuando eres bautizado, estás mostrando al mundo lo que sucedió en tu vida cuando te convertiste en creyente. Mira Romanos 6:4:

> "Por tanto, mediante el bautismo fuimos sepultados con él en su muerte, a fin de que, así como Cristo resucitó por el poder del Padre, también nosotros llevemos una vida nueva".
> —Romanos 6:4 (NVI)

Cuando te sumerges en el agua, estás representando el hecho de que Jesús perdonó tus pecados; los pasó por alto y los enterró. Cuando sales del agua estás representando la nueva vida que tienes ahora en Cristo.

La Cena del Señor o Comunión, es también un recordatorio físico de algunas profundas realidades espirituales. Recordamos, que a través de su cuerpo partido y su sangre derramada, se estableció un NUEVOPACTO entre Dios y los hombres.

> "y después de dar gracias, lo partió y dijo: «Este pan es mi cuerpo, que por ustedes entrego; hagan esto en memoria de mí.» De la misma manera, después de cenar, tomó la copa y dijo: «Esta copa es el nuevo pacto en mi sangre; hagan esto, cada vez que beban de ella, en memoria de mí.» Porque cada vez que comen este pan y beben de esta copa, proclaman la muerte del Señor hasta que él venga".
> —1 Corintios 11:24–26 (NVI)

Cuando tomamos la Cena del Señor, recordamos que Jesús murió, y que ahora vive para nosotros. Yo he tomado la Cena del Señor tantas veces; tantas como ustedes. Pero debo decirles que jamás se ha convertido en una vieja rutina. Este momento, en el que reconocemos todo lo que Jesús hizo por mí, jamás ha perdido su significado. Siempre hay un profundo sentimiento acerca de cuánto Dios me ama a mí. Y no sólo a mí. Dios ama a todos los que compartimos juntos la Cena del Señor.

Algunas veces, las ordenanzas se llaman "sacramentos", del latín Sacramentum, que era un juramento que hacían los soldados romanos a su emperador. Los cristianos tomaron el término, y con ello querían implicar que estaban ligados totalmente en su lealtad a Jesucristo. Las ordenanzas representan la gracia y el perdón de Jesús, —somos leales a Cristo. Se nos permite la oportunidad de expresar nuestro compromiso y fidelidad a Cristo cuando somos bautizados y cuando comemos juntos la Cena del Señor. Las ordenanzas no nos dan "más" gracia de Dios. Son una forma de alabar a Dios por la gracia que ya hemos recibido.

Consejo práctico de enseñanza.

Si eres bueno respondiendo preguntas de la audiencia, puedes responder unas pocas preguntas acerca de la Santa Cena y el bautismo ahora. Dado que la gente que llega a la iglesia proviene de diferentes trasfondos, se pueden producir muchas preguntas acerca de cuándo y por qué se practican estas ordenanzas de Jesús.

Plan de sesión dividida: Si estás enseñando este estudio en dos sesiones, termina la primera ahora. (si tomas dos sesiones para enseñar este estudio y planeas compartir la Cena del Señor, puede ser mejor hacerlo ahora justo después de la enseñanza acerca de este tema, en lugar de esperar a la otra sesión).

La misión de la Iglesia. (¿Qué debe hacer la iglesia?)

¿Qué se supone que debe hacer la iglesia? Es asombroso lo rápido que eludimos las respuestas específicas a esta importante pregunta. Sin esas respuestas, pronto nos hallaremos actuando sin un claro sentido de propósito. Podemos tener mucha actividad, pero no una dirección que oriente nuestras prioridades. La Biblia está llena de enseñanzas acerca de lo que la iglesia debe hacer. El comprender lo que la Biblia nos dice acerca de la misión de la Iglesia, nos permite enfocar nuestro corazón y energías en las prioridades de Dios.

En su libro *Una Iglesia con Propósito*, Rick Warren escribe,

> "Un propósito claro permite la concentración. La luz enfocada tiene un poder tremendo. La luz difusa no tiene ninguno. Por ejemplo, al concentrar el poder del sol a través de una lupa, puedes encender una fogata. Pero no puedes lograr esa fogata con la misma luz sin concentrarla. Cuando la luz se concentra a un a un nivel mayor, como un rayo láser, incluso se puede cortar el acero.
>
> El principio de la concentración funciona también en otras áreas. Una vida enfocada y una iglesia enfocada tendrán un gran impacto, mucho mayor al de aquellas que no están enfocadas. Como un rayo láser, mientras más enfocada esté tu iglesia, mayor será el impacto que ésta logrará en la sociedad . .. Si deseas que tu iglesia logre impactar al mundo, debes ordenar tus prioridades. Es sorprendente para mí, el ver cuántos creyentes no tienen ni idea del objetivo primordial de su iglesia. Como dice el viejo dicho, "Lo principal es que lo principal siga siendo lo principal!"[4]

Así que ¿Qué es lo principal? ¿Qué es lo que Dios nos dice en la Biblia acerca de la misión de la iglesia? Observemos los cinco propósitos de Dios para nosotros como iglesia.

Los cinco propósitos de la iglesia.

Los cinco propósitos de la iglesia nos son dados en dos declaraciones de Jesús: El Gran Mandamiento y la Gran Comisión.

El Gran Mandamiento.

Leamos Mateo 22:37–40

"Ama al Señor tu Dios con todo tu corazón, con todo tu ser y con toda tu mente" -le respondió Jesús-. Éste es el primero y el más importante de los mandamientos. El segundo se parece a éste: 'Ama a tu prójimo como a ti mismo'. De estos dos mandamientos dependen toda la ley y los profetas"

—Mateo 22:37–40 (NVI)

Resalta las expresiones: "ama al Señor" y también "ama a tu prójimo".

La Gran Comisión.

Leamos juntos esto también:

"Por tanto, vayan y hagan discípulos de todas las naciones, bautizándolos en el nombre del Padre y del Hijo y del Espíritu Santo, enseñándoles a obedecer todo lo que les he mandado a ustedes. Y les aseguro que estaré con ustedes siempre, hasta el fin del mundo".

—Mateo 28:19–20 (NVI)

En este versículo, resalta las frases "Vayan y hagan discípulos", "bautizándolos", y "enseñándoles a obedecer". En estas cinco frases que acabas de resaltar en el Gran Mandamiento y la Gran Comisión, vemos reflejados los cinco propósitos de la iglesia.

Cinco instrucciones para la Iglesia

1. "Amar a Dios con todo tu corazón": <u>ADORACIÓN</u>

2. "Amar a tu prójimo como a ti mismo:" <u>MINISTERIO</u>

3. "Vayan. . hagan discípulos": <u>EVANGELISMO</u>

4. "Bautizándolos": <u>COMUNIÓN</u>

5. "Enseñándoles a obedecer": <u>DISCIPULADO</u>

La Iglesia existe para:

1. Celebrar la <u>PRESENCIA</u> de Dios (adoración)

   Exaltar a nuestro Maestro.

   "Engrandezcan al SEÑOR conmigo; exaltemos a una su nombre".

   —Salmo 34:3 (NVI)

"Yo me alegro cuando me dicen: «Vamos a la casa del SEÑOR».
—Salmo 122:1 (NVI)

Si nosotros no celebramos nuestra relación con Dios y su presencia con nosotros, ¡ignoramos la razón por la que Dios nos hizo!

Mira el Salmo 34:3, y resalta: "exaltemos". Estamos aquí para adorar a Dios como individuos, en tiempos privados con Él. Pero si no lo adoramos juntos con otros creyentes, estamos engañándonos a nosotros mismos y privándonos de la esperanza y gozo que todos necesitamos desesperadamente en este mundo. Mira el Salmo 122:1

"Me alegro . . ."

¿Has tenido uno de esos días cuando al levantarte no sentías ningún deseo de ir a la iglesia? Pero, por cualquier razón decidiste ir. He hallado que en esos días, cuando parecía que lo último que deseaba era adorar con otros, era cuando más lo necesitaba. Esos son los días en los que más he sentido los cambios en mi corazón, y al final termino diciendo: "¡Estoy contento de haber venido hoy!"

2. Comunicar la PALABRA de Dios (evangelismo)

Evangelizar nuestro campo misionero.

"Sin embargo, considero que mi vida carece de valor para mí mismo, con tal de que termine mi carrera y lleve a cabo el servicio que me ha encomendado el Señor Jesús, que es el de dar testimonio del evangelio de la gracia de Dios.

—Hch 20:24 (NVI)

"Y serán mis testigos . . .

—Hch 1:8 (NVI)

A menudo, somos mejores en adorar y tener comunión con otros que en compartir las Buenas Nuevas. Es muy fácil que una persona o iglesia llegue a estar "tan concentrada en la adoración" o en la "comunión con otros", que olvide que Dios fue quien nos puso en este mundo para ser sus testigos.

Esto es tan importante en las prioridades de Dios, que se ha mostrado más que dispuesto a darnos un empujón para que alcancemos el mundo. La primera iglesia en Jerusalén probablemente tenía la adoración más pura y la comunión más grande de todas las iglesias que hayan existido. Se reunían cada día, vendían lo que tenían para cubrir las necesidades de otros, veían a Dios haciendo grandes milagros como si fuera algo normal. Sin embargo, Dios mismo permitió una gran persecución contra esta iglesia, que logró esparcir a los creyentes alrededor de todo el mundo. Estaba evidentemente más interesado en que se compartiera la fe cristiana con el mundo que en preservar una maravillosa comunión en Jerusalén.

3. Incorporar a la <u>FAMILIA</u> de Dios (comunión)

Animar a los miembros.

"Por lo tanto, ustedes ya no son extraños ni extranjeros, sino conciudadanos de los santos y miembros de la familia de Dios",
—Efesios 2:19 (NVI)

La *koinonía* es uno de los propósitos de la iglesia de Dios en el mundo. Jesús dijo a sus discípulos que otros se darían cuenta de que somos cristianos por el amor que nos tenemos unos por los otros (Juan 13:35).

Nos relacionamos como una familia espiritual. Permíteme preguntarte algo. ¿Es tu familia de sangre perfecta? Claro que no. De vez en cuando, decimos cosas equivocadas, no estamos tan preocupados por las necesidades de los otros y tenemos que lidiar con la idiosincrasia de cada persona en la familia. Pero si ustedes son una familia saludable, habrán aprendido cómo trabajar con las dificultades y poner a un lado las dife-rencias.

Dios no espera que seamos una comunidad perfecta como iglesia. ¿Cómo podríamos serlo? Todos somos imperfectos. Pero Dios sí nos llama a ser una familia espiritual saludable: a estar juntos cuando hay problemas, a perdonarnos cuando somos heridos, y a amar a otros a pesar de nuestras diferencias. Al hacer esto, el mundo tendrá la oportunidad de ver a Jesús obrar en la vida real de las personas.

4. Educar al <u>PUEBLO</u> de Dios (discipulado)

Educar para la madurez.

"a fin de capacitar al pueblo de Dios para la obra de servicio, para edificar el cuerpo de Cristo...todos llegaremos a la unidad de la fe y del conocimiento del Hijo de Dios, a una humanidad perfecta que se conforme a la plena estatura de Cristo".
—Efesios 4:12–13 (NVI)

La iglesia está en este mundo para que tú y yo podamos crecer conforme a la estatura de Cristo. Necesitamos de los demás en el cuerpo de Cristo, si vamos a llegar a ser lo que Dios desea que seamos.

A veces, podemos tener la idea de que para crecer en madurez espiritual, necesitamos estar solos. Tener un buen devocional con Dios, leer un buen libro e incluso asistir a un estudio bíblico, pero siempre por nuestra cuenta. Estos hábitos sí deben ser parte de nuestras vidas —pero no te pierdas del hecho de que la mayoría de nuestro crecimiento sucederá en nuestras relaciones con otros creyentes; es cuando vemos a otros creyentes crecer, que constatamos la dirección de Dios y nos sentimos retados a madurar en nuestra propia vida. ¡Crecemos juntos en el cuerpo de Cristo!

5. Demostrar el <u>AMOR</u> de Dios (Ministerio)

"Equipar para el ministerio".

"a fin de capacitar al pueblo de Dios para la obra de servicio, para edificar el cuerpo de Cristo".
—Efesios 4:12 (NVI)

En la iglesia, todo miembro es un ministro. No todos estamos involucrados a tiempo completo, pero todos estamos llamados al ministerio en el nombre de Cristo en este mundo. No permitas que la palabra "ministrar" te atemorice; simplemente significa "servir". Cuando sirves a cualquier persona por tu amor por Cristo, estás viviendo uno de los propósitos de Dios en tu vida. Puede ser alguien del trabajo o alguien en casa, tal vez otro creyente en la iglesia o una persona que acabas de conocer.

> Puedes usar la pregunta de discusión 3 ahora.

Permíteme decir algo relevante acerca de la importancia de todos estos cinco propósitos. Dios no quiere que nos enfoquemos en sólo uno o dos de ellos. Quiere que tanto como iglesia e individuos, apliquemos efectivamente todos los cinco en nuestras vidas.

Debes recordar la parábola moderna del faro. Esta nos da una figura de lo rápido que podemos dejar una brecha en nuestra misión, al ignorar lentamente uno o más de los propósitos. Esto es una realidad, también para nosotros como iglesia. También es una realidad para nosotros como individuos en el cuerpo de Cristo.

"En una costa peligrosa, donde los naufragios ocurrían a menudo, había una precaria estación salva-vidas. El edificio era un simple refugio y había sólo un bote, pero el personal era muy dedicado y estaba siempre alerta para ver lo que sucedía en el mar. Sin pensar en ellos mismos, salieron a buscar día y noche a un grupo que se había extraviado. Algunas de las personas que fueron salvadas y varias personas alrededor, decidieron ser parte de esa estación y dar su tiempo y recursos para apoyar su tarea. Llegaron nuevos botes y se entrenó más tripulación. La pequeña estación creció.

Algunos de los miembros de la estación no estaban a gusto en ese edificio tan precario y pobremente equipado. Sentían que se necesitaba un sitio más cómodo para recibir a las personas que habían sido salvados del mar. Reemplazaron los catres de emergencia con camas y pusieron muebles en el edificio remodelado. Ahora, la estación salva-vidas era muy popular y allí se reunían todos sus miembros. Estaba muy bien decorada y amoblada exquisitamente, se la usaba más bien como un club. Ahora, muy pocos de los miembros estaban interesados en ir al mar para misiones salva-vidas, así que contrataron a tripulaciones para salir en misiones de salvamento. Aún mantenían su logotipo de salva-vidas y su decoración se relacionaba con este asunto; incluso tenían un bote salvavidas en la habitación en donde se iniciaba a los nuevos miembros. Por ese tiempo, un gran barco naufragó en la costa y las tripulaciones contratadas para el rescate traían mucha gente congelada, mojada y medio ahogada. Estaban muy sucias y todas esas personas enfermas arruinaron su preciosa casa-club. El comité se reunió inmediatamente y construyeron una ducha fuera de la casa club en la cual todas las víctimas del naufragio debían ser limpiadas antes de entrar.

En la siguiente reunión, hubo una división en la membresía del club. Muchos de los miembros querían detener las actividades de salvamento del club, por ser poco deseables e interrumpir las actividades sociales normales del club. Algunos miembros insistían que el propósito primario del club era el de salvar y señalaban que por eso el club aún se llamaba estación de salvamento. Pero al final, hicieron una votación y ganó la mayoría. Los que querían seguir salvando las vidas de las personas accidentadas en la costa deberían hacer su propia estación de salvamento costa abajo. Y lo hicieron.

Al pasar los años, la nueva estación experimentó los mismos cambios que la antigua. Se volvió un Club y nuevamente debieron fundar otra estación de salvamento. La historia continuó repitiéndose, y si visitas esa costa hoy en día, hallarás muchos clubes exclusivos a lo largo de toda la orilla. Los naufragios siguen siendo frecuentes, pero la mayoría de la gente ¡se ahoga![5]

¿Cuál es el punto? Una iglesia puede convertirse en un club. De modo que debemos protegernos de estar demasiado concentrados en nosotros y olvidar al mundo que está afuera. Si algo debes saber de la naturaleza humana es cuan fácilmente caemos en esto. La meta de Dios para la iglesia es ¡que seamos la luz del mundo!

Siendo tan importante nuestro testimonio, tampoco es el único propósito de la iglesia. Todos necesitamos balancear cada uno de los cinco propósitos, como iglesia y como individuos.

Sin el propósito de adoración, nos volveremos crueles e insensibles.

Sin el de ministerio, nos volveremos egoístas.

Sin el de evangelismo, perderemos nuestra meta.

Sin el de comunión, perderemos el gozo.

Y sin el de discipulado, nos volveremos inútiles.

¡Son todos los cinco! Obviamente, en toda iglesia hay personas que expresan mejor algunos de estos propósitos, y no todos. Algunos somos testigos natos de Jesucristo, para otros es más fácil volcar su corazón en adoración a nuestro Dios. Este es el valor de una iglesia: podemos ser fuertes juntos y aprender los unos de los otros en estos cinco propósitos. Pero eso no significa que cada uno deba enfocarse sólo en su propósito. Así como la iglesia necesita de los cinco propósitos para construir creyentes como a Dios le agrada, nosotros necesitamos balancear y fortalecer los cinco propósitos bíblicos en nuestras vidas.

Recuerda esto: *Tú* eres la iglesia.

Así que la pregunta es, ¿Qué harás tú respecto a estos cinco propósitos de Dios para la iglesia? ¿Necesitas comprometerte con una iglesia para que se te delimite tu andar como cristiano? ¿Cómo estás sacando ventajas a las oportunidades de crecimiento en tu iglesia? ¿Cómo estás siguiendo el llamado de Dios al ministerio? ¿A quién necesitas llevar a Cristo?

Estos cinco propósitos se suman en una declaración de propósito que a mí me gustaría que leyésemos juntos. Digamos esto juntos con un espíritu de renovación de nuestro compromiso a estos propósitos. Nuestro compromiso es:

Declaración de propósito de la iglesia:

"Traer gente a Jesús para que sean parte de su familia, desarrollarlos para que sean semejantes a Cristo en madurez, y equiparlos para su ministerio en la iglesia y para su misión en el mundo, todo para dar la gloria al Nombre de Dios.

Ahora oremos todos juntos:

Jesús, gracias por crear la iglesia. Estamos agradecidos porque a través del cuerpo de Cristo tu atiendes nuestra necesidad de pertenecer a una familia espiritual y de ser parte de algo significativo. Jesús, gracias por que estás construyendo tu iglesia. Hacemos un compromiso renovado para involucrarnos en lo que tú estás haciendo en este mundo a través de tu iglesia. Nos ponemos a tu disposición como cabeza de la iglesia para pedirte que trabajes a través nuestro como el cuerpo de Cristo.

Nos comprometemos de una manera nueva y fresca a cumplir tus propósitos en nuestras propias vidas. Como tu ekklesia, hemos sido llamados a vivir juntos estos cinco propósitos y es nuestro deseo amarte con todo nuestro corazón y amar a nuestro prójimo como a nosotros mismos. Úsanos, Jesús, como tus manos y pies, para ir al mundo y hacer discípulos, bautizándolos en tu nombre y enseñándoles a hacer lo que nos has enseñado. En el nombre de Jesús. Amén.

Consejo práctico de enseñanza.

Si es apropiado para el lugar donde enseñas este estudio, termina esta sesión, tomando la Cena del Señor juntos como una iglesia.

**Comiencen a memorizar la tarjeta 10,
"La Verdad acerca de la Iglesia".**

Preguntas de Discusión.

1 ¿Cómo obra la idea de unidad de la iglesia en tu vida? Aquí tienes algunos puntos que te ayudarían tratar honestamente el problema.

32

- •¿Cómo manejas tu falta de acuerdo total en algún asunto (político, por ejemplo), con otro hermano o hermana creyente?

- •¿Cómo sobrevives a la tentación de comparar, por ejemplo, cuando piensas: "Quisiera tener ese don" o "Tengo mejores dones que ellos. ¿Por qué son ellos más notorios que yo?"

- • ¿Es siempre nuestra unidad en Cristo más fuerte que los prejuicios con los que hemos crecido? ¿Cómo puede romperse la unidad por esos prejuicios?

2. Mira las siete características de la *koinonia* o comunión. ¿Cuál de ellas es la más importante para ti?

33

3. Supón que al llegar a casa recibes cinco mensajes de cinco diferentes personas:

34

- •De alguien que pide tu opinión acerca de un nuevo proyecto misionero.

- •De un amigo que te pide consejo acerca de cómo ayudar a otros creyentes en un desacuerdo surgido entre ellos.

- •De alguien que pregunta acerca de un versículo bíblico que no comprende o alguna verdad de la Palabra.

- •De otro que viene con una idea de comenzar un nuevo ministerio.

- •De un amigo que tiene algunas preguntas sobre cómo adorar a Dios.

Siendo todas cuestiones igualmente atendibles: ¿Cuál de estas llamadas responderías primero?

Líderes de Grupos Pequeños: Sabiendo de antemano que todos los propósitos de la iglesia son vitales, sabemos también que cada uno tiene pasión por uno de ellos en particular. Esta pregunta ayuda a ver cuál de los propósitos te apasiona más a ti y a las personas en tu grupo.

La Iglesia
2a Parte

Metas Transformadoras.

• Obtener una nueva apreciación de lo que la iglesia puede ser en tu vida y en el mundo.

• Dejar de tener una falsa imagen de una iglesia perfecta y comprometerme a la verdadera imagen de una iglesia poderosa, (pero llena de gente débil).

Resumen de puntos principales de enseñanza.

Las metáforas para describir a la Iglesia como

  Cuerpo de Cristo.

  El rebaño de Dios.

  La familia (hogar) de Dios.

  El edificio de Dios.

  La novia de Cristo.

Una palabra final.

Una breve revisión de la última sesión:

  •La iglesia fue prevista por Dios.

  •La iglesia fue establecida por Jesús

  •La iglesia es energizada o vigorizada por el Espíritu.

La iglesia fue posible gracias a la muerte y resurrección de Jesús.

Nuestro mandato de Dios es vivir la Gran Comisión y el Gran Mandamiento a través de los cinco propósitos: evangelismo, comunión, discipulado, ministerio y adoración.

El Nuevo Testamento propone por lo menos 67 nombres y metáforas para la iglesia; cada una, nos da una dimensión y aspecto específicos de la naturaleza y misión de la iglesia. Ahora veremos las cinco metáforas más significativas para la iglesia.

En la última sesión les pregunté: ¿Qué imagen les venía a la mente al decir la palabra *iglesia*? Pregunto de nuevo: ¿Qué imagen viene ahora? Es aún la imagen de un edificio en el que nos reunimos, o esa primera impresión está comenzando a cambiar por lo menos en algo? ¿Ves ahora la unidad, la misión o la comunión de la iglesia?

No hay duda de que Dios desea hacer una gran obra en cada uno de nuestros corazones. Él desea que nosotros podamos ver cada vez más lo que Él propone como imagen de la iglesia. Es por eso que ha llenado su Palabra con tantas figuras de la Iglesia. Estas figuras nos dicen lo que la iglesia es en realidad. Si tu figura es la de una iglesia débil, la de Dios nos muestra lo poderosa que es en realidad. Si piensas que es un lugar perfecto, Dios nos revela que la iglesia es un lugar real. Si piensas en la iglesia en términos de ubicación y edificios, la fotografía de Dios nos muestra que la iglesia es la gente y los propósitos de Dios.

Consejo práctico de enseñanza.

Considera traer un álbum actualizado de fotos para mostrarlo ahora. Si eres realmente creativo, puedes poner algunas fotos que representen un cuerpo, un rebaño, etc. Pero ¡la mayoría de nosotros no es tan creativo! Un álbum de fotos vacío servirá. Muéstralo a las personas a las que estás enseñando, y luego pasa las hojas al llegar a cada uno de los cinco propósitos que examinaremos en este estudio.

Las metáforas para describir a la Iglesia.

El cuerpo de Cristo.

La Iglesia es el cuerpo de Cristo y Jesús es la cabeza del cuerpo.

"Dios sometió todas las cosas al dominio de Cristo, y lo dio como cabeza de todo a la iglesia. Ésta, que es su cuerpo, es la plenitud de aquel que lo llena todo por completo".
—Efesios 1:22–23 (NVI)

Tu cabeza le dice a tu cuerpo lo que debe hacer, ¡y tu cuerpo lo hace! Cualquier cosa diferente de esto no es saludable.

¿Has visto esos cuerpos de madera que uno se coloca bajo la cabeza para sacarnos fotos cómicas? —Están en lugares de diversión. En donde va la cabeza, hay un hoyo, a la espera de ser rellenado. Uno se pone el cuerpo que quiera y se saca la fotografía. La foto entonces, muestra como que tuvieras el cuerpo que escogiste. Lo cómico del asunto es que la cabeza no coincide con el cuerpo. Claro que esto es cómico cuando se trata de éstas figuras de madera, pero podría ser una tragedia para la Iglesia. Jesús es la cabeza de la iglesia, y la cabeza determina la manera en la que se ve el cuerpo y cómo actuará.

Es trágico cuando la iglesia no refleja a su cabeza, Jesucristo.

En realidad, sin cabeza no hay iglesia.

Hay dos palabras cruciales en el estudio del cuerpo de Cristo, la iglesia:

1. UNIDAD

2. DIVERSIDAD

¡Se necesitan las dos! Tu propio cuerpo tiene las dos. Tu mano es diferente de tu pie —¿no te gusta eso? Dios ha construido tu cuerpo con una diversidad asombrosa, pero esa diversidad debe trabajar junta y en unidad.

Es importante comprender el fundamento de nuestra unidad como creyentes. No se basa en algo tan frágil como que me hayas caído bien el día de hoy porque que tú me halagaste ayer. Es una unidad histórica y teológica que se construye con el carácter y las acciones de Dios.

Tú y yo necesitamos comprender que esta unidad y diversidad en el cuerpo de Cristo, no son sólo principios organizacionales o prácticas psicológicas. Son profundas prioridades teológicas para la iglesia.

Nuestra unidad se construye sobre:

•**La ruptura de la pared de SEPARACIÓN por parte de Jesús.**

"**Porque Cristo es nuestra paz: de los dos pueblos ha hecho uno solo, derribando mediante su sacrificio el muro de enemistad que nos separaba**".

—**Efesios 2:14 (NVI)**

•**Nuestra SINGULARIDAD en el cuerpo de Cristo.**

"**pues anuló la ley con sus mandamientos y requisitos. Esto lo hizo para crear en sí mismo de los dos pueblos una nueva humanidad al hacer la paz**".

—**Efesios 2:15 (NVI)**

- Nuestra <u>POSICIÓN</u> <u>DE</u> <u>IGUALDAD</u> frente a la cruz.

   "para reconciliar con Dios a ambos en un sólo cuerpo mediante la cruz, por la que dió muerte a la enemistad".
   —Efesios 2:16 (NVI

- Nuestra <u>CIUDADANIA</u> común, <u>FAMILIA</u> común y destino <u>FUTURO</u> común.

   "Por lo tanto, ustedes ya no son extraños ni extranjeros, sino conciudadanos de los santos y miembros de la familia de Dios".
   —Efesios 2:19 (NVI)

Jesús rompió la pared, eso es un hecho. Él nos hizo uno en sí mismo, eso es un hecho. Nos dio a todos la misma posición frente a Él y un futuro común con Él. Todas estas afirmaciones son un hecho.

Piensa conmigo, por sólo un momento, acerca de esa pared que Jesús rompió. Si Él rompió la pared, entonces: ¿De dónde viene nuestra falta de unidad? ¡Es nuestra elección! Una elección que disminuye lo que Jesús hizo por nosotros en la cruz y lo que está planeando para nosotros en la eternidad. Cuando piensas: "No puedo tener unidad con ese creyente, debido a su cultura, o al color de su piel, o al idioma que habla", estás escogiendo ignorar los hechos que Jesús ha realizado. Cuando dices: "Nunca hablaré más con esa persona en mi iglesia por lo que hizo o dijo", estás intentando reconstruir la pared que Jesús ya tiró tiempo atrás.

Hay una parte de nosotros que dice: "Así son las cosas. Después de todo, los cristianos somos humanos. Luchamos con los celos, los prejuicios y el temor de acercarnos a los demás, tal como cualquier otra persona. Siempre ha sido así y siempre será así". Pero estas verdades no nos permiten quedarnos en ese punto. Una vez que las haces parte de tu vida, no puedes más que comenzar a pensar de diferente manera. "Jesús murió por esa persona, ¿cómo puedo entonces odiarla?". "Pasaremos la eternidad juntos celebrando las bondades de Dios hacia nosotros. ¿Por qué no comenzar ahora?" "Jesús rompió ya esa pared. ¿Quién soy yo para levantarla de nuevo?".

La Historia nos muestra que los creyentes han luchado siempre con este asunto de la unidad, y nos revela claramente, que siempre que decidimos abrazar la unidad que Cristo provee, los resultados son siempre poderosos e inmediatos. Hay un poder increíble en nuestra unidad como creyentes. ¡Por eso Satanás quiere evitarla!

   Tenemos piel bronceada o blanca, pelo liso o rizado, ojos azules y negros.
   Venimos de escuelas pagas y de guetos, de mansiones y de pocilgas.

Algunos usamos túnicas y otros turbantes. A algunos les gustan los tamales. A otros el arroz.

Tenemos convicciones y opiniones, y sería bueno que estuviésemos de acuerdo, pero no es así. Y aún lo seguimos intentando, pues sabemos que:

Es mejor estar adentro juntos, que vivir afuera en soledad.[1]

Tomemos un momento para aplicar esto a nuestra vida diaria.

Perspectiva personal clave.

¿Cómo manejar un desacuerdo o desavenencia
con un compañero creyente?

La forma equivocada: el <u>CHISME.</u>

"El chisme separa aún a los mejores amigos".
—Proverbios 16:28 (NLT, traducida)

No hay pecado que pueda abrir una brecha más profunda y más rápida en la iglesia que el chisme. El chisme es, simplemente, contar a personas no involucradas, el problema que tienes con alguien más, en lugar de hablar con la persona en cuestión. No nos gusta llamarlo así, preferimos decir que hablamos del asunto o comentamos la parte espiritual del tema, o incluso que lo que hicimos es compartir una petición de oración. Pero la verdad es que si hablas con alguien que no es parte de ese problema o de su solución, es un CHISME. ¿Qué hace tan destructivo al chisme? El hecho de que magnifica el problema en lugar de solucionarlo. Ahora, mucha más gente está involucrada y el problema es mayor. Has intensificado tus sentimientos, hablando con otros acerca del problema sin llegar a la raíz del mismo. Ahora el problema es mucho más grande.

La forma correcta: <u>CONFRONTARLO.</u>

"Pero si no, lleva contigo a uno o dos más, para que "todo asunto se resuelva mediante el testimonio de dos o tres testigos". Si se niega a hacerles caso a ellos, díselo a la iglesia; y si incluso a la iglesia no le hace caso, trátalo como si fuera un incrédulo o un renegado.» Les aseguro que todo lo que ustedes aten en la tierra quedará atado en el cielo, y todo lo que desaten en la tierra quedará desatado en el cielo. »Además les digo que si dos de ustedes en la tierra se ponen de acuerdo sobre cualquier cosa que pidan, les será concedida por mi Padre que está en el cielo".
—Mateo 18:15–17 (NVI)

"Por lo tanto, si estás presentando tu ofrenda en el altar y allí recuerdas que tu hermano tiene algo contra ti, deja tu ofrenda allí delante del altar. Ve primero y reconcíliate con tu hermano; luego vuelve y presenta tu ofrenda".
—Mateo 5:23–24 (NVI)

Mira en Mateo 18. Vas a la persona con la que tienes el problema y le hablas cara a cara. La mayoría de las veces, el problema se resuelve justo allí. Si te das cuenta de que alguien tiene un problema contigo, ¿deberías esperar sentado a que esa persona venga a ti? Mira en Mateo 5:23-24. Debes ir a las personas con las que sabes que tienes un problema. En todo caso, Dios te hace a ti responsable por confrontar el problema.

Nuestra diversidad:

"Ahora bien, el cuerpo no consta de un solo miembro sino de muchos. Si el pie dijera: «Como no soy mano, no soy del cuerpo», no por eso dejaría de ser parte del cuerpo. Y si la oreja dijera: «Como no soy ojo, no soy del cuerpo», no por eso dejaría de ser parte del cuerpo".

—1 Corintios 12:14–17 (NVI)

A veces pasamos por alto el humor de Dios en la Biblia. Leemos versículos con cara solemne, seria y con tono de juramento, cuando en realidad Dios está buscando una sonrisa. Una de las partes de la Biblia en donde se usa el sentido del humor, es cuando Pablo habla acerca de la necesidad de diversidad en el cuerpo humano en 1 Corintios 12.

"Si todo el cuerpo fuera ojo, ¿qué sería del oído? Si todo el cuerpo fuera oído, ¿qué sería del olfato?"

—1 Corintios 12:17

Imagínate a ti mismo como un gran ojo o una gran oreja, tratando de ir al trabajo cada mañana… ¡entonces entenderás el punto! Es ridículo pensar que la unidad significa que todos tengamos que ser iguales. Es precisamente en la diversidad que encontramos la verdadera belleza y poder del cuerpo de Cristo.

La diversidad significa que en lugar de esperar que todos seamos iguales como creyentes, Dios se goza realmente en que cada uno exprese lo único de sus dones, los que Dios nos ha dado. Una de mis historias favoritas acerca de esto es la parábola del "Conejo en el equipo de natación".

Cierta vez, los animales decidieron que deberían hacer algo significativo, atendiendo a los problemas del mundo actual. Así que organizaron una escuela. Tomaron un curso de atletismo, montañismo, natación y vuelo. Para facilitar las cosas con estas materias, cada animal debía tomar todas las materias.

El pato era un excelente nadador, en realidad mejor que el propio instructor. Logró notas mediocres en vuelo, y en atletismo tenía malas notas. Dado que era tan lento para correr, tuvo que abandonar la clase de natación y tomar clases extras para correr. Esto le ocasionó al pobre pato mucha irritación en sus patas, por lo cual bajó su rendimiento en la clase de nado. Ahora era uno más de entre los de esa clase. Como el ser uno más del montón era aceptable, nadie se preocupaba por eso, excepto el pato.

El conejo, en cambio, era el primero en la clase de carreras, pero desarrolló un tic nervioso en los músculos de las piernas por sobre-ejercitarse en su clase de natación. La ardilla era excelente en clase de montañismo, pero estaba totalmente frustrada en su clase de vuelo, porque su maestro le hizo arrancar del suelo en lugar del árbol. Desarrolló una enfermedad extraña por sobre-tensión muscular por lo cual sacó una C en montañismo y una D en atletismo.

El águila era un niño problemático y fue severamente disciplinado por no conformarse a los moldes establecidos. En su clase de montañismo, era mejor que los otros y llegaba al tope del árbol antes que todos, pero insistía en hacerlo a su manera.[2]

Es la unidad *con* diversidad lo que hace de la iglesia un cuerpo. Mira Romanos 12:4 y 5.

"Pues así como cada uno de nosotros tiene un solo cuerpo con muchos miembros, y no todos estos miembros desempeñan la misma función".
—Romanos 12:4–5 (NVI)

Es la unidad con diversidad, lo que hace una orquesta sinfónica. Sin la diversidad, todos los instrumentos sonarían igual. ¿A quién le gustaría escuchar un solo de tuba? ¡A nadie! Pero sin la unidad, todo sonaría como una maraña de ruido. ¡Se necesita de las dos cosas!

La unidad con diversidad crea una hermosa colcha, por ejemplo. Sin la diversidad, podríamos tener una colcha de un solo color. Sin la unidad de todos los materiales cocidos juntos, solo tendríamos una maraña de trapos. De modo que ¡se necesitan los dos!

La unidad con diversidad resulta en un equipo ganador. Tomemos el beísbol por ejemplo. Sin la diversidad sólo tendrías 9 personas tratando de jugar primera base. Sin la unidad, cada jugador haría todo sólo para él mismo. "¿Osea que debo sacrificarme para lograr que el otro llegue a la segunda base?". "¡No lo creo!". Se necesitan las dos: unidad y diversidad.

Puedes usar la pregunta de discusión 1 ahora.

La Iglesia, como el cuerpo de Cristo es una de las figuras más comunes de la Iglesia en el Nuevo Testamento, así que nos tomamos la mayor parte del tiempo para ella. Sin embargo existen otras figuras que nos ayudan a completar todo lo que Dios quiere de la Iglesia en el mundo; y todo lo que Dios quiere que tú y yo seamos en la Iglesia.

El rebaño de Dios.

"Tengo otras ovejas que no son de este redil, y también a ellas debo traerlas. Así ellas escucharán mi voz, y habrá un solo rebaño y un solo pastor".
—Juan 10:16 (NVI)

1. **Nosotros somos las ovejas.**

Esta imagen enfatiza que los miembros de la iglesia son como las ovejas de Cristo y <u>LE</u> <u>PERTENECEN</u>.

"pero ustedes no creen porque no son de mi rebaño. Mis ovejas oyen mi voz; yo las conozco y ellas me siguen. Yo les doy vida eterna, y nunca perecerán, ni nadie podrá arrebatármelas de la mano. Mi Padre, que me las ha dado, es más grande que todos; y de la mano del Padre nadie las puede arrebatar".

—Juan 10:26–29 (NVI)

Siempre he pensado que es fascinante el hecho de que Dios nos compare con ovejas, considerando lo indefensos que son estos animales. Algunas ovejas se vuelven tan pesadas cuando su lana crece, que se caen en sus propias espaldas y no pueden enderezarse. Deben quedarse echadas en la hierba con sus cuatro patitas hacia arriba, hasta que alguien les ayude a ponerse en sus pies nuevamente. Algunas veces, somos aún más torpes que las ovejas. Nos hallamos de espaldas, pateando de espaldas en el suelo y quejándonos, pero cuando el pastor viene en nuestro auxilio, ¡rechazamos su ayuda! "Si sólo pudiera patear algo más fuerte. O quizá un poco más"… nos decimos a nosotros mismos…" Sé que puedo lograr enderezarme por mi cuenta".

Repite esto conmigo: "Soy una oveja……". Somos espiritualmente débiles y dependientes. Nos ahorraríamos mucho dolor si pudiéramos reconocer esto rápido. Podríamos ser una fuerza mucho más ponderosa para cambiar este mundo, si sólo pudiéramos ver esta realidad claramente.

2. **Jesús es el pastor.**

La metáfora de Jesús como nuestro pastor, nos muestra su amor y cuidado por nosotros.

"Yo soy el buen pastor. El buen pastor da su vida por las ovejas. Yo soy el buen pastor; conozco a mis ovejas, y ellas me conocen a mí, así como el Padre me conoce a mí y yo lo conozco a él, y doy mi vida por las ovejas. Tengo otras ovejas que no son de este redil, y también a ellas debo traer. Así, ellas escucharán mi voz, y habrá un solo rebaño y un solo pastor".

—Juan 10:11, 14–16 (NVI)

Nosotros somos el cuerpo y Jesús es la cabeza. Somos las ovejas y Jesús el Pastor. ¿Puedes ver el patrón en esto?

Permíteme un momento para mostrarte lo que significa que Jesús es nuestro pastor, a través de la comparación de Max Lucado entre un pastor y un vaquero.

Contemplemos el clásico héroe del Oeste: el vaquero.

Conduce su caballo al borde de un cañon. Su peso sobre su montura, está cansado ya de seguir el rastro del ganado. Un dedo empuja su sombrero sobre la cabeza y un tirón del pañuelo revela un rostro castigado por el sol...

No necesita de nadie. Después de todo, es un vaquero. El clásico héroe americano.

Ahora contemplemos el héroe de la Biblia: El pastor.

Superficialmente se parece al vaquero. Es también un hombre rudo, duerme donde los chacales aúllan y trabaja donde los lobos patrullan. Nunca está fuera de servicio. Siempre alerta. Como el vaquero, hace de las estrellas su techo y de los pastizales su hogar.

Pero hasta aquí llegan las similitudes.

El pastor ama a sus ovejas. Y no es que el vaquero no aprecie su ganado; es sólo que él no conoce al animal. Y ni siquiera le agradan.¿Has visto alguna vez una pintura de un vaquero acariciando a su vaca? ¿Y la foto de un pastor acariciando a una oveja? ¿Por qué la diferencia?

Simple. El vaquero conduce al ganado a su destino final que es el matadero. El pastor guía a las ovejas para ser trasquiladas. El vaquero desea la carne del ganado. El pastor la lana de la oveja. Así que los dos tratan de manera diferente a sus animales.

El vaquero conduce el ganado. El pastor guía la oveja.

Una manada de vacas tiene docenas de vaqueros.

Un rebaño tiene un sólo pastor.

El vaquero lucha, marca, amarra y arrea.

El pastor lidera, guía, alimenta y unge.

El vaquero sabe los nombres de los senderos.

El pastor conoce los nombres de las ovejas.[3]

La Pregunta de discusión 2 puede ser usada ahora.

Plan de sesión dividida: Si estás enseñando este estudio en más de dos sesiones, termina la primera sesión ahora.

La familia (hogar) de Dios.

17

Al ver el álbum de fotografías de Dios acerca de la iglesia, hemos visto que las fotos demuestran que somos un cuerpo y que Dios nos ve como un rebaño. Da vuelta la página y descubrirás otra de las figuras que Dios presenta: la que muestra la iglesia como una familia.

Todos hemos asistido a eventos escolares u obras que hacen los niños en la escuela. Los padres se sientan en fila con cámaras en la parte de atrás del salón. Apenas un niño es reconocido, una luz de flash sale por atrás.

Si Dios estuviese atrás de una sala imaginaria mirando su iglesia, ¿Cuándo saltaría su flash?¿Qué es eso que a Dios le alegra tanto cuando ve su iglesia? Son esos momentos, cuando vivimos de tal forma que representamos esas metáforas que Dios usa para nosotros. Siempre que actuamos como familia.

Si confiamos en él como Padre y compartimos nuestra fe a pesar del riesgo, ¡Flash!

Si hacemos el esfuerzo de amar a otro, a pesar de nuestras diferencias ¡Flash!

Cuando tomamos en cuenta a las personas menos notorias de toda la humanidad y los amamos en el nombre de Jesús.

Cuando invertimos para nuestras vidas en la eternidad, en lugar del aquí y ahora.

Cuando confesamos honestamente nuestros pecados y debilidades a otro creyente.

Flash, flash, flash. Dios se regocija en su familia.

¿Qué significa que la Iglesia es la familia de Dios?

1. Dios nos adopta en su familia.

En el mundo físico, las personas son parte de una familia automáticamente cuando nacen. Dios, sabiamente, hizo la misma provisión para los niños espirituales. Al momento de la salvación, el Espíritu de Dios nos incluye en la familia de Dios y Él se convierte automáticamente en nuestro Padre.

Dios nos adopta en su familia por su Espíritu. Miremos 1 Corintios 12:13.

"Todos fuimos bautizados por un solo Espíritu para constituir un solo cuerpo -ya seamos judíos o gentiles, esclavos o libres-, y a todos se nos dio a beber de un mismo Espíritu".
—1 Corintios 12:13 (NVI)

Y no somos adoptados como al hijo único de Dios. Somos parte de la Iglesia, la gran familia de Dios; todos adoptados por Él debido a su amor. Romanos 8:15 nos dice que cuando vemos esta verdad, nuestra relación con Dios cambia.

"Y ustedes no recibieron un espíritu que de nuevo los esclavice al miedo, sino el Espíritu que los adopta como hijos y les permite clamar: «¡Abba! ¡Padre!».
—Romanos 8:15 (NVI)

Dios no es un padre cargoso o que no desee ayudarnos. Es un padre amoroso. Esta es una verdad que tú y yo debemos reconocer cada vez más en nuestras vidas terrenales. Y mientras cada uno de nosotros crece, todos crecemos. Es tal como la actitud que tiene cualquier niño hacia sus padres, que afecta a todos en la familia. La actitud de cada uno hacia Dios, afecta a todos a nuestro alrededor.

Siempre que llamas "padre" a Dios, eso te fortalece no sólo a ti, sino a la familia de Dios también, es decir a la iglesia. Siempre que escoges relacionarte con Dios en fe y sin temor, te fortaleces tú mismo, al igual que la iglesia. ¿En qué punto de tu vida necesitas comenzar a confiar en Dios como tu padre?

2. Debemos tratarnos como una familia.

"No reprendas con dureza al anciano, sino aconséjalo como si fuera tu padre. Trata a los jóvenes como a hermanos; a las ancianas, como a madres; a las jóvenes, como a hermanas, con toda pureza".
—1 Timoteo 5:1–2 (NVI)

Primera Timoteo 5:1–2, nos dice que nuestras relaciones en la iglesia deben ser como con en una familia. En la última sesión, hablamos del hecho de que Dios no espera que seamos una familia perfecta. Pero lo que sí espera, es que seamos una familia saludable. Estos versículos nos dan una idea aún más profunda de lo que es una familia. Debemos ser familia en la forma en que nos relacionamos diariamente con los demás.

Dar al hombre mayor el mismo respeto que darías a tu padre, y tratar a la mujer anciana como si fuese tu madre (¡el único problema con aplicar esta parte es hallar una mujer que se considere una mujer mayor!) A los jóvenes, se nos pide tratarlos como si fuesen hermanos y hermanas. ¿No amas lo honesta que es la Biblia? Pablo reconoce que nuestras relaciones cercanas como creyentes, pueden ser usadas por Satanás para crear tentación, así que advierte a Timoteo de que trate a las mujeres jóvenes como a hermanas, "con toda pureza".

¡La iglesia es familia! Mira a la persona que está a tu lado y di: "Hola hermano o hermana". Si hay alguien mucho mayor que tú, puedes arriesgarte y decirle: "Hola papá o mamá…" Se siente un poco raro ¿verdad? Pero eso es lo que Dios espera que sea su iglesia.

¿A quién necesitas comenzar a tratar como parte de tu familia?

Puedes usar la pregunta de discusión 3 ahora.

La construcción de Dios.

Hay una famosa historia de cuando Sir Christopher Wren construía la catedral de San Pablo en Londres. Cierto día, Wren hacía una revisión y preguntó a uno de los trabajadores del edificio: "¿Qué haces?" El trabajador replicó: "Estoy cortando esta piedra al tamaño adecuado". Luego preguntó a un segundo hombre: "¿Qué haces?", y el hombre respondió. "Estoy ganando dinero".

Cuando Wren preguntó a un tercer hombre, éste hizo una pausa y emocionado respondió: "¡Estoy ayudando a Sir Christopher Wren a construir la catedral de San Pablo!".

Como cristianos, debemos mantener el ideal más elevado de lo que significa nuestra presencia en la iglesia; estamos en el poder del Espíritu Santo, trabajando para ayudar al Señor Jesús a construir su iglesia.[4]

Cuando digo "construir la iglesia", ¿qué viene a tu mente? ¿Una catedral? ¿Una pequeña iglesia en un valle?

Un hombre que llenaba una ficha médica, en el campo destinado a "Iglesia que prefiere", escribió las palabras "ladrillos rojos". ¿Es eso lo que piensas cuando meditas en la construcción de una iglesia?

Cuando Dios escribe la palabra "construyendo", junto a "Iglesia", ¡Dios está pensando en ti!

"Tú mismo eres una construcción de Dios" (1 Cor. 3:9) .

En contraste con el Antiguo Testamento, época en la cual el pueblo de Israel tenía un templo (Ex. 25:8), la iglesia <u>ES</u> un templo: un templo vivo y vital.

> **"Por lo tanto, ustedes ya no son extraños ni extranjeros, sino conciudadanos de los santos y miembros de la familia de Dios, edificados sobre el fundamento de los apóstoles y los profetas, siendo Cristo Jesús mismo la piedra angular. En él todo el edificio, bien armado, se va levantando para llegar a ser un templo santo en el Señor. En él también ustedes son edificados juntamente para ser morada de Dios por su Espíritu".**
>
> **—Efesios 2:19–22**

Resalta la frase: "todo edificio". Que no sólo significa: creyentes de esta iglesia, sino de todas las iglesias alrededor del mundo que siguen a Jesucristo. Esto no sólo abarca a los creyentes de esta época, sino también los de otros tiempos, en cada siglo. Todos estamos siendo construidos juntos, para mostrar la grandeza de Dios.

En esta metáfora, Dios está representado como <u>LA PIEDRA ANGULAR</u>.

La piedra angular se colocaba siempre en la unión de dos paredes, para fijarlas. En los arcos, se colocaba una piedra entre los lados de soporte. El peso del arco caía sobre esa piedra, y si la piedra era removida, el arco podía colapsar.

Él es la cabeza; nosotros el cuerpo. Él es el pastor y nosotros las ovejas. Él es la piedra angular; nosotros el edificio. ¿Comprendes la idea?, todas son figuras que Dios espera que nunca olvidemos.

La piedra angular, en los edificios antiguos, no era algo decorativo. Era la piedra sobre la cual el peso del edificio descansaba.

¡Todo el peso descansa en Jesús! Él no espera que seamos piedras angulares pues esa es Su función. Si sientes que el peso de la iglesia o de tu vida cristiana está sobre tus hombros, estás intentando hacer lo que sólo Jesús puede hacer. No es tu tarea mantener el universo junto.

Tampoco es tu tarea hacer que todo funcione. Pero está claro que Dios tiene una tarea para ti:

Los creyentes como individuos son representados como PIEDRAS VIVAS.

En la construcción de la iglesia como un templo, cada piedra es una piedra viva, porque comparte una naturaleza divina, y el edificio, como un todo, es el lugar donde Dios habitará a través de su Espíritu.

"Cristo es la piedra viva, rechazada por los seres humanos, pero escogida y preciosa ante Dios. Al acercarse a él, también ustedes son como piedras vivas, con las cuales se está edificando una casa espiritual. De este modo llegan a ser un sacerdocio santo, para ofrecer sacrificios espirituales que Dios acepta por medio de Jesucristo".
—1 Pedro 2:4–5 (NVI)

Qué figura tan clara de la importancia de la responsabilidad individual, combinada con la interdependencia que tenemos en la iglesia. Dos cosas acerca de las habitaciones hechas de piedra:

Primero, si alguna vez has visto una pared de ladrillo o roca, debes saber que cada piedra es importante. Si sacas aunque sea una, el hoyo que haces será más que evidente. La primera cosa que ves cuando miras, será la piedra que falta. Cada uno de nosotros tiene más importancia de la que nos damos cuenta. Puedes pensar que lo que haces pasa desapercibido, pero Dios lo ve, y sabe cómo eso calza perfectamente en el templo espiritual que Él está construyendo.

Segundo, sabes que un solo ladrillo, por más hermoso que sea, no hace la construcción. Toma el ladrillo más perfecto y hermoso que jamás haya sido hecho. Y por sí solo, es simplemente un ladrillo. Se requiere de muchos ladrillos para hacer el edificio. Se requerimos de todos nosotros juntos para hacer la iglesia. Este no es un asunto que suena a buena idea. Debemos estar juntos para construir la iglesia.

Perspectiva personal clave.

¿Qué tan bueno eres para aceptar a creyentes de otras denominaciones e iglesias como "verdaderos" creyentes? ¿Quizá has estado tratando de cargar con todo el peso de la vida cristiana sobre tus hombros? ¿Tal vez necesitas ver la importancia de tu lugar en el edificio de Dios? ¿Necesitas reconocer tu necesidad de depender de otros en el cuerpo de Cristo?

Puedes usar la pregunta de discusión 4 ahora.

La novia de Cristo.

26

Esta es una de las metáforas referentes a la iglesia, que se usa en un sentido profético.

Hay un momento en cualquier boda que es inolvidable. Es cuando las puertas de la iglesia se abren y la novia entra lentamente por el corredor. Todo ojo se voltea a verla, y el novio pasa a segundo plano, nos perdemos la reacción del novio. Los novios suelen tener una variada gama de reacciones cuando su novia comienza a caminar por el pasillo. Algunos sonríen, otros se ven como si se fueran a morir y otros se ven con una mirada de firmeza y tranquilidad en sus ojos. No pocos, se sabe que se han desvanecido. Son todas reacciones diferentes frente a la misma emoción: la de experimentar un momento tan supremo e importante en sus vidas.

Esperamos ese día, cuando Jesús lleve su novia al cielo. Jesús es el novio; su novia es la iglesia. Si pudieras mirar dentro de sus ojos al ver su novia –la iglesia- preparándose para llegar y caminar por el pasillo hacia la eternidad, ¿Qué sería lo que verías? ¡Gozo! Inmutable, eterno, incomparable ¡Gozo!

Esta figura de la novia es una figura que a Dios le ha tomado largo tiempo desarrollar. Desde el Antiguo Testamento y a través del Nuevo, es una imagen que poco a poco se va clarificando.

- **Israel era a menudo retratado en el Antiguo Testamento como la ESPOSA o NOVIA de Dios.**

27

"Y te haré mi novia prometida para siempre. Seré bueno y justo, Te mostraré mi amor y misericordia. Seré para ti, en realidad como de mi novia prometida, y entonces conocerás al SEÑOR".
—Oseas 2:19–20 (NCV, traducido)

- **Sin embargo, Israel fue repetidamente INFIEL a sus votos de amor a Dios.**

28

"Durante el reinado del rey Josías el SEÑOR me dijo: «¿Has visto lo que ha hecho Israel, la infiel? Se fue a todo monte alto, y allí, bajo todo árbol frondoso, se prostituyó. Yo pensaba que después de hacer todo esto, ella volvería a mí. Pero no lo hizo. Esto lo vio su hermana, la infiel Judá"
—Jeremías 3:6–7 (NVI)

Al leer estos versículos, puedes ver lo personal que Dios toma su relación con su pueblo. Compara la infidelidad de Israel con "una mujer que gratuitamente se da a cualquier hombre que le dé una oportunidad". Aún en estas terribles palabras de juicio, puedes escuchar la profunda relación de amor que Dios desea tener con nosotros, como su pueblo.

- **A pesar de la infidelidad de Israel, la iglesia está retratada como la <u>NOVIA</u> <u>VIRGEN</u> que espera la venida de su novio.**

> **"El celo que siento por ustedes proviene de Dios, pues los tengo prometidos a un solo esposo, que es Cristo, para presentárselos como una virgen pura".**
>
> **—2 Corintios 11:2 (NVI)**

"El verdadero amor espera", es un concepto que ha sido barrido de todo el país. Algunos de sus adolescentes tal vez hicieron el Compromiso del Amor Verdadero, que consiste en esperar para guardar su pureza sexual hasta el matrimonio. Como parte de su compromiso, muchas chicas se ponen un anillo que sus padres les han regalado. Como símbolo de su compromiso a Dios y a su decisión de permanecer puras. Así mismo, Dios ha colocado un símbolo de pureza en nuestros corazones; es la persona del Espíritu Santo. Como novia de Cristo, la iglesia espera ese día cuando Él celebrará el gozo de nuestro compromiso con Él para la eternidad. Como novio, Jesús espera el día cuando lleve a su Iglesia consigo, en perfecta pureza y gloriosa belleza. Esa pureza y belleza no son jamás cuestionadas, porque se compraron con el sacrificio de Jesús en la cruz.

En Efesios 5:22–33, la analogía conduce a comparar la relación marido-mujer en el matrimonio, con la de Cristo y su novia, la iglesia. La ilustración es poderosa porque revela la magnitud del amor de Cristo por su iglesia. La amó tanto como para morir por ella. Además, revela la respuesta obediente de su iglesia de recibir como esposo a Jesucristo.

> **"Esposos, amen a sus esposas, así como Cristo amó a la iglesia y se entregó por ella para hacerla santa. Él la purificó, lavándola con agua mediante la palabra".**
>
> **—Efesios 5:25–26 (NVI)**

- **La relación de la novia con el novio refleja dos características de la naturaleza de la iglesia:**

Al lanzarnos a esta visión, quisiera que veamos lo que podemos aprender de las palabras de Jesús en Mateo 25; es importante comprender cómo se hacían las bodas en el tiempo de Jesús. Eran completamente diferentes a lo que la mayoría de nosotros ha experimentado; los judíos del primer siglo, tenían bodas con detallados y prolongados procesos.

Primero, había un período de compromiso. Durante este período, de un año, la pareja no estaba casada pero si comprometida el uno al otro. Tan comprometidos, en realidad, que si desearan separarse durante este período de compromiso, tendrían que divorciarse.

Al terminar este período de compromiso, venía la etapa del arreglo de la novia. El novio iría a la casa de la novia y la llevaría a la ceremonia.

Ella sabía más o menos la hora a la que él vendría, pero la hora exacta la desconocía.

Luego, venía la ceremonia nupcial.

Luego de esto, venía el banquete de bodas. ¡Nada pequeño por cierto! Era una fiesta que duraba una semana, en la que los nuevos novios estaban ya en su nuevo hogar. Se los llamaría el príncipe y la princesa durante esta semana; para muchos, ésta era la semana más feliz de todas sus vidas.

¿Qué espera Dios que aprendamos de la Iglesia en esta figura?

1. La iglesia vive con un sentido de urgencia para estar siempre <u>PREPARADA</u> para la llegada del novio.

"El reino de los cielos será entonces como diez jóvenes solteras que tomaron sus lámparas y salieron a recibir al novio. Cinco de ellas eran insensatas y cinco prudentes. Las insensatas llevaron sus lámparas, pero no se abastecieron de aceite. En cambio, las prudentes llevaron vasijas de aceite junto con sus lámparas. Y como el novio tardaba en llegar, a todas les dio sueño y se durmieron. A medianoche se oyó un grito: "¡Ahí viene el novio! ¡Salgan a recibirlo!" Entonces todas las jóvenes se despertaron y se pusieron a preparar sus lámparas. Las insensatas dijeron a las prudentes: "Dennos un poco de su aceite porque nuestras lámparas se están apagando". "No -respondieron éstas-, porque así no va a alcanzar ni para nosotras ni para ustedes. Es mejor que vayan a los que venden aceite, y compren para ustedes mismas". Pero mientras iban a comprar el aceite llegó el novio, y las jóvenes que estaban preparadas entraron con él al banquete de bodas. Y se cerró la puerta. Después llegaron también las otras. "¡Señor! ¡Señor! -suplicaban-. ¡Ábrenos la puerta!". "¡No, no las conozco!", respondió él. »Por tanto -agregó Jesús-, manténganse despiertos porque no saben ni el día ni la hora".

—Mateo 25:1-13 (NVI)

El Dr. J. Alexander Findlay nos dice lo que experimentó en Israel.

Cuando nos acercamos a las puertas del pueblo de Galilea, pude ver un grupo de diez mujeres alegremente vestidas y tocando algún tipo de instrumento musical, que danzaban por el camino frente a nuestro auto; cuando pregunté lo que hacían, el conductor me dijo que iban a acompañar a la novia, mientras su novio llegaba. Le pregunté si había alguna oportunidad de ver esta boda, pero lo negó con la cabeza, dijo: "Podría ser esta noche, o quizá mañana por la noche o quizá más tarde. Nadie lo sabe con certeza". Luego, me explicó una de las cosas más importantes a hacer. En una boda de clase media en Israel, la fiesta de bodas te puede agarrar desprevenido. Es cuando el novio aparece inesperadamente, a veces a mitad de la noche; se requiere -por parte del público- que el novio envíe un hombre delante de él a gritar: "¡Atentos! ¡El novio viene!" pero esto puede suceder a cualquier hora; así que la fiesta de bodas tiene que estar lista para cualquier hora que él escoja llegar.[5]

Durante las siguientes dos sesiones, mientras estudiamos la Segunda Venida de Jesús, veremos cómo podemos vivir con una actitud de anticipación y esperanza mientras esperamos el regreso de Jesús.

2. La iglesia es para <u>INVITAR A OTROS</u> a tener una nueva relación con el novio.

Cuando Jesús venga, habrá un gran banquete para celebrar el amor de Cristo por su iglesia. Dios desea que la mayoría de nosotros esté en esa fiesta. Mira los versículos:

"Luego dijo a sus siervos: "El banquete de bodas está preparado, pero los que invité no merecían venir. Vayan al cruce de los caminos e inviten al banquete a todos los que encuentren."

—**Mateo 22:8–9 (NVI)**

El ángel me dijo: «Escribe: "¡Dichosos los que han sido convidados a la cena de las bodas del Cordero!"»

—**Apocalipsis 19:9 (NVI)**

"El Espíritu y la novia dicen: "¡Ven!"; y el que escuche diga: "¡Ven!" El que tenga sed, venga; y el que quiera, tome gratuitamente del agua de la vida".

—**Apocalipsis 22:17 (NVI)**

Como iglesia, Dios nos ha dado el increíble privilegio de llevar la mayor cantidad de invitaciones que podamos, para que otros sepan que son tan bienvenidos a este banquete como nosotros. No debemos solamente pensar: "Estoy contento de tener mi invitación al banquete". Como la novia de Cristo, debemos invitar a todos los que podamos al festín de bodas.

Esta es una invitación llena de gozo anticipado. Ahora estamos en el período de "compromiso", comprometidos con Jesús, aunque nuestra relación no es aún la que tendremos en el cielo. Aún no tenemos todo lo que se nos promete en este "matrimonio" eterno con Jesús. Aún no tenemos el banquete, la gran cena del cordero de la que habla el libro de Apocalipsis.

Perspectiva personal clave

El ser la novia de Cristo es una relación espiritual de amor. ¿Es esto una realidad en tu vida? ¿O la sola idea es demasiado sentimental? ¿Hay sumisión en tu corazón hacia Jesús como tu novio? ¿Estás acaso listo para conocerlo? ¿Hay tal vez algunas prioridades que necesitas reordenar para concentrarte aún más en amarle a Él?

Puedes usar la pregunta de discusión 5 ahora.

Una palabra final

¿Es acaso la iglesia una institución inútil y aburrida? No tiene que serlo. Dios ha hecho la provisión necesaria para que las iglesias locales sean vibrantes y transformadoras; grupos de creyentes que viven vidas auténticas e interdependientes, de ministerio y misión, construyendo puentes para que la gente perdida pueda hallar a Dios. El demonio no puede detenernos; pero sí puede hacerlo la cultura dominante que nos rodea. Somos los únicos que pueden hacer que la iglesia pierda su importancia al dejar de actuar: como el cuerpo de Cristo, el rebaño de Dios, la familia de Dios, el edificio de Dios y la novia de Cristo.

Cypriano, obispo de Cartago, escribió esto a un amigo en el siglo III:

"Es un mundo malo—un mundo increíblemente malo. Pero en medio de todo esto, he hallado un grupo de personas tranquilas y santas que han aprendido un gran secreto. Son despreciados, perseguidos, y nos les importa. Han vencido al mundo. Estas personas son llamados cristianos, y yo soy uno de ellos.

—Cypriano, Obispo de Cartago

¡La Iglesia de *Dios* no puede ser vencida! Somos imperfectos, pero somos el pueblo de Dios, gente santa. Escucha estas palabras:

Dios siempre ha tenido un pueblo.
Muchos conquistadores tontos han cometido el error de pensar que por forzar la iglesia de Cristo a desaparecer de la vista, iban a lograr apagar su voz y acabar con su vida.
¡Pero Dios siempre ha tenido un pueblo!
El poderoso torrente de un río no disminuye por ser forzado a correr bajo tierra. El agua más pura es la de ese manantial que fluye clara y cristalina bajo la luz del sol, después de haber sido forzada a correr contra la roca sólida.

Han habido charlatanes como Simón el mago, que pensaba que el poder de los creyentes puede ser adquirido en un mercado, pero éste no se puede comprar o vender. A pesar de todo, Dios siempre ha tenido un pueblo. Hombres que no pueden ser comprados y mujeres que no tienen precio. ¡Dios siempre ha tenido un pueblo!

Han habido tiempos de prosperidad y riqueza, cuando el mensaje de la iglesia se disolvió en el olvido por aquellos que intentaron hacerlo socialmente atractivo, o hábilmente organizado y rentable económicamente.

Ha sido bañado en oro, drapeado en púrpura e incrustado con joyas. Ha sido mal presentado, ridiculizado, loado y menospreciado.

Estos seguidores de Jesucristo han sido, de acuerdo a los tiempos, elevados a líderes y martirizados como herejes. No obstante todas estas marchas, este es un poderoso ejército de gente mansa- ¡Pueblo de Dios escogido, que no puede ser comprado, adulado, asesinado o robado! ¡Siempre en marcha a través de toda época! ¡La Iglesia de Dios siempre triunfante, viva y saludable![6]

¡Estos son los llamados cristianos, y tú eres uno de ellos!

Eres parte de este cuerpo. Vive en unidad y regocíjate en nuestra diversidad. Eres su rebaño; sigue a tu pastor. Tú eres parte de la familia; ama a los demás. Eres su edificio y su novia; muestra a otros cómo es Dios e invita a otros a la gran cena de bodas de Jesús.

Lee conmigo las palabras de Jesús, para cerrar.

"edificaré mi iglesia, y las puertas del reino de la muerte no prevalecerán contra ella".

—Mateo 16:18 (NVI)

Termina memorizando la tarjeta 10, "La verdad acerca de la Iglesia", antes de la siguiente sesión. ¡Estamos seguros que habrá una prueba sobre la base de estas tarjetas cuando llegues al cielo!

Preguntas de discusión.

En nuestra discusión de grupo, veremos las preguntas que hemos hecho acerca de cómo las figuras de la iglesia, nos ofrecen un reto personal.

1. La iglesia es el cuerpo de Cristo: cada parte del cuerpo es importante. (¿Qué parte te gustaría abandonar?) ¿Te sientes como una parte importante del cuerpo de Cristo?

2. La iglesia es el rebaño de Dios: ¿Qué cosas podemos hacer para asegurarnos de que Jesús es el pastor que nos guía, y no nosotros mismos?

3. La iglesia es la familia de Dios: ¿cómo te ayuda esto a figurarte cuáles son tus responsabilidades hacia otros creyentes?

4. La Iglesia es el edificio de Dios: ¿Qué tan bien aceptas a otros creyentes de otras denominaciones e iglesias como cristianos "reales"? ¿Has estado tratando de llevar todo el peso de la vida cristiana sobre tus hombros? ¿Necesitas ver la importancia de tu lugar en el edificio de Dios? ¿Necesitas reconocer tu necesidad de depender de otros en el cuerpo de Cristo?

5. La iglesia es la novia de Cristo: ser la novia de Cristo es una relación espiritual de amor. ¿Es esto una realidad en tu vida? ¿O acaso la sola idea es demasiado sentimental? ¿Existe sumisión en tu corazón hacia Jesús como tu novio? ¿Está tu vida lista para encontrarlo? ¿Hay algunas prioridades que necesitas reorganizar para concentrarte más en amarlo a Él?

Para estudios posteriores:

Getz, Gene. *Afinando nuestro enfoque de la Iglesia*: Moody Press, 1974.

MacArthur, John, Jr. *Body Dynamics*. Wheaton, Ill.: Victor, 1983. Moore, John, and Ken Neff. Una huella digital para la Iglesia en el Nuevo Testamento. Chicago: Moody Press, 1985.

Radmacher, Earl D. *La Naturaleza de la Iglesia*, Portland, Ore.:

Western Baptist Press, 1972.

Warren, Rick. *Una Iglesia con Propósito*. Grand Rapids, Mich.:

Zondervan, 1995.

La Segunda Venida

1a Parte

Metas Transformadoras.

Que veas la Segunda Venida, no como una fuente de confusión o temor, sino como una fuente de esperanza.

Resumen de los puntos principales de enseñanza.

Cualquier estudio de la Segunda Venida debe incluir algunos "niveles de advertencia".

Señales de la venida de Jesús.

   Señales que apuntan a las señales antes del fin.

   Señales que acompañan al fin.

El tiempo de la Segunda Venida.

   Descripciones de Jesús.

   Hechos acerca del tiempo.

Gente al final de los tiempos.

   El hombre anárquico/La Bestia/El Anticristo/Una segunda bestia/El falso profeta

   Los dos testigos.

   Los 144,000

   Jesucristo.

Conocí una vez una mujer cuya meta era sobrevivir a sus tres esposos con el fin de llegar a casarse con cuatro hombres diferentes. Sabía exactamente los trabajos que esos hombres debían tener y el orden en el que debía casarse con ellos, y sentía que esto la prepararía para lo que más necesitaba en su vida.

Primero, un banquero, luego una estrella de cine, después un pastor y finalmente un encargado de funerales:

Para ponerlo de otra forma, el primero por el dinero, el segundo por el espectáculo, el tercero para estar preparada y el cuarto, ¡para irse!

Tratándose de la Segunda Venida, ¡deberías prepararte mejor que esta mujer!

Permíteme preguntarte para comenzar,

¿Qué sientes acerca de la realidad de la Segunda Venida de Cristo?

¿Apatía? ¿Anticipación? ¿Ansiedad?

Algunas personas viven en una tremenda ansiedad por el temor que les provoca la idea de la Segunda Venida. Todo suena tan extraño y aterrador. La mayoría de los creyentes de hoy, son en realidad apáticos —indiferentes- acerca de la Segunda Venida de Jesús. Saben que sucederá algún día, pero no le encuentran mucho sentido ahora.

Al estudiar la Segunda Venida de Cristo en las siguientes sesiones, mi meta es simple: ayudar a inspirarse a aquellos que son indiferentes, y a guiar a aquellos que viven en temor, para que comiencen a vivir con un sentido de anticipación frente a la Segunda Venida de Jesús. Si no sientes esperanza después del estudio de estas verdades, te has perdido el objetivo de esta sesión.

¿Cómo ves un partido de fútbol si conoces previamente el resultado? Si tu equipo hubiese ganado (claro, porque si hubiese perdido ¡para qué repetir el partido!), ya no tienes ansiedad alguna frente al resultado. Sólo disfrutas observando cómo tu equipo logró la victoria. Como creyentes en Cristo, te puedo decir que nosotros ¡ya ganamos! Sólo nos estamos repitiendo la victoria de Dios. ¡Esta es una verdad que tiene el poder de inspirar cada día de nuestra vida!

La actitud es lo más importante en cuanto a nuestra visión de la Segunda Venida. La Biblia, particularmente el libro de Apocalipsis, es muy clara acerca de la actitud que se necesita para comprender completamente lo que Dios nos dice acerca del fin. La actitud no es preocuparse, sino adorar. Adoración es mantener tus ojos en Cristo. Entonces, descubrirás que mientras estudiamos estas verdades, te llenarás de esperanza .

Cualquier estudio del tema de la Segunda Venida debe hacerse con ciertos niveles de "advertencia" incluidos.

Por ejemplo, un secador de mano para el pelo, tiene una etiqueta que dice: "¡No se use cerca del agua!". Podrías sufrir un grave shock si ignoras esta advertencia. La verdad de la Segunda Venida es una verdad *poderosa*- y puede volverse peligrosa a menos que se observen unos pocos lineamientos.

Consejo práctico de enseñanza.

Puedes escribir etiquetas con advertencias; son tres declaraciones las que puedes escribir en las etiquetas: ("No pierdas la responsabilidad en medio de la curiosidad", "No pierdas el gusto por los detalles", y "Observa atentamente la polarización").

Puedes sostener estas etiquetas para que todos puedan verlas mientras tratas cada uno de estos puntos. Nuevamente, es sorprendente cómo puedes ayudar a enfocar la atención de la gente y agudizar su retención a través de un objeto que tengas en tus manos.

Advertencia: **No pierdas tu <u>RESPONSABILIDAD</u> personal en medio de la confusión de la <u>CURIOSIDAD</u> histórica y teológica.**

Habremos perdido todo el propósito de nuestro estudio de la profecía, si no logramos llegar a ser más semejantes a nuestro Señor Jesús en nuestro diario vivir.

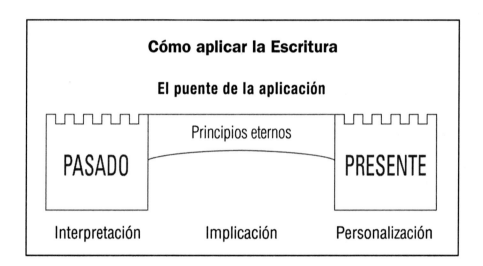

Cómo aplicar la Escritura

El puente de la aplicación

Principios eternos

PASADO — PRESENTE

Interpretación — Implicación — Personalización

Debes aplicar a tu vida las verdades de la Segunda Venida, tal como lo haces con otras verdades escriturales. Esta ilustración de un "puente de aplicación", es una buena guía para una interpretación fiel y una vida vivida a la luz de la Biblia.[1]

El "puente de aplicación" nos mueve del entonces al ahora. Hay un el puente entre los dos, que son los principios eternos de la Palabra de Dios. Para cruzar este puente, debes hacer tres preguntas acerca de un pasaje bíblico. Mira conmigo estas tres preguntas, que puedes hacer frente a cualquier pasaje de la Biblia, para luego ver cómo podríamos aplicarlas en el estudio del libro de Apocalipsis.

1. ¿Qué quería decir un pasaje de la Biblia a sus destinatarios originales?

Muchas de las profecías acerca de la Segunda Venida son literatura apocalíptica (del griego *Apocalypse*, "develar, revelar"), un tipo de escritura diseñada para aclarar la verdad a un grupo, mientras se la esconde de otros.

Pronto comprenderás por qué Dios decidió esconder el significado de esto para algunos.

Todo lo que lees acerca de bestias, trompetas y mares, que nos dan problemas para comprender el texto en la actualidad, fueron perfectamente comprendidos por aquellos que escucharon esto originalmente.

Miremos esta caricatura política como ejemplo de lo que quiero decir.

Consejo práctico de enseñanza.

Toma una caricatura política actual y añádela a tu presentación de power point, o puedes recordar a los participantes, algunos símbolos de una caricatura política. Pregunta: "¿Cuándo ves el burro, representa a... ¿Cuándo aparece un elefante quiere decir? "

¿Qué significa el elefante? ¿Y el burro? Sabemos esto ahora. Pero.. ¿Crees que lo entenderían las personas que vivirán 1000 años después? El mejor ejemplo que tenemos actualmente de una escritura apocalíptica son las caricaturas políticas.

La razón, por cierto, para usar este tipo de escritura, se debía a que los cristianos estaban bajo opresores extranjeros, como los romanos. A través de este tipo de escritura, los creyentes podían comprenderse, develando lo escondido con referencia a esos pasajes.

Estas figuras de bestias y ángeles alrededor del trono del cielo, nos parecen muy poco familiares a muchos de nosotros, pero debemos darnos cuenta de que se nos ayudará a comprenderlas. Merrill Tenney escribió

> A pesar de la dificultad para interpretarlo, [Apocalipsis] en especial para los lectores modernos, el Apocalipsis no está hecho para ser mitificado; por ello, debemos acercarnos a este libro no con temor de confundirnos sino con la expectativa de aprender. [2]

2. ¿Cuál es ese principio atemporal?

En una sola palabra: la ESPERANZA

Las Escrituras que tratan de la Segunda Venida de Jesús no hablan sólo de una esperanza para los creyentes de ese tiempo, sino también para nosotros. Es obvio que mientras leemos el texto que estamos viendo, muchas de las profecías aún deben cumplirse.

3. ¿Dónde o cómo puedo yo practicar este principio?

Por mucho que hablemos acerca del tiempo y los eventos de la Segunda Venida, la Biblia enfatiza la necesidad de aplicar esta verdad en nuestras vidas. Es un pecado estudiar la Segunda Venida buscando señales en el tiempo. El mensaje de esperanza debe hacer un impacto en la manera en que vivimos.

Recuerda:

Es un mensaje para obedecer, no sólo para escuchar (Stgo 1:22). El saber lo correcto y no hacerlo, también es un pecado ¡recuérdalo! (Santiago 4:17).

Demasiados creyentes están fascinados con el futuro, pero no aplican nada hoy.

Advertencia: No pierdas el GUSTO por los DETALLES.

Escucha lo que Billy Graham tiene que decirnos acerca de perder el gusto por causa de los detalles.

Una vez, en el museo Louvre de París, me puse de pie a sólo unas pulgadas de distancia de una pintura impresionista de Renoir. "¿Qué es esto?" me pregunté en voz alta. Mi esposa entonces respondió, "retrocede Bill, sólo entonces lo verás". Estaba tan cerca de la obra maestra, que cada detalle individual, cada mancha de aceite y cada pincelada, impedían que viera el todo. Estaba absorto en los detalles. Pero cuando retrocedí, ese rompecabezas misterioso desapareció y una hermosísima visión del artista tomó su lugar en mi cerebro.

Por tanto tiempo, muchos de nosotros nos hemos parado demasiado cerca al Apocalipsis de Juan. Hemos hecho de esta obra maestra una serie de pinceladas y manchones. Hemos estado intentando hallarle el significado moderno a cada estrella, dragón, número y demás detalles, en lugar de poner nuestra atención en el diseño original de la visión del profeta y así perdemos lo urgente de sus advertencias.[3]

—Billy Graham

Es mi oración, que durante las siguientes dos sesiones, podamos retroceder juntos para admirar la belleza del plan de Dios. Quisiera profundizar tu gusto por lo que Dios está preparando para hacer.

Advertencia: Cuidado con la "polarización" al enseñar la Segunda Venida.

Tratándose de enseñar acerca de la Segunda Venida, es bueno pasar tiempo en el "Ecuador", para no ser arrastrado por la fuerza magnética de "las regiones polares". En otras palabras, miremos la verdad total antes de ser arrastrados a un lado por algunos enfoques de la misma.

Siempre hay dos lados de un tema, pero la tendencia general es polarizarnos—ser arrastrados hacia los extremos. De repente, comenzamos a argumentar y a debatir en lugar de comunicar. La mayoría de libros que tratan acerca de la Segunda Venida, pasan más tiempo explicando por qué algunos cristianos tienen puntos de vista diferentes o cómo los detalles de la Segunda Venida están equivocados.

Así que, con estas advertencias en mente.

Durante las dos siguientes sesiones observaremos:

- **Las señales del regreso de Jesús.**

- **El tiempo de la Segunda Venida.**

- **El "reparto de roles", involucrado en el regreso de Jesús.**

- **Los eventos que rodean el regreso de Jesús**

- **El significado de todo esto en mi vida diaria**

Una observación detallada.

¿Es la Segunda Venida de Cristo una perspectiva importante que Dios quiere que tengamos?

Solo recuerda . . .

Uno de cada 30 versículos en la Biblia menciona el tema del fin de los tiempos o del regreso de Cristo.

Hay 216 capítulos en el Nuevo Testamento. Hay unas 300 referencias al regreso de Cristo en esos capítulos del Nuevo Testamento.

Sólo 4 de los 27 libros del Nuevo testamento omiten referencias al regreso de Cristo.4

—Chuck Swindol

Puedes usar la pregunta de discusión 1 ahora.

Señales del regreso de Jesús.

11

Cuando conduces por una autopista puedes ver todo tipo de señalización que te indica direcciones y distancias. La Biblia nos dice que Dios también ha colocado señales claras en nuestro mundo, que nos indicarán cuando Jesús regresará. Algunas de estas señales pueden ser vistas aún ahora, y otras vendrán después. En realidad, hay tres tipos de señales a las que tenemos que prestar atención:

Tres tipos de señales:

1. Señales que apuntan al fin (comienzo de dolores de parto)

2. Señales que preceden a los eventos antes del fin.

3. Señales que acompañan a los eventos del final de los tiempos.

Señales que apuntan al fin.

Hay algunas cosas que Jesús dijo que sucederían antes de su Segunda Venida. Él llamó a esto "comienzo de los dolores de parto". Estas son señales, pero no son señales del fin propiamente dicho. Son señales que ya, durante 2.000 años, han venido demostrando que este mundo no es el plan final de Dios. Son señales que podemos ver, señales de deterioro, de daño, etc. Durante miles de años hemos observado esto y podemos decir, "¡Este mundo no es tan estable como parece, Jesús puede venir en cualquier momento!"

> "-Tengan cuidado de que nadie los engañe -comenzó Jesús a advertirles-. Vendrán muchos que, usando mi nombre, dirán: "Yo soy", y engañarán a muchos. Cuando sepan de guerras y de rumores de guerras, no se alarmen. Es necesario que eso suceda, pero no será todavía el fin. Se levantará nación contra nación, y reino contra reino. Habrá terremotos por todas partes; también habrá hambre. Esto será apenas el comienzo de los dolores".
>
> —Marcos 13:5–8 (NVI)

Desde la primera venida de Jesús, sabemos que siempre hemos tenido las siguientes señales:

•**FALSOS CRISTOS (con falsas señales y milagros)**

Estos falsos cristos son los que dicen: "Yo soy Él". Es sorprendente cómo en cada generación, hay personas que reclaman ser Jesús y también, en cada generación, están los que se desilusionan con estas personas.

•**Guerras.**

¿Dónde están las guerras ahora? ¿Y qué de los rumores de guerras?

•**Terremotos.**

¿Qué será lo que nos fascina tanto de los terremotos? En California, un terremoto relativamente pequeño puede convertirse en una gran historia, y los científicos que los miden se vuelven rostros famosos. Los terremotos nos fascinan, en parte, porque nos recuerdan lo frágil de este mundo. Son una señal de que este mundo no durará para siempre.

• **Hambruna.**

Debemos hacer todo lo que podamos para alimentar al hambriento. Pero eso no cambia el hecho de que aún en nuestra era moderna, la hambruna sigue siendo común.

Estas señales que apuntan al final, se incrementarán cuando llegue el fin. Habrán guerras que nos llevarán a una gran guerra final. Habrán falsos cristos, con falsas señales, que nos llevarán a un Anticristo final, con grandes señales falsas que engañarán a muchos (2 Tes. 2:9; Ap.19:20). Habrá hambruna en varios lugares, que nos llevarán a una hambruna general al final (Ap. 6:5–6).

Permíteme decirte algo que no les gusta oír a los maridos. No les gusta cuando las esposas señalan ruidos que escucharon en sus autos. "¿Escuchaste eso? ¿Qué es ese chasquido que rechina?" ¿Saben por qué les disgusta? Es porque prefieren ignorarlo con la esperanza de que se vaya. El ruido es una señal de que algo anda mal con el motor. Si admiten que el ruido está allí, significa que algo tendrán que hacer al respecto. Pero si ignoras el asunto, el daño (y la cuenta) será peor.

El ruido de tu auto puede compararse a los comienzos de los dolores que llevan a la Segunda Venida.

Hay indicaciones para los sabios que ven a través de la historia. Y también hay señales que nadie puede pasar por alto al llegar el fin de los tiempos. Esta es la diferencia entre escuchar un chasquido en el capó de tu auto y ¡que todo el motor se caiga en pedazos!

Advertencia de Jesús acerca de estas señales: ¡NO TE DEJES ENGAÑAR!

Es muy fácil para las personas hacer predicciones acerca del futuro. No te dejes engañar. Los falsos maestros apelan a tu orgullo diciéndote que tú puedes saber algo que nadie más sabe. No te dejes engañar. El futuro es un lugar terrorífico para muchos de nosotros. Nos encantaría que alguien nos diga que sabe exactamente todo. Pero no te dejes engañar.

Tal vez no pienses que eres susceptible a este tipo de predicción. Pero permíteme preguntar: ¿has echado alguna vez un vistazo a esas predicciones del futuro en el *National Enquirer*? "La tierra será invadida por marcianos que se ven como tele-evangelistas". Sabemos que esto es una mentira, ¡pero tendemos a dejarnos llevar!

Señales que preceden al final.

Estas señales que preceden al final, son señales que muestran a los verdaderos creyentes que el final está a la vuelta de la esquina. Estas señales no nos dicen exactamente cuándo regresará Jesús, pero sí cuando el tiempo se acerca. Yo lo compararía con el momento en el que vamos al cine. Cuando las luces se van oscureciendo, sabes que la película está por comenzar. Puede ser que tengamos que ver algunos cortos, pero sabes que el momento se acerca.

• APOSTASÍA

La *Apostasía* es una palabra de la que debes saber. Se refiere a aquellos que parecen tener fe, y luego se dan vuelta en completa negación de su fe. Nota que hay un par de diferentes tipos de apostasía en estos versículos de Mateo y 2ª Timoteo.

> **"En aquel tiempo muchos se apartarán de la fe; unos a otros se traicionarán y se odiarán".**
>
> —Mateo 24:10 (NVI)

> **"Porque llegará el tiempo en que no van a tolerar la sana doctrina, sino que, llevados de sus propios deseos, se rodearán de maestros que les digan las novelerías que quieren oír".**
>
> —2 Timoteo 4:3 (NVI)

En Mateo 24:10, la gente dará la espalda completamente a la fe. Se trata de cristianos que tratan de obtener una bendición de Dios, pero sin hacer un verdadero compromiso. En 2 Timoteo 4:3, se nos dice acerca de un tipo diferente de apostasía. Se trata de las personas que siguen en la iglesia pero cambian sus enseñanzas de acuerdo a su deseo y no a la Palabra de Dios.

•INCREMENTO de la maldad personal.

> **"Ahora bien, ten en cuenta que en los últimos días vendrán tiempos difíciles. La gente estará llena de egoísmo y avaricia; serán jactanciosos, arrogantes, blasfemos, desobedientes a los padres, ingratos, impíos, insensibles, implacables, calumniadores, libertinos, despiadados, enemigos de todo lo bueno, traicioneros, impetuosos, vanidosos y más amigos del placer que de Dios. Aparentarán ser piadosos, pero su conducta desmentirá el poder de la piedad. ¡Con esa gente ni te metas!"**
>
> —2 Timoteo 3:1–5 (NVI)

> **"El hermano entregará a la muerte al hermano, y el padre al hijo. Los hijos se rebelarán contra sus padres y les darán muerte".**
>
> —Marcos 13:12 (NVI)

•Vendrá GENTE BURLONA.

> **"Ante todo, deben saber que en los últimos días vendrá gente burlona que, siguiendo sus malos deseos, se mofará".**
>
> —2 Pedro 3:3 (NVI)

• Muchos falsos profetas.

> **"Y surgirá un gran número de falsos profetas que engañarán a muchos".**
>
> —Mateo 24:11 (NVI)

De nuevo, lo que ha sido una constante en la historia humana, aumentará al final. La gente renegará de su fe. El mal se incrementará. La gente se burlará de la fe. Los falsos maestros pueden ser muy populares en este tiempo. ¿Cómo podrá esto afectarte a ti y a mí de una forma personal? ¡Claro que lo hará! Necesitamos estar listos para esto. Decide ahora que estas experiencias jamás te harán pensar que Dios te ha abandonado, sino que sabes que Él está llevando a su fin esta obra llamada el mundo. Es muy claro que al final, Dios hará evidente nuestra posición de estar "por o contra" la fe. No puedo imaginar el regreso de Jesús con algunas personas pretendiendo ser "medio salvas"; es claro que la gente estará separada en dos zonas claras.

Señales que acompañan el final.

El final es como "el motor que se cae". Para este entonces, todos sabremos que el final ya llegó. Habrá algunas señales dramáticas.

•Señales en el sol, la luna y las estrellas.

"Habrá señales en el sol, la luna y las estrellas. En la tierra, las naciones estarán angustiadas y perplejas por el bramido y la agitación del mar".

—Lucas 21:25 (NVI)

"Inmediatamente después de la tribulación de aquellos días,»"se oscurecerá el sol y no brillará más la luna; las estrellas caerán del cielo y los cuerpos celestes serán sacudidos".

—Mateo 24:29 (NVI)

Cuando las estrellas se caigan del cielo, habrá una buena indicación de que ¡algo está fuera de su lugar!

•Bramido y agitación del mar, las potencias de los cielos serán conmovidas.

"Habrá señales en el sol, la luna y las estrellas. En la tierra, las naciones estarán angustiadas y perplejas por el bramido y la agitación del mar".
—Lucas 21:25 (NVI)

"Se desmayarán de terror los hombres, temerosos por lo que va a sucederle al mundo, porque los cuerpos celestes serán sacudidos. Entonces verán al Hijo del hombre venir en una nube con poder y gran gloria".
—Lucas 21:26–27 (NVI)

•Gran tribulación (sin paralelo)

"Porque habrá una gran tribulación, como no la ha habido desde el principio del mundo hasta ahora, ni la habrá jamás".
—Mateo 24:21 (NVI)

Una observación más de cerca.

Las descripciones más detalladas del final de los tiempos se encuentran en el libro de Apocalipsis.

Los siete sellos (Conflicto final)	Las siete trompetas (Destrucción final)	Las siete copas (La ira de Dios termina))
1. El caballo blanco: Conquista	1. Tierra	1. Dolores
2. Caballo Rojo: Guerra	2. Mar	2. Mar en sangre
3. Caballo Negro: Hambruna	3. Ríos	3. Ríos en sangre
4. Caballo Bermejo: Muerte	4. Luces (3 elementos)	4. Fuego del sol
5. Mártires	5. Demonios (Langostas) en la oscuridad	5. La bestia del reino
6. Terremotos	6. Ángeles y terremotos (1/3 de los hombres)	6. Río Éufrates secado (Armagedón)
7. El séptimo sello 7 trompetas	7. La séptima trompeta es las 7 copas	7. Terremoto (¡Está hecho!)

Nota que esto es como uno de esos juguetes para apilar: las siete copas dentro de las siete trompetas, y dentro de los siete sellos. El uno lleva al otro dentro. Veremos algo de esto en la siguiente sesión, pues todo esto sucede en el tiempo de tribulación.

Los caballos blancos, los mares transformados en sangre y todas estas figuras, son algo confusas para nosotros. Escucha lo que Billy Graham dijo acerca de esto:

No pienses que el lenguaje vívido que usa Juan es una barrera para comprender; es más bien la forma colorida en la que Juan pintó el cuadro del plan de Dios para el futuro en colores increíblemente vivos. [5]
—Billy Graham

Dios desea que veamos algo tan horroroso como realmente bello: *¡este mundo no durará!* Existe algo sorprendente que descubrirás al leer el libro de Apocalipsis: muchos de los que dieron su espalda a Dios, no podrán reconocerlo ni siquiera en el caos de un mundo que estará por terminar; ¡harán exactamente lo contrario! Mientras el fin se hace cada vez más claro, veremos que no sólo es cierto el hecho de que el mundo actual no permanecerá, sino que aquellos que han puesto su esperanza en este mundo, tendrán cada vez más ira contra Dios. Y aquellos que pusieron su fe en Él, confiarán aún más en su regreso.

En estudios anteriores, vimos lo que sucede cuando la gente muere. La Biblia, además, nos explica exactamente la forma en que este mundo terminará. Y que está encaminado a un final inevitable.

> "Pero el día del Señor vendrá como un ladrón. En aquel día los cielos desaparecerán con un estruendo espantoso, los elementos serán destruidos por el fuego, y la tierra, con todo lo que hay en ella, será quemada. Ese día los cielos serán destruidos por el fuego, y los elementos se derretirán con el calor de las llamas".
>
> —2 Pedro 3:10, 12 (NVI)

¡Pero ese no es el final de la historia!

> "Después vi un cielo nuevo y una tierra nueva, porque el primer cielo y la primera tierra habían dejado de existir, lo mismo que el mar".
>
> —Apocalipsis 21:1 (NVI)

Puedes usar las preguntas de discusión 2 y 3 ahora.

Supón que estoy sosteniendo en mis manos dos acciones, una en cada mano. Una está destinada a caer. En realidad, la compañía a la que representa está en banca rota. La otra, está garantizada para crecer en un 30, 60, y 100 por ciento en un año. En realidad, después de un año, esta será la única compañía importante en todo el mundo. ¿Cuál tomarías? Así de simple es la elección que hacemos cuando decidimos dónde invertir nuestras vidas. Este mundo no permanecerá; el cielo durará para siempre.

Plan de sesión dividida: si estas enseñando este estudio en dos sesiones, puedes terminar la primera sesión ahora.

El tiempo de la Segunda Venida.

17

Pienso que si hay un tema espiritual que puede considerarse explosivo, es este de la segunda venida. Es una doctrina que está acompañada tanto de confusión como de inspiración. Jesús mismo nos dijo que nadie conoce el tiempo de su regreso, aunque eso no nos impide adivinar. Como si pudiéramos lograr conocer algo que el propio Jesús dijo no conocer...

Aunque la Biblia no nos dice el tiempo exacto en que Jesús regresará, sí nos da un acercamiento real a la naturaleza del cronómetro de Dios.

Jesús desea que comprendamos las señales del mismo, porque esto tendrá un gran impacto en nuestros corazones y en nuestra preparación para su regreso. Un ejemplo de esto puede ser la forma en que nos preparamos para la llegada del invierno o primavera. Marcamos el día en el calendario. Este es el primer día de invierno. Esto, a menudo, tiene poco que ver con el tiempo en sí.

Una mañana te das cuenta de que el aire se va enfriando y el clima es más fresco que el día anterior, entonces sientes que la estación está por llegar.

Aunque existen satélites sofisticados que miden y rastrean las estaciones, éstos no son capaces de decirnos el momento exacto en el que una tormenta o un huracán aparecerán. A veces, estos intrincados objetos de la tecnología no son tan acertados como esa sensibilidad especial que tienen algunos viejos campesinos. Ellos nos pueden decir cómo se comportará el clima en un día determinado. Son sus años de experiencia los que les permiten hacer esto. Este es el tipo de corazón que Dios desea en sus hijos respecto a la Segunda Venida de Cristo. No necesitamos de intrincados cálculos. Porque los años de experiencia con nuestro Salvador, al igual que con ese viejo campesino, nos dicen que el tiempo se acerca pues podemos sentirlo en nuestros huesos.

Miremos cómo describe Jesús el tiempo de su venida.

Descripciones de Jesús.

• Como <u>NOVIO</u> (Mateo. 25:1–13).

Recuerda cuando vimos cómo eran las bodas en los tiempos de Jesús, en nuestro estudio de la iglesia. Para la novia, la llegada del novio era una alegría anticipada, pero también sorpresiva. Ella sabía que el novio estaba por llegar, pero no sabía exactamente cuando.

Algo parecido es lo que sentimos cuando estamos esperando el nacimiento de un bebé. Las señales nos dicen que el día del nacimiento está cerca, pero no sabemos el momento exacto. Así como la novia espera boda o los padres por su bebé, tú y yo debemos vivir con un sentido de gozo anticipado por el regreso de Jesús que cada vez se acerca más.

•Como la destrucción de Sodoma.

"Lo mismo sucedió en tiempos de Lot: comían y bebían, compraban y vendían, sembraban y edificaban. Pero el día en que Lot salió de Sodoma, llovió del cielo fuego y azufre y acabó con todos. Así será el día en que se manifieste el Hijo del hombre".

—Lucas 17:28–30 (NVI)

Para la gente mala de Sodoma, la destrucción que vino era lo último que esperaban que sucediera. Deben haber dicho, "esto vino sin advertencia alguna", pero la verdad es que ignoraron las advertencias.

• Como **EL <u>DILUVIO</u> EN TIEMPOS DE NOÉ.**

"Tal como sucedió en tiempos de Noé, así también será cuando venga el Hijo del hombre. Comían, bebían, y se casaban y daban en casamiento, hasta el día en que Noé entró en el arca; entonces llegó el diluvio y los destruyó a todos".
—Lucas 17:26–27 (NVI)

• Como **<u>LADRÓN</u> en la <u>NOCHE.</u>**

"Por lo tanto, manténganse despiertos, porque no saben qué día vendrá su Señor. Pero entiendan esto: Si un dueño de casa supiera a qué hora de la noche va a llegar el ladrón, se mantendría despierto para no dejarlo forzar la entrada. Por eso también ustedes deben estar preparados, porque el Hijo del hombre vendrá cuando menos lo esperen.
—Mateo 24:42–44 (NVI)

Cada una de estas figuras es una representación de una llegada inesperada. Mira conmigo algunas de las verdades que se ven en ellas.

Verdades acerca del tiempo.

• **El tiempo de regreso de Jesús es <u>PRONTO</u>.**

"¡Miren que vengo pronto! Dichoso el que cumple las palabras del mensaje profético de este libro".
—Apocalipsis 22:7 (NVI)

Cualquier enseñanza profética que enseña sin el "pronto" de la venida de Jesús, ignora las palabras de Jesús.

"Espera un minuto", (debes estar pensando), "¿cómo puede Jesús venir pronto, si todas estas palabras fueron escritas hace unos 2,000 años?".

Piensa de esta forma: la palabra "pronto", como se usa en este texto, no quiere decir ayer u hoy o en la siguiente hora. Significa: "en cualquier momento". Por 2000 años, el mundo ha vivido expuesto al regreso de Jesús en cualquier momento. Es como alzar la vista para ver y encontrarse con una enorme roca colgando de un barranco, a punto de caer; puede que no caiga ahora, pero mientras más la ves, más te das cuenta de que puede caer en cualquier momento.

Durante 2000 años, este mundo ha estado justo en el filo del regreso de Jesús.

"Pronto" es una palabra llena de cercanía. No significa: "rápido en algún momento", sino "ahora mismo".

Si te dijera que algún día te vas a mudar, ¿qué harías? Nada.

Pero si te digo que te vas a mudar pronto, ¿qué haces? *¡Empacas inmediatamente!*

• **El momento del regreso de Jesús sólo lo conoce Dios.**

> **"Pero en cuanto al día y la hora, nadie lo sabe, ni siquiera los ángeles en el cielo, ni el Hijo, sino sólo el Padre".**
> —Mateo 24:36 (NVI)

> **"Entonces los que estaban reunidos con él le preguntaron: -Señor, ¿es ahora cuando vas a restablecer el reino a Israel? No les toca a ustedes conocer la hora ni el momento determinados por la autoridad misma del Padre -les contestó Jesús-"**
> —Hch. 1:6–7 (NVI)

Es sorprendente de que modo quienes proclaman conocer el momento del regreso de Jesús, pueden arrastrar a la gente, incluso a su propia muerte. Solo necesito mencionar dos nombres: Jim Jones y David Koresh.

Uno de los tantos libros escritos acerca de la Segunda Venida se titula: 99 *Razones por las cuales nadie sabe cuando regresará Jesús.*[6] Algunas veces, puedes obtener lo que necesitas de un libro ¡sólo por su título! La razón número uno, por supuesto, es que Jesús dijo, "Nadie sabe ni el día ni la hora".

•**El momento del regreso de Jesús es <u>INESPERADO</u>.**

> **"porque ya saben que el día del Señor llegará como ladrón en la noche".**
> —1 Tesalonicenses (NVI)

> **"Ellos también le contestarán: "Señor, ¿cuándo te vimos hambriento o sediento, o como forastero, o necesitado de ropa, o enfermo, o en la cárcel, y no te ayudamos?"**
> —Mateo 24:44 (NVI)

¿Te dice algo el hecho de que su regreso es inesperado? Aunque podamos ver las señales, nadie puede saber el tiempo exacto de su venida. ¡Será una maravillosa sorpresa!

Es importante para nosotros ver, que inesperado, no es aterrador. Jesús no viene a asustarnos, ¡viene a salvarnos! Las únicas personas que deberían estar nerviosas acerca de la venida de Cristo son los que no estaban preparados.

> Puedes usar la pregunta de discusión 4 ahora.

La gente del fin de los tiempos.

En cualquier película tenemos un reparto de personajes – los nombres de actores que muestra la pantalla, quienes son los responsables del drama generado en la historia. Hay algunas personas en la historia, que se asocian con los eventos del final de los tiempos: tenemos a los villanos y a los héroes, los fuertes y los débiles.

1. **El hombre de maldad/La Bestia/El Anticristo.**

"No se dejen engañar de ninguna manera, porque primero tiene que llegar la rebelión contra Dios y manifestarse el hombre de maldad, el destructor por naturaleza".

—2 Tesalonicenses 2:3 (NVI)

Hollywood está fascinado por este "último villano". Pero en sus interpretaciones, a menudo se ignoran estas simples verdades que Pablo nos muestra en 2ª Tesalonicenses:

"Se opondrá y se auto exaltará sobre todo lo que se relacione con Dios o su adoración, se pondrá sobre el templo de Dios para proclamarse a sí mismo como Dios….

Éste se opone y se levanta contra todo lo que lleva el nombre de Dios o es objeto de adoración, hasta el punto de adueñarse del templo de Dios y pretender ser Dios…El malvado vendrá, por obra de Satanás, con toda clase de milagros, señales y prodigios falsos. Con toda perversidad engañará a los que se pierden por haberse negado a amar la verdad y así ser salvos".

—2 Tesalonicenses 2:4, 9–10 (NVI)

Esta bestia será el ultimo de los falsos cristos. Dirá que él es Dios y hará grandes señales que engañarán a muchos para que dejen su fe y crean en él.

Una observación detallada.

Este es el anticristo final, entre muchos que ha habido; el final de un largo tiempo que comenzó después de la primera venida de Cristo. La bestia es el anticristo final y el peor, pero no es el *único.*

"Vendrán muchos que, usando mi nombre, dirán: "Yo soy el Cristo", y engañarán a muchos".

—Mateo 24:5

"Queridos hijos, ésta es la hora final, y así como ustedes oyeron que el anticristo vendría, muchos son los anticristos que han surgido ya. Por eso nos damos cuenta de que ésta es la hora final. Aunque salieron de entre nosotros, en realidad no eran de los nuestros; si lo hubieran sido, se habrían quedado con nosotros. Su salida sirvió para comprobar que ninguno de ellos era de los nuestros. Todos ustedes, en cambio, han recibido unción del Santo, de manera que conocen la verdad. No les escribo porque ignoren la verdad, sino porque la conocen y porque ninguna mentira procede de la verdad. ¿Quién es el mentiroso sino el que niega que Jesús es el Cristo? Es el anticristo, el que niega al Padre y al Hijo.

—1 Juan 2:18, 22

Hay algunas figuras bíblicas ligadas al anticristo. ¡Estas figuras son objeto de miles de especulaciones proféticas!

Algunas de las figuras apuntan obviamente a Roma, en los días de Juan. Por ejemplo, las siete colinas, pues Roma es la ciudad construida sobre ellas. Pero estas figuras también tienen significado claro para el final de los tiempos. Hay símbolos también acerca de la Bestia, por lo cual, cuando este personaje aparezca, lo sabremos claramente.

Dios no nos da señales para confundirnos o atemorizarnos, sino para dirigirnos ¡y darnos esperanza! Cuando esta Bestia llegue, entonces las señales serán claras. El tratar de usar estas señales para adivinar cuándo llegará la Bestia, no es correcto, sino que sería un retroceso.

- **La mujer/Babilonia— cabalgando en la bestia**
- **7 cabezas**
- **7 lomas en las que se sienta la mujer**
- **7 reyes—5 han caído, el otro está vigente y el otro por venir**
- **En Apocalipsis 17, la Bestia se identifica como "el octavo rey".**
- **666—el número de la Bestia.**
- **Los 10 cuernos = 10 reyes que servirán con la bestia.**

El número —666— ha sido objeto de más especulación y mala información que cualquier otra cosa en estas profecías. Han circulado rumores de que toda licencia en Israel comienza con 666, (no es verdad), que toda tarjeta de crédito de las tiendas JC Penney comienza con 666, (nuevamente falso). Las especulaciones que se han hecho con este número son increíbles. La gente ha añadido equivalentes numéricos a los nombres de Hitler y Mussolini, por ejemplo, para probar que ellos fueron el Anticristo. Cuando ellos murieron, estas pruebas probaron ser falsas.

Sólo para mostrarte lo tonto que esto puede ser, procedo a comprobar que el Anticristo es nada más y nada menos que el ratón Mickey:

	10 Letras en WALT DISNEY	10
+	10 Letras en PATO DONALD	20
+	101 Dálmatas	121
-	7 enanos	114
-	3 hermanastras malas	111
x	6 letras en M I C K E Y	
=		666

Hago esta broma por una razón. Puedes probar casi cualquier cosa con magia matemática. No te dejes enredar con juegos numéricos, de tal forma que pierdas el verdadero enfoque. *¡Jesús regresa y pronto!* El Apocalipsis nos muestra que el 666 es el número del hombre. Quien quiera que sea, es sólo un hombre, un hombre que juega a ser Dios. Pero no por mucho tiempo.

Una observación detallada.

Apocalipsis es un ejemplo muy bueno de la doble aplicación de la profecía, tanto para aquellas personas de la época en la que se escribió, como para los santos de tiempos posteriores.

Si no puedes abstraer la fe que el libro de Apocalipsis debió haber inyectado a los creyentes del primer siglo, entonces estás perdiéndote el punto central del libro.

Si no logras ver la esperanza que este libro ha dado a los cristianos de todas las naciones durante los últimos 2,000 años, estás perdiéndote el punto central del libro. Si no puedes ver la esperanza que el Apocalipsis le da a aquellos que vivirán o vivimos durante el fin de los tiempos, también has perdido el eje central de este texto.

La primera venida de Cristo tuvo muchos ejemplos de esta doble aplicación de la profecía. Las profecías que se cumplieron solo parcialmente en el Antiguo Testamento, hallan su cumplimiento total en la vida de Jesucristo.

El libro del Apocalipsis, apunta evidentemente al Imperio Romano y a su emperador en el momento como las figuras de la bestia. Pero tan evidente como se ve este cumplimiento, es sólo parcial. El final de la profecía se completará con la Bestia real. ¿Es malo especular acerca de lo que estas figuras pueden significar? No, siempre y cuando nunca confundas una especulación de la Palabra de Dios con su perfecta verdad. Durante la Segunda Guerra Mundial, muchos creyentes estaban absolutamente seguros de que Hitler era el Anticristo.

Pero resultó que estaban equivocados. Debemos ser lo suficientemente humildes para reconocer que podemos estar equivocados acerca de muchas de las especulaciones que hacemos hoy.

2. Una segunda bestia/el <u>FALSO PROFETA</u>.

Para promover su programa más eficientemente, el Anticristo tendrá un importante asistente. Se llama la "segunda bestia" (Ap. 13:11-18), cuya única función es propiciar la adoración de la primera Bestia, el Hombre de pecado.

3. Los dos <u>TESTIGOS.</u>

Apocalipsis habla también de dos testigos que profetizarán y simbolizarán el juicio de Dios, muy parecido al Antiguo Testamento y sus profetas. La Bestia los asesinará en Jerusalén, pero serán resucitados por Dios y recibidos en el cielo, mientras sus enemigos los observan.

No puedes evitar el asombro por su similitud con profetas como Elías y Jeremías. Ellos proclamaron la verdad de Dios a gente que no quería escucharla. Llevaron el mensaje del juicio de Dios. Al final, Dios enviará mensajeros que hagan su plan aún más claro. Pero al igual que Jeremías, que fue rechazado, estos testigos también lo serán. Y tal como Dios cuidó a estos profetas en el Antiguo Testamento, también lo hará con ellos.

4. Los 144,000

12,000 santos sellados de cada una de las tribus de Israel (Ap.7:4–8)

Creyentes puros en medio de la tribulación de los últimos días (Ap. 14:1, 5)

Algunos piensan que son dos grupos diferentes de 144,000. Otros que son los mismos. Pero lo importante es el número. El número 12 es importante en la Biblia como una figura del plan de Dios. Tuvo 12 tribus en Israel, como testimonio para el mundo. Jesús escogió a 12 apóstoles para llevar su mensaje al mundo; 12,000 de cada una de las tribus representan el abrumador cumplimiento del plan de Dios.

(Estas son personas de grupos específicos. En la siguiente sesión, veremos de una forma más comprensiva lo que pasará con esos creyentes, con los judíos y con los no creyentes.)

No lo olvides. Todos estos personajes tienen pequeños papeles comparados con el del personaje principal de este drama. No podemos olvidar que debemos dar el rol estelar a nuestro Señor Jesucristo.

Si esta fuera una película, probablemente no recordarías algunos de estos personajes al salir de la sala. Pero no son siquiera actores de reparto; son sólo el talón de atrás para el gran regreso de Jesucristo. He hablado con creyentes que tienen mucho temor frente a la Segunda Venida. Sus mentes están llenas de imágenes de una bestia y de juicio. Estas son figuras poderosas y vívidas, pero son nada en comparación con la gloria de Jesús. La Biblia nos dice claramente que nuestro enfoque siempre debe estar en el regreso de nuestro Rey. Él está en el centro y controla todas las acciones de este gran drama.

•Jesús DESTRUIRÁ a la bestia y a su asistente.

"Entonces se manifestará aquel malvado, a quien el Señor Jesús derrocará con el soplo de su boca y destruirá con el esplendor de su venida".
—2 Tesalonicenses 2:8 (NVI)

•Jesús <u>REDIMIRÁ</u> a los dos testigos.

> "Entonces los dos testigos oyeron una potente voz del cielo que les decía: «Suban acá.» Y subieron al cielo en una nube, a la vista de sus enemigos".
>
> —Apocalipsis 11:12 (NVI)

• Jesús guiará a los 144,000 a la <u>VICTORIA</u>.

> "Éstos se mantuvieron puros, sin contaminarse con ritos sexuales. Son los que siguen al Cordero por dondequiera que va. Fueron rescatados como los primeros frutos de la humanidad para Dios y el Cordero".
>
> — Apocalipsis 14:4 (NVI)

•Jesús regresará en absoluta <u>GLORIA</u>.

> "El Señor mismo descenderá del cielo con voz de mando, con voz de arcángel y con trompeta de Dios, y los muertos en Cristo resucitarán primero".
>
> —1 Tesalonicenses 4:16 (NVI)

> "Miren, el Señor viene con millares y millares de sus ángeles para someter a juicio a todos…"
>
> —Judas 1:14–15 (NVI)

> "¡Miren que viene en las nubes! Y todos lo verán con sus propios ojos, incluso quienes lo traspasaron; y por él harán lamentación todos los pueblos de la tierra. ¡Así será! Amén".
>
> —Apocalipsis 1:7 (NVI)

> "mientras aguardamos la bendita esperanza, es decir, la gloriosa venida de nuestro gran Dios y Salvador Jesucristo".
>
> —Tito 2:13 (NVI)

Pon un círculo en las palabras y frases siguientes: "voz de mando", "voz de arcángel y trompeta de Dios" en 1 Tesalonicenses 4:16; "millares y millares de sus ángeles" en Judas 1:14; "todos lo verán con sus propios ojos" en Apocalipsis 1:7. En Tito 2:13, circula las palabras "la bendita esperanza" y "gloriosa venida."

¡Tienes la imagen! Es una escena de victoria. Es una representación de esperanza. Es una imagen de la eternidad. Y, sobre todo, es ¡una imagen de Jesús!

Ora conmigo:

> *Jesús, anticipamos tu regreso. Nos dijiste claramente que vas a regresar porque quieres que estemos contigo. En medio de nuestras complicadas vidas o de nuestra aburrida existencia, o de nuestro ansioso andar, tomamos un momento ahora mismo para pensar en tu regreso. Vendrás en gloria absoluta y nos llevarás a una victoria total. Escogemos poner nuestra esperanza en ti, no en este mundo, para asegurarnos que nuestra seguridad y nuestro gozo infinito solo están en ti. Amén.*

Comienza a trabajar en la tarjeta de memorización 11, "La verdad acerca de la Segunda Venida". Aunque no hayas memorizado ninguna de las anteriores, memoriza esta. Si has memorizado cada tarjeta hasta ahora, habrás hecho un compromiso que cambiará tu vida.

Preguntas de Discusión.

1. ¿Cómo ha afectado, el hecho de que Jesús puede venir en cualquier momento, la manera en que enfrentaste una situación el día de hoy, o cómo puede afectar la forma en que enfrentes alguna situación mañana?

2. ¿Acaso el conocimiento de que este mundo no durará para siempre, puede cambiar alguna actitud tuya hacia alguna cosa específica del mundo material, o hacia los gobiernos humanos o hacia alguna institución o problema que estés enfrentando?

3. ¿Hay acaso algo bueno en saber que las cosas sólo empeorarán en lugar de mejorar?

4. Para darnos esperanza, Dios nos ha dicho algunas de las verdades acerca de la Segunda Venida de Jesús y el fin del mundo. Muchos cristianos, sin embargo, sienten temor cuando estudian la Segunda Venida. ¿Por qué piensas que sentimos temor? ¿Cómo podemos pasar del temor a la esperanza? ¿Por qué piensas que los creyentes que sufren persecución han hallado siempre una increíble fuente de esperanza en la verdad de la Segunda Venida de Jesús?

La Segunda Venida
2a Parte

1

2

Metas Transformadoras.

Decidir vivir anticipadamente la Segunda Venida de Jesús de una manera significativa durante la próxima semana.

Resumen de los puntos principales de enseñanza.

Eventos del fin de los tiempos.

Jesucristo viene a esta tierra de nuevo.

La tribulación

El rapto

El regreso visible de Cristo

El milenio

Qué pasará con los ...creyentes al final de los tiempos

Los judíos

Los no creyentes

¿Cuál debería ser nuestra actitud?

Estar siempre alerta.

Estar alerta y ejercer el auto-control.

Vivir vidas santas.

Ser paciente y esperar deseando su regreso.

En Enero de 1961, días antes de que J.F. Kennedy asumiera como presidente de los Estados Unidos, el presidente electo invitó a Billy Graham a pasar un día con él en Key Biscayne, Florida. La invitación sorprendió al evangelista, porque era conocido el disgusto de Kennedy por Graham, así como su poco interés por los asuntos espirituales. Después de un juego de golf, Kennedy y Graham estaban regresando a su hotel, cuando Kennedy detuvo su Lincoln convertible blanco al lado del camino.

"Billy, crees que Jesucristo vuelva a la tierra algún día?".

"Si, Sr. Presidente, ciertamente lo creo".

"Entonces ¿Por qué se habla tan poco del asunto?".

¡Buena pregunta! Una de las razones, es el hecho de que en realidad muy pocas personas hablan del tema, y muchas no lo mencionan. Los pocos que hablan del tema, sólo hablan de eso, pero la gran mayoría de nosotros ignoramos casi por completo acerca de la materia. He descubierto que tiendo a avergonzarme cuando discuto de temas que desconozco. ¿Te has sentido así alguna vez? Es difícil comprender la variedad de ocurrencias y opiniones que rodean al regreso de Jesús. Pero no hay duda alguna de que Dios desea que comprendamos estas cosas. Es por eso que las puso en este mundo. Es mi oración, que el tiempo que tomemos para ver esto, te dé la confianza necesaria para hablar más, de una de las noticias más grandes que este mundo podrá escuchar.

Para repasar rápidamente:

En la última sesión, nos enfocamos en las señales del regreso de Jesús, las descripciones de su regreso y algunos de los personajes involucrados en el final de los tiempos:

Tres tipos de señales:

1. **Señales que apuntan al fin (el comienzo de los dolores).**

2. **Señales que preceden inmediatamente a los eventos del final.**

3. **Señales que acompañan a los eventos finales.**

Descripciones de Jesús del tiempo de la Segunda Venida:

- **Como un novio.**

- **Como la destrucción de Sodoma.**

- **Como en tiempos del diluvio de Noé.**

- **Como ladrón en la noche.**

Gente del fin de los tiempos:

- El hombre de maldad/la bestia/el Anticristo.

- La segunda bestia/ el falso profeta.

- Los dos testigos.

- Los 144,000

Nunca olvides darle el rol estelar a Jesucristo.

¿Cómo afectó tu vida en la semana pasada, nuestro estudio de la Segunda Venida de Jesús? ¿Acaso pudiste ver alguna circunstancia desde una óptica diferente? ¿Tal vez, te ayudó a actuar con otras personas de una manera diferente? ¿Te dió esperanza, cuando la necesitabas? Recuerda: la verdad de que Jesús viene nuevamente debería hacernos pensar y actuar de maneras diferentes. El regreso de Jesús no es sólo un hecho interesante, ¡es una verdad que cambia la vida!

Si ahora mismo les diera una conferencia de economía, acerca de cientos de temas interesantes como la oferta y la demanda, tasas de interés e inflación, ¡creo que la mayoría de ustedes se dormiría en unos 10 minutos! Sin embargo, si les dijera: "les presento un cheque sorpresa de 10,000 dólares", sentirían como una descarga de electricidad a través de sus cuerpos, descarga que duraría por días. Les dirías a todos que me conociste. "Hoy repartieron cheques de 10,000 dólares en mi estudio bíblico ¡deberías venir!"

Al estudiar juntos los detalles del regreso de Jesús, sintamos el mismo shock eléctrico con la siguiente verdad: "¡Jesús vendrá nuevamente!".

Ahora nos enfocaremos en los eventos del final de los tiempos y en nuestra actitud diaria frente a la Segunda Venida de Jesucristo.

Eventos del fin de los tiempos.

Sería fabuloso cubrir todos estos eventos en su orden. Desdichadamente, ¡nadie está de acuerdo en cuál es ese orden! Antes de ver algunas de las cosas que los creyentes analizamos desde perspectivas diferentes, miremos primero algo en lo que todos estamos totalmente de acuerdo.

Jesucristo viene nuevamente a esta tierra.

Tal como vino la primera vez, de forma visible, física y corporal, Jesús vendrá a esta tierra ¡nuevamente! Aunque los cristianos no estamos de acuerdo acerca del orden de los eventos que rodean a su regreso, no hay duda alguna de que regresará. Su Segunda Venida es un tema del que se habla aún más claramente que de la primera.

Supón conmigo por un momento, que estás junto con los discípulos de Jesús en Hechos capítulo 1, cuando Jesús asciende al cielo. Ha estado con ellos con un cuerpo resucitado y como su Señor por algo más de un mes, pero les ha dicho que no pretende quedarse. Les da una disposición final, la de ser sus testigos, y luego sucede lo más asombroso.

¡El cuerpo resucitado de Jesús asciende al cielo! Se paran y lo miran ascender entre las nubes y desaparecer de su vista. No sé cuánto tiempo permanecieron parados, petrificados y asombrados, pero seguramente las preguntas comenzaron a surgir en ese momento de asombro. "¿Cómo hizo eso?, ¿adónde fue?, ¿cuándo regresa?".

Dado lo especial de este momento de nuestra historia espiritual, algunos ángeles aparecieron allí para darles las respuestas. Miremos Hechos 1:9–11:

"Habiendo dicho esto, mientras ellos lo miraban, fue llevado a las alturas hasta que una nube lo ocultó de su vista. Ellos se quedaron mirando fijamente al cielo mientras él se alejaba. De repente, se les acercaron dos hombres vestidos de blanco, que les dijeron: -Galileos, ¿qué hacen aquí mirando al cielo? Este mismo Jesús, que ha sido llevado de entre ustedes al cielo, vendrá otra vez de la misma manera que lo han visto irse".

—Hechos 1:9–11 (NVI)

¿Notaste que la palabra "mismo" se usa muchas veces en la última oración? Dios nos envió un mensaje con el que no podríamos errar. "Este mismo Jesús"— No un Mesías diferente, el mismo Jesús, regresaría. "De la misma manera". No vendría invisible o espiritualmente, sino físicamente. Lo vieron subir entre las nubes, y regresará también entre las nubes. El hecho de que Jesús regresaría no era sorpresa para los discípulos. Jesús ya lo había prometido, El dijo que regresaría.

"La señal del Hijo del hombre aparecerá en el cielo, y se angustiarán todas las razas de la tierra. Verán al Hijo del hombre venir sobre las nubes del cielo con poder y gran gloria".

—Mateo 24:30 (NVI)

Escucha estas tiernas palabras para sus seguidores:

"En el hogar de mi Padre hay muchas viviendas; si no fuera así, ya se lo habría dicho a ustedes. Voy a prepararles un lugar. Y si me voy y se lo preparo, vendré para llevármelos conmigo. Así ustedes estarán donde yo esté".

—Juan 14:2–3 (NVI)

Quisiera que notes dos cosas acerca de este versículo, ¡Él está preparando un lugar para ti! El cielo no es cualquier programa habitacional en serie, es un hogar diseñado especialmente para ti. ¡Dios sabe lo que te gusta!

Luego nota la frase: "Así ustedes estarán donde yo esté". Esto es lo que a Jesús le emociona acerca del cielo, ¡qué estemos donde Él está! La realidad acerca del regreso de Jesús es el hecho de que aquel que tanto nos ama, regresa porque desea que estemos junto a ÉL.

¿Has visto la película o la obra de *La Bella y la Bestia*? Probablemente te preguntes ¿Y que tiene eso que ver con la Segunda Venida? Casi al finalizar la película, hay un momento que va bien con este tema que tratamos. La bestia ha liberado a la bella para que regrese a su padre. Piensa que no la volverá a ver. Está desesperado y ni siquiera piensa defenderse cuando es atacado en su castillo. Pero entonces, llega Bella, y con sus ojos asombrados le pregunta: "Bella ¿regresaste? ¡regresaste!"

¿Por qué te presento esta figura? Jesús viene por ti, y no queremos perdernos esto, este es el centro de esta historia de amor Santo. Es una historia de amor. Jesús ama a su iglesia como a su novia y va a regresar por ella. Jesús te ama como hermano o hermana espiritual y como un amigo. Por eso regresa por ti.

Veremos algunas opiniones diferentes acerca de cómo sucederá este regreso. Pero no dejes que este estudio te distraiga del hecho de que este mundo necesita escuchar: ¡Jesús viene nuevamente!

Puedes usar la pregunta de discusión 1 ahora.

Hay cuatro eventos que marcan el final de los tiempos, que todo creyente necesita comprender: La tribulación, el rapto, el regreso visible de Jesús y el Milenio.

La Tribulación.

Apocalipsis 4–18 describe la Tribulación en detalle. Las señales que acompañan la Segunda Venida de Jesús, que estudiamos en la última sesión, describían algunos de los acontecimientos que sucederán en este período de la Tribulación. El tiempo de la Tribulación incluye la batalla del Armagedón, la Gran batalla final (Ap. 16:16).

Hay dos características que distinguirán la tribulación de otros momentos difíciles de la historia humana:

•Primero, involucra a <u>TODO EL MUNDO</u>, no son sucesos localizados.

Actualmente, por ejemplo, hay zonas del mundo que están en paz, mientras otras efectivamente sufren guerras. Algunos creyentes son todavía perseguidos, como en Sudán, pero no en todas partes sucede lo mismo.

La hambruna es una terrible experiencia que se ha sentido en algunas naciones, pero no en todas. Los eventos de la tribulación, en cambio, se darán a nivel mundial. Los periódicos no tendrán lugar para imprimir todas las historias de todo lo que sucederá en el mundo en esos días.

•**Segundo, la Tribulación será única porque <u>TODOS</u> se darán cuenta de que el final está cerca.**

Las escrituras dividen los siete años de Tribulación en dos partes iguales. En la tribulación, las dos mitades son llamadas "un tiempo, y tiempos y medio tiempo" (Ap. 12:14), o "cuarenta y dos meses" (11:2; 13:5), o "1,260 días" (11:3; 12:6). Cada parte, será de tres años y medio.

Existe una perspectiva histórica importante detrás del hecho de la tribulación. La tribulación significa que mientras el mundo es arrastrado hacia el final, las cosas irán empeorando, no mejorando. A todos nos gusta pensar que todo en este mundo se acercará a la perfección, mientras el regreso de Jesús se acerca, pero esa no es la imagen que la Biblia nos muestra.

¿Por qué lo haría Dios de esta manera? Una razón, es que ciertamente, Él desea trazar una clara línea divisoria, mientras el mundo llega a su final. Es como una señal que Dios coloca mientras el mundo se acerca a su finalización. El letrero dice: "No se permite circular por el borde". Ahora tienes que tomar tu decisión, clara e inmediatamente. Ya no hay lugar para equivocarnos. No hay tiempo para más dilaciones. Los eventos del mundo clarificarán a todos que el tiempo para comprometerse es ahora.

Pregunta: ¿Pasarán los cristianos por este tiempo de Tribulación?

Para responder a esta pregunta debemos primero examinar el evento llamado rapto.

El Rapto.

El título "Rapto", viene del latín, usado en 1ª Tesalonicenses 4:17. El griego original se traduce "agarrados" (en inglés).

El rapto es el suceso en el cual Jesús reúne a todos los creyentes con él, y a cada uno se le da un cuerpo glorificado. Esto debe distinguirse del regreso visible de Jesús, al que todos veremos, cuando Él juzgará las naciones y establecerá Su reino. Muchos ven al Rapto como un evento que será ocultado a todos, excepto a los cristianos, y que ocurrirá algunos años antes del regreso visible de Jesús. Otros, ven al rapto y al regreso de Jesús como dos eventos simultáneos.

Aunque hay dudas acerca del tiempo exacto del Rapto (mira el recuadro antes del fin de esta sección), las preguntas que tenemos al respecto no deberían distraer nuestra atención de que esto efectivamente sucederá.

Primera de Tesalonicenses 4:13–18 nos da detalles acerca de cómo se dará este evento en el que Dios se llevará a su iglesia.

Los creyentes en Tesalónica estaban preocupados porque sentían que de alguna forma, aquellos que morían en la iglesia no verían al Señor en el cielo o que no tendrían un cuerpo resucitado en el cielo. Pablo les escribe para calmar sus agobiados corazones —explicándoles el orden en el que Dios hará estas cosas.

"El Señor mismo descenderá del cielo con voz de mando, con voz de arcángel y con trompeta de Dios, y los muertos en Cristo resucitarán primero. Luego los que estemos vivos, los que hayamos quedado, seremos arrebatados junto con ellos en las nubes para encontrarnos con el Señor en el aire. Y así estaremos con el Señor para siempre. Por lo tanto, anímense unos a otros con estas palabras.

—1 Tesalonicenses 4:16–18 (NVI)

• **Primero: El Señor DESCIENDE.**

"El Señor descenderá del cielo . . ."

En las nubes (Hch 1:11). Bajo las condiciones de Dios (Mat. 24:14). Inesperadamente (Mat. 24:37).

Aunque la palabra nubes significa cielo, debo admitir que me siento inclinado a creer en un momento con truenos y nubes, algo de resplandor solar, y en medio de todo esto, Jesús regresando.

• **Segundo: Los muertos en Cristo RESUCITARÁN.**

"Y los muertos en Cristo resucitarán primero . . ."

Primera Corintios habla acerca de la resurrección de nuestros cuerpos.

"Así sucederá también con la resurrección de los muertos. Lo que se siembra en corrupción, resucita en incorrupción; lo que se siembra en oprobio, resucita en gloria; lo que se siembra en debilidad, resucita en poder"

—1 Corintios 15:42–43 (NVI)

¿Recuerdas nuestro estudio de lo que sucede cuando morimos? El cuerpo de un creyente resucitará desde la tierra, para convertirse en un cuerpo resucitado que se encontrará con su espíritu, viniendo con Jesús en el aire. Cada creyente está involucrado en el rapto. Si mueres antes de su regreso, tu espíritu va inmediatamente a la presencia de Dios. Cuando Jesús regrese, tu espíritu vendrá con él en el aire, tu cuerpo se levantará de la tierra y ¡BAM! El espíritu y el cuerpo se reunirán en medio del aire.

¡Ese sí que será un viaje emocionante!

- **Tercero: Los que estemos vivos seremos <u>TOMADOS</u> con ellos.**

  Primera Tesalonicenses 4 dice: " los que hayamos quedado seremos arrebatados junto con ellos".

  Esta es nuestra imagen más familiar del rapto. Aquellos creyentes que estén caminando en la tierra en esos momentos, cambiarán de alguna forma sus cuerpos mortales en cuerpos resucitados, para ser elevados y llevados con Jesús en el aire.

- **Cuarto: Nos <u>ENCONTRAMOS</u> con el Señor en el aire y estaremos con el Señor para siempre.**

  ¿Cuántos de ustedes han estado en una reunión de egresados del colegio, después de ¡20 años de egresados!? ¿Has notado que a veces estas reuniones no son lo que se supone? Vemos a personas que antes tenían pelo largo, ahora calvas. El tipo que antes era la gran estrella de fútbol ahora solo es el gran… La persona más brillante de tu clase es la peor de la fiesta.

  Imagina *esta* reunión. Así, la gente con cuerpos rotos tendrán ahora cuerpos resucitados. Miembros de familias podrán verse nuevamente mientras son levantados para encontrarse con Jesús. Verás gente de tu pasado, personas que nunca soñaste volver a ver. Te reunirás con gente de la iglesia, gente de todas las ciudades y naciones del mundo. Y lo más importante, Jesucristo en el centro de esta reunión.

  Sin siquiera conocerte, te puedo decir que esta será la experiencia más emocionante de tu vida ¡Y aún no sucede! Estás por vivir tus mejores experiencias.

 Una observación más detallada.

¿Cuál es la diferencia entre el tiempo del rapto de la iglesia y la segunda venida visible de Jesús para juzgar a las naciones y establecer su reino?

Algunos (amilenialistas y postmilenialistas) dicen que estas dos cosas sucederán al mismo tiempo.

Otros (premilenialistas) ven un orden. Hay tres ideas generales acerca de lo que podría ser este orden:

1. **El rapto pretribulación: el rapto ocurre justo antes de la tribulación.**

2. **El rapto en medio de la tribulación: el rapto ocurre 3-1/2 años después de iniciada la tribulación.**

3. **El rapto después de la tribulación: El rapto ocurre al finalizar los siete años de tribulación.**

¿Qué te dicen estas diferentes visiones a ti personalmente? Regocíjate si Dios te toma antes de la tribulación de los últimos días. Pero no te sorprendas, y no pierdas tu fe, si Dios escoge dejarnos como testigos durante esos últimos días.

Las preguntas de discusión 2 y 3 pueden usarse ahora.

Esta es mi posición, por cierto, muy poco teológica. Dado que yo deseo que esto suceda lo antes posible, espero ansiosamente que el rapto sea antes de la tribulación. Pero si estamos por acá cuando comience la Tribulación, entonces me convertiré en adepto a la teoría del rapto en medio de la tribulación. Y si aún estamos aquí por 3-1/2 años más ¡entonces sí me volveré post-tribulacionista!

Quisiera que comprendas algunos detalles acerca de la Segunda Venida de Jesús. Sin embargo, mi única advertencia es que no te metas tanto en los detalles como para perder la perspectiva general; ¿recuerdas la pintura? Dile a otro creyente que Jesús viene nuevamente y si te pregunta ¿después o antes de la tribulación? dile que Jesús viene ¡Y que simplemente miren arriba! Nunca pierdas ese espíritu.

El regreso visible de Cristo.

El regreso visible de Jesús es diferente del rapto. En su regreso, toda la tierra verá a Jesús regresando, y Él establecerá su reino y gobernará la tierra.

> "La señal del Hijo del hombre aparecerá en el cielo, y se angustiarán todas las razas de la tierra. Verán al Hijo del hombre venir sobre las nubes del cielo con poder y gran gloria".
>
> —Mateo 24:30 (NVI)

> "¡Miren que viene en las nubes! Y todos lo verán con sus propios ojos, incluso quienes lo traspasaron; y por él harán lamentación todos los pueblos de la tierra. ¡Así será! Amén".
>
> —Apocalipsis 1:7 (NVI)

En Mateo 24:30 y Apocalipsis 1:7, leemos acerca de todas las naciones, murmurando que ven a Jesús. Entonces se hará evidente, de forma inmediata, que han construido sus vidas sobre las bases equivocadas.

Nuestra meta como creyentes es simplemente esto: lograr que más gente se alegre en lugar de entristecerse frente al regreso de Jesús. Ayuda a alguien a poner su fe en Cristo y asegúrale que su regreso sea un momento de gozo indescriptible y no de sufrimiento.

El Milenio.

El "Milenio" es el término usado para describir el Reino de Cristo de mil años, del cual habla Apocalipsis 20:1–6.

"Vi además, a un ángel que bajaba del cielo con la llave del abismo y una gran cadena en la mano. Sujetó al dragón, a aquella serpiente antigua que es el diablo y Satanás, y lo encadenó por mil años. Lo arrojó al abismo, lo encerró y tapó la salida para que no engañara más a las naciones, hasta que se cumplieran los mil años. Después habrá de ser soltado por algún tiempo.

Entonces vi tronos donde se sentaron los que recibieron autoridad para juzgar. Vi también las almas de los que habían sido decapitados por causa del testimonio de Jesús y por la palabra de Dios. No habían adorado a la bestia ni a su imagen, ni se habían dejado poner su marca en la frente ni en la mano. Volvieron a vivir y reinaron con Cristo mil años. Ésta es la primera resurrección; los demás muertos no volvieron a vivir hasta que se cumplieron los mil años. Dichosos y santos los que tienen parte en la primera resurrección. La segunda muerte no tiene poder sobre ellos, sino que serán sacerdotes de Dios y de Cristo, y reinarán con él mil años".

—Apocalipsis 20:1–6 (NVI)

A través de los años, han surgido tres grandes corrientes de pensamiento frente a este reinado milenario de Cristo:

1. Postmilenialistas (Jesús viene de nuevo después del milenio)

 14

Esta posición sostiene que el reino de Dios está siendo extendido ahora en el mundo a través de la predicación del evangelio y la obra salvadora del Espíritu Santo se está dando en los individuos. El mundo entonces, sería eventualmente cristianizado, y el regreso de Jesús ocurriría al cerrarse ese largo período de justicia y paz que comúnmente se lo conoce como el "Milenio" Este período no es literalmente de 1000 años, sino de un período extendido de tiempo.

Fortaleza: Una visión optimista del poder del evangelio para cambiar al mundo, que espera cumplir con la Gran Comisión.

Debilidad: Prácticamente, esta visión es difícilmente reconciliable con lo que sucede en el mundo. Bíblicamente, es difícil reconciliar esta posición con la enseñanza preponderante del período final de tribulación.

2. Amilenialista (Jesús regresa sin un período de Milenio)

Hasta el fin, habrá un desarrollo paralelo de bien y mal, el Reino de Dios y el de Satanás. Después de la Segunda Venida de Cristo, al final del mundo, habrá una resurrección general y un juicio para todas las personas. El reino de 1000 años de Cristo no es literal; es simbólico y habla de la obra de Cristo en la tierra desde su resurrección hasta su segunda venida.

Fortaleza: Responde preguntas acerca de temas como el de los santos resucitados y de cómo sería vivir en un mundo sin regenerar, por un período de mil años hasta el juicio final.

Debilidad: **Alegoriza las profecías acerca de la Segunda Venida, convirtiéndolas en símbolos espirituales en lugar de solo eventos.**

La verdad acerca del Milenio es una verdad en forma de acertijo. Las preguntas abundan: ¿estaremos interactuando con cuerpos resucitados pero en un mundo imperfecto durante este período de mil años? ¿Y qué de los que se convierten en ese tiempo? La Biblia no da respuestas a estas preguntas. Los amilenialistas tienen que lidiar con estas muchas preguntas complicadas, colocando el período del milenio como un símbolo. Pero hay un problema: hay mucho de literal en cuanto a lo que la Biblia dice acerca de la Segunda Venida de Jesús. Y el milenio parece ser algo de eso.

3. **Premilenialistas (Jesús regresa antes del milenio)**

Los pre-milenialistas sostienen que la Segunda Venida de Cristo se da antes del período llamado Milenio y entonces se establecerá el Reino de Cristo en la tierra, literalmente durante mil años. La duración del reino de Cristo será de 1,000 años. Su ubicación será en este planeta, y su gobierno recaerá en la persona de nuestro Señor Jesucristo, que reinará como un soberano. Esto cumplirá todas las promesas aún no cumplidas del reinado de Cristo en la tierra.

Fortaleza: **Intenta buscar una comprensión de todas las escrituras que se relacionan con la Segunda Venida, en lugar de evadir las que son difíciles de comprender. Es una perspectiva más literal de las Escrituras.**

Debilidad: **A menudo, acusada de tener partes muy complicadas, suposiciones erradas y opiniones diferentes acerca del significado de los símbolos.**

Sé que estos eventos de la Segunda Venida traen a nuestra mente algunas preguntas y espero que te pongas a pensar al respecto. Parte de la motivación para hacer este material es ¡ponerte a pensar! ¡Pensar teológicamente! Es importante ver cómo las personas pueden llegar a ciertas conclusiones acerca de la Segunda Venida. No es simplemente un asunto de "Esta me parece bien". Hay fundamentos bíblicos profundos detrás de cada una de las perspectivas acerca de la Segunda Venida de Jesús.

Ahora, sólo te hemos dado un curso rápido de Tribulación, Rapto, Regreso visible, y Milenio. Si estás abrumado, ¡no estás solo! Los cristianos han luchado con una posición acerca de la Segunda Venida durante dos milenios hasta ahora.

Con todo, lo que Dios nos dice acerca de la Segunda Venida, no apunta sólo a satisfacer nuestra curiosidad. Dios nos anima. Nos da esperanza.

Perspectiva personal clave.

Cuatro ideas alentadoras en estos cuatro eventos.

1. **La verdad de la tribulación me anima. No porque las cosas se pongan mal, significa que Dios no las mejorará.**

2. **La verdad del Rapto me anima. Dios llevará a sus hijos a casa.**

3. **La verdad del regreso visible de Jesús me anima. Jesús será, efectivamente, Señor de todo.**

4. **La verdad acerca del Milenio me anima. Dios tiene un plan que se extiende a la eternidad.**

"Así que, no nos fijamos en lo visible sino en lo invisible, ya que lo que se ve es pasajero, mientras que lo que no se ve es eterno."
—2 Corintios 4:18

Consejo práctico de enseñanza.

Recuerda el principio de transformación. La Biblia no fue escrita sólo para informar nuestras mentes o llamar nuestra atención. Dios está en el proceso de transformar nuestras vidas. Una verdad como la del Milenio no es simplemente para informarnos del plan de Dios. Dios quiere transformarnos y llenar nuestros corazones de esperanza.

Plan de Sesión Dividida: Si estás enseñando este estudio en dos sesiones, termina la primera sesión aquí.

Algunos de ustedes son optimistas en cuanto a su visión de este mundo, otros son pesimistas. Ustedes, los pesimistas, ven un día de lluvia y piensan: "nos vamos a inundar". Ustedes, los optimistas, piensan: "Dios está mandando su suave lluvia", ¡aún cundo en realidad se estén inundando! Quiero que sepas que la esperanza de la que hablamos no tiene nada que ver con tu personalidad, ya seas pesimista u optimista. El optimista ve el vaso medio lleno y el pesimista medio vacío. Pero la persona que tiene esperanza ve que el vaso está en las manos de Dios.

La verdad es que pasamos por momentos duros en este mundo. Y éste mundo pasará por momentos muy difíciles antes del regreso de Jesús. Pero eso hace que nuestra esperanza sea mucho más dulce. No debemos conformarnos con nada menos que la genuina esperanza que la

Biblia nos ofrece. Existe un falso tipo de esperanza; la esperanza de que de alguna forma todo saldrá bien para todos. Eso nunca puede ser verdad. No podemos tomar caminos diferentes y terminar en el mismo lugar.

Estas verdades acerca de la Segunda Venida son un recordatorio poderoso de las cosas no permanecerán de la forma en que están ahora. Este mundo actual está pasando por grandes cambios. Quisiera poder decir que éstos son cambios positivos para todos, pero eso depende de en dónde están poniendo todos su fe. Si tu fe está en las cosas que no perdurarán, estos cambios son aterradores, porque todo lo que te importa se perderá. Pero si tu fe está en lo que permanence para siempre, mientras más te acercas a la eternidad ¡mayor será tu alegría!

La Biblia nos dice específicamente lo que sucederá al final del tiempo.

Al terminar el tiempo ¿qué les pasará a... 15

Los creyentes

En una palabra ¡RECOMPENSA!

> "también Cristo fue ofrecido en sacrificio una sola vez para quitar los pecados de muchos; y aparecerá por segunda vez, ya no para cargar con pecado alguno, sino para traer salvación a quienes lo esperan".
> —Hebreos 9:28 (NVI)

> "Así, cuando aparezca el Pastor supremo, ustedes recibirán la inmarcesible corona de gloria".
> —1 Pedro 5:4 (NVI)

> "Queridos hermanos, ahora somos hijos de Dios, pero todavía no se ha manifestado lo que habremos de ser. Sabemos, sin embargo, que cuando Cristo venga seremos semejantes a él, porque lo veremos tal como él es".
> —1 Juan 3:2 (NVI)

Jesús nos trajo salvación. Esa es la recompensa. Le adoraremos durante toda la eternidad. Esa es nuestra recompensa. Nos da una corona de Gloria. Y esa es otra recompensa.

¡No lo merecemos! ¡Yo no lo merezco! Las recompensas nos vienen basadas solamente en la gracia de Dios. Toda porción que podemos compartir de su Gloria y honor solo tiene sentido cuando la usamos para servirle y darle a Él más gloria y honor durante la eternidad.

Mira en 1 Pedro 5:4. Esperamos la recompensa, "la inmarcesible corona de gloria". Cuando vemos que podemos compartir con Jesús su gloria, lo primero que pensamos es que también conseguiremos de alguna forma una porción de las riquezas eternas de Jesús. Pero el significado más profundo de este texto tiene que ver, no con el hecho de que obtendremos algo de lo que Jesús tiene, sino con la realidad de que seremos más llenos de lo que Jesús es. 1ª Juan 3:2 nos dice, "Sabemos, sin embargo, que cuando Cristo venga seremos semejantes a él, porque lo veremos tal como él es".

El pueblo judío.

En una palabra, <u>RESTAURACIÓN.</u>

Pablo es claro al afirmarlo en Romanos 11.

"Ahora pregunto: ¿Acaso tropezaron para no volver a levantarse? ¡De ninguna manera! Más bien, gracias a su transgresión ha venido la salvación a los gentiles, para que Israel sienta celos. Pero si su transgresión ha enriquecido al mundo, es decir, si su fracaso ha enriquecido a los gentiles, ¡cuánto mayor será la riqueza que su plena restauración producirá!. . . Hermanos, quiero que entiendan este misterio para que no se vuelvan presuntuosos. Parte de Israel se ha endurecido, y así permanecerá hasta que haya entrado la totalidad de los gentiles. De esta manera, todo Israel será salvo, como está escrito: «El redentor vendrá de Sión y apartará de Jacob la impiedad".

—Romanos 11:11–12, 25–26 (NVI)

Algunos piensan que esto se refiere literalmente a la nación, que será restaurada bajo el reinado del rey David. Esto piensas si crees que las promesas del viejo pacto se cumplirán en el período del Milenio. Otros creen, que estos versículos simplemente señalan que habrá un gran avivamiento entre el pueblo judío. Sea cual sea el sentido del pasaje, se señala claramente que antes del fin, mucha gente judía será traída a la fe en Jesucristo.

No creyentes.

En una palabra, <u>JUICIO.</u>

"Luego vi un gran trono blanco y a alguien que estaba sentado en él. De su presencia huyeron la tierra y el cielo, sin dejar rastro alguno. Vi también a los muertos, grandes y pequeños, de pie delante del trono. Se abrieron unos libros, y luego otro, que es el libro de la vida. Los muertos fueron juzgados según lo que habían hecho, conforme a lo que estaba escrito en los libros. ..Aquel cuyo nombre no estaba escrito en el libro de la vida era arrojado al lago de fuego".

—Apocalipsis 20:11–12, 15 (NVI)

En este pasaje, subraya la declaración: "los muertos fueron juzgados según lo que habían hecho". Los muertos, se refiere a los no creyentes. Si no confiamos en Jesucristo en esta vida, todo lo que tenemos para defendernos frente a Dios es lo que hayamos hecho — y ¡no es suficiente! Es aterrador pensar en pararnos delante de Dios, un Dios perfecto y depender exclusivamente de lo que hayamos hecho para entrar en un cielo perfecto.

Asegúrate de que tu nombre esté escrito en el Libro de la Vida. ¿Y cómo entras al libro? ¡Confiando en Jesucristo con toda tu vida! Este es el libro de Jesús. Apocalipsis 13:8 y 21:27 lo llaman el libro del Cordero. Y Jesús mismo lo dijo: "Yo soy la resurrección y la vida" (Juan 11:25) "Yo soy el camino y la verdad y la vida" (Juan 14:6).

El tener esperanza, también significa que debemos ser realistas. Realistas frente al pecado y sus efectos en el mundo. Realistas frente al juicio y el hecho de que éste vendrá. Realistas frente a la salvación y nuestra necesidad de confiar en Jesús.

¿Cuál debería ser nuestra actitud?

Necesitamos comprender las verdades referentes a la Segunda Venida. ¿Por qué? ¿Para estar mejor informados? ¿Para poder estar mejor capacitados en nuestras discusiones con aquellos que tienen opiniones diferentes de nosotros? ¡No! La Biblia nos dice claramente que nuestro estudio de la palabra debe impactar nuestra forma de actuar.

• **Estar alerta y <u>ATENTOS</u>**

"¡Estén alertas! ¡Vigilen! Porque ustedes no saben cuándo llegará ese momento".
—Marcos13: 33 (NVI)

"no sea que venga de repente y los encuentre dormidos. Lo que les digo a ustedes, se lo digo a todos: ¡Manténganse despiertos!"
—Marcos 13:36-37 (NVI)

La palabra *"alerta"*, se usa a menudo para señalar nuestra actitud hacia la Segunda Venida. ¿Te ha pasado que vas solo en tu auto, te vence el cansancio, te duermes un segundo, y violentamente te despiertan las luces que vienen por el otro lado? ¡Eso si que nos despierta! ¿verdad? ¡Ahora sí, estás alerta!

La realidad de una luz que se acerca, es como la venida de Jesús… "nos despierta" a la vida real y las verdaderas necesidades que nos rodean. Dada la esperanza que tenemos, debemos pararnos en este mundo adormecido como personas vivas y despiertas.

Es fácil contagiarnos de desidia en nuestra vida espiritual. Admitámoslo, es demasiado fácil dormirnos en la complacencia en cuanto a nuestra relación con Dios y comenzar a enfocarnos en las cosas de este mundo. Una de las razones por las que Jesús nos enseñó claramente que él regresaría de nuevo ¡es para ayudarnos a mantenernos despiertos espiritualmente! La verdad acerca de la Segunda Venida es como una alarma espiritual.

• **Estar alertas y <u>SOBRIOS.</u>**

"No debemos, pues, dormirnos como los demás, sino mantenernos alerta y en nuestro sano juicio."
—1 Tesalonicenses 5:6 (NVI)

Mira este pasaje, "No debemos, pues, dormirnos como los demás". Se nos dice que si no conocemos a Cristo, estamos dormidos en el carrusel del mundo, con el resto de los incrédulos. Aquellos que conocemos a Cristo, estamos vivos, aunque el resto del mundo duerma.

Mira 1 Pedro 1:13 y 4:7.

"Por eso, dispónganse para actuar con inteligencia; tengan dominio propio; pongan su esperanza completamente en la gracia que se les dará cuando se revele Jesucristo".

—1 Pedro 1:13 (NVI)

"Ya se acerca el fin de todas las cosas. Así que, para orar bien, manténganse sobrios y con la mente despejada".

—1 Pedro 4:7 (NVI)

¿Cómo nos ayuda esta verdad de la segunda venida a ser más sobrios? ¿Cómo nos ayuda a mantener nuestra mente despejada? Ayudándonos a poner la verdad en perspectiva, viendo las cosas como realmente son.

Una de las mejores formas de ejercitar el dominio propio es a través de una palabra de sólo dos letras "no". Obviamente, demuestras auto control cuando le dices no a las tentaciones. ¿Sabías que también demuestras auto-control cuando le dices que no al peso de tratar de hacer demasiado o tener demasiado en este mundo? Escucha el testimonio de una mujer acerca de su experiencia de ser liberada de la carga de hacer demasiadas cosas. Tres años atrás, nuestra familia, con 14.000 libras de cosas, se mudó a un nuevo hogar. Este cambio me convenció de comenzar ese tedioso proceso de evaluar lo que realmente necesitaba mantener y lo que debía dejar. Escoger y descartar tantas cosas, me ha ayudado a darme cuenta nuevamente lo fácil que es que nuestros corazones se apeguen a las cosas de este mundo. Quiero liberarme de todo lo innecesario, descargar pesos que quizá me estén alejando de las cosas importantes en mi vida: mi relación con Cristo, mi familia, y otros. No quiero que nada me distraiga de las prioridades que realmente importan mientras espero su regreso..[2]

Recuerda, sólo estamos de paso por este mundo. Hay mucho que decir acerca de que debemos viajar lo más livianos posible.

•Vivir vidas santas.

Cuando vemos hacia dónde se dirige este mundo, ¿Acaso no te dan ganas de aligerar las cosas mundanas? La verdad acerca de la Segunda Venida nos muestra que este mundo es un lugar impredecible. Pero si la inestabilidad reinante es todo lo que puedes ver de este mundo ¡has perdido el punto! También debemos ver que el cielo es un lugar estable donde no hay riesgos que correr.

Leamos 2 Pedro 3:11–12. Hay tres palabras al final de este versículo que realmente sorprenderán a muchos.

"Ya que todo será destruido de esa manera, ¿no deberían vivir ustedes como Dios manda, siguiendo una conducta intachable y esperando

ansiosamente la venida del día de Dios? Ese día los cielos serán des-
truidos por el fuego, y los elementos se derretirán con el calor de las
llamas".

—2 Pedro 3:11–12

"Esperando ansiosamente". ¿Qué piensas que signifique esto? ¿Dice algo la
Biblia que nos muestre que podemos acelerar el regreso de Jesús? ¡Claro que
sí! La forma en que la iglesia testifica de Cristo acelera su regreso. Si piensas
que a nadie le importa tu carácter y que lo pasa por alto, estás equivocado.
"Vivan vidas santas". Tu carácter impacta de alguna forma, en el tiempo de
Dios para el regreso de Jesús.

Veamos estas dos actitudes juntos.

•Ser <u>PACIENTE</u> y esperar <u>ANSIOSAMENTE</u>.

"Así también ustedes, manténganse firmes y aguarden con paciencia la
venida del Señor, que ya se acerca".

—Santiago 5:8 (NVI)

"de modo que no les falta ningún don espiritual mientras esperan con
ansias que se manifieste nuestro Señor Jesucristo"

—1 Corintios 1:7 (NVI)

Espera un minuto, ¿Quiere Dios que sea paciente o que esté ansioso?
Pues ¡las dos cosas! Puedes ser paciente y ansioso al mismo tiempo.
La sola palabra que define ambas actitudes es anticipación.

Es loco. Actuamos como si no pudiéramos disfrutar el regreso de Jesús,
antes de que suceda. Pero si puedo disfrutar la anticipación de algo
como unas vacaciones o un nuevo sabor de helado que guardé en el con-
gelador ("me lo comeré después de que los niños se acuesten"), ¿por
qué esperar a que Jesús regrese para comenzar a disfrutar de este acon-
tecimiento? Puedes disfrutar su regreso deseándolo en tu corazón.
Prueba orar de esta manera, de vez en cuando: "Señor, casi no puedo
esperar al día de tu regreso, cuando podré . . ."

Pueden usar la pregunta de discusión 4 ahora.

Al anticipar su regreso, comenzarás a aplicar la última cosa en la lista:

•Esperar SU <u>REGRESO</u>.

"Por lo demás me espera la corona de justicia que el Señor, el juez justo,
me otorgará en aquel día; y no sólo a mí, sino también a todos los que
con amor hayan esperado su venida".

—2 Timoteo 4:8 (NVI)

"En verdad, Dios ha manifestado a toda la *humanidad su gracia, la cual
trae salvación y nos enseña a rechazar la impiedad y las pasiones mundanas. Así podremos vivir en este mundo con justicia, piedad y dominio
propio, mientras aguardamos la bendita esperanza, es decir, la gloriosa
venida de nuestro gran Dios y Salvador Jesucristo.

—Tito 2:11–13 (NVI)

La esperanza bendecida. Quisiera terminar este estudio con unos cuantos momentos de honestidad que nos aseguren que esta esperanza no nos elude.

Escucha esta declaración acerca de nuestra lucha con la esperanza en este terrible "mundo real".

> Si hubiera una boleta policial por cada pedazo de esperanza robada, ciertamente las principales culpables serían esas malcriadas llamadas "circunstancias". Circunstancia significa "alrededor". La palabra señala a esos eventos y personas que se agolpan a nuestro alrededor, que pululan en los salones de nuestra existencia y bloquean nuestra visión de la ventana de la extensa realidad del más allá.

> Cuando las circunstancias que nos rodean son positivas, nos vemos tentados a depositar nuestra esperanza en ellas y no en el Señor. El mercado de acciones crece, y nuestro portafolio también… nos pasamos algunas circunstancias difíciles, las esquivamos y salimos sin un rasguño… Qué tentador es creer que circunstancias como estas son sólidas; lo suficientemente sólidas como para depositar todo nuestro peso, confianza, identidad, y futuro en ellas. . . .

> Las circunstancias negativas son igualmente influyentes; también opacan nuestra visión de las realidades más profundas. Cuando la enfermedad y los problemas llegan, no podemos ver más allá del dolor. El dolor nos bloquea la visión cuando un ser amado muere, la vergüenza nos nubla la visibilidad cuando somos despedidos de un trabajo, el resentimiento se mete en nuestro camino cuando estamos preocupados por un padre anciano y la soledad empaña nuestra ventana cuando un compromiso se rompe.

> Lo terrible de nuestras circunstancias presentes, combinado con lo remoto de nuestra redención futura… complica el hecho de mantener nuestra esperanza.[3]

¿Estarías de acuerdo conmigo en que esta gran verdad de la Segunda Venida, usualmente suele sentarse en el asiento de atrás cuando las luchas de la vida diaria aparecen? Las circunstancias que están tan frente a nosotros, nos impiden ver la esperanza que nos aguarda en nuestro futuro. Si esta verdad acerca de la Segunda Venida no nos facilita a asirnos de nuestra esperanza, entonces ¡hemos perdido el punto! Se supone que estemos llenos de esperanza.

Luchamos con el dolor del sufrimiento físico en este mundo - ¡Jesús viene de nuevo! Sientes tristeza por la injusticia que campea en este mundo—¡Jesús viene nuevamente! Nuestros corazones se rompen de soledad – ¡Jesús regresa! Este mundo no te ofrece ni la emoción ni la aventura que te da el hecho de conocer que naciste para esperar el regreso de Jesús.

¿Cómo mantenernos en esa esperanza? ¿Cómo puede la Segunda Venida ser algo más que un simple estudio que colocamos en un estante? ¿Cómo puede la verdad de la Segunda Venida de Jesús hacer una diferencia real en tu vida en la siguiente semana y en la que viene después? Quisiera animarte a actuar con la misma actitud que el apóstol Juan tuvo hacia la eternidad cuando Dios decidió revelarle a él cómo serían éstas cosas.

Perspectiva personal clave.

Para el creyente, el conocimiento de la profecía, debe llevar su corazón a una actitud de adoración hacia Dios. De principio a fin, el libro de Apocalipsis muestra al apóstol Juan con el hábito de responder al futuro profético, con una actitud de adoración.

> "Al verlo, caí a sus pies como muerto; pero él, poniendo su mano derecha sobre mí, me dijo: «No tengas miedo. Yo soy el Primero y el Último, Al verlo, caí a sus pies como muerto; pero él, poniendo su mano derecha sobre mí, me dijo: «No tengas miedo. Yo soy el Primero y el Último",
>
> — Apocalipsis 1:17

> "Yo, Juan, soy el que vio y oyó todas estas cosas. Y cuando lo vi y oí, me postré para adorar al ángel que me había estado mostrando todo esto. Pero él me dijo: "¡No, cuidado! Soy un siervo como tú, como tus hermanos los profetas y como todos los que cumplen las palabras de este libro. ¡Adora sólo a Dios!"
>
> —Apocalipsis 22:8–9

No hay mejor resumen de nuestro estudio del final de los tiempos que estas poderosas palabras de invitación "¡Adora a Dios!"

Esperanza es darnos cuenta de que es Dios quien tiene la última palabra.

Así que adoremos a Dios ahora.

Padre nuestro, venimos a ti, a quien sabemos que rendiremos honor con nuestra adoración por la eternidad. Admitimos delante de ti lo que ya conoces. Nuestros problemas parecen muy inmediatos y nuestra esperanza muy distante, cuando nos enfocamos en nuestros problemas y no en ti. Te pedimos que esta verdad acerca del regreso de Jesús nos traiga una nueva esperanza que nos posibilite ver nuestras circunstancias o problemas, de diferente manera en esta semana, con los ojos de la fe. Oramos para que esta esperanza nos haga tener mentes alerta, vidas sobrias, y corazones que esperen ansiosamente ese día de su regreso.

Y Jesús, gracias por amarnos tanto. Gracias por decirnos que estás esperando ansiosamente ese día para estar con nosotros allí donde tú estás.

En tu nombre oramos. Amén.

Apéndice

Perspectivas acerca de los últimos acontecimientos

Categoría	Amilenialista	Post-milenialista	Premilenialismo	Premilenialismo Dispensacional
Segunda Venida de Cristo	Evento, no hay distinción entre Rapto y Segunda Venida. Introduce un estado eterno.	Evento; no hay distinción entre el Rapto y la Segunda Venida; Cristo regresa después del milenio.	El Rapto y la Segunda Venida son simultáneos; Cristo regresa para reinar en la tierra.	La Segunda Venida se da en dos fases: El Rapto de la iglesia; Segunda Venida se da 7 años después.
Resurrección	Resurrección general de los creyentes en la Segunda Venida de Cristo.	Resurrección general de los creyentes y no creyentes en la Segunda Venida de Cristo	La resurrección de los creyentes al comenzar el milenio. La resurrección de los no creyentes al finalizar el milenio.	Distinción de las resurecciones: 1. La Iglesia en el rapto 2. Antiguo Testamento/Tribulación y santos en la Segunda Venida 3. No creyentes al finalizar el milenio
Juicios	Juicio general de toda la gente	Juicio general de toda la gente	Juicio en la Segunda Venida. Juicio al finalizar la Tribulación	Distinción del juicio: 1. Las obras de los creyentes en el rapto 2. Judíos/gentiles al final de la tribulación 3. No creyentes al terminar el milenio
Tribulación	La tribulación se experimenta en esta era.	La tribulación se experimenta en esta era.	Visión post-tribulación: La iglesia pasará por la tribulación.	Visión pre-tribulación: La iglesia es raptada antes de la tribulación.
Milenio	No hay un milenio literal en la tierra después de la Segunda Venida. El Reino está presente en la era de la iglesia.	La era presente está inmersa en el milenio por el progreso del evangelio.	El milenio es tanto presente como futuro. Cristo reina en el cielo, el milenio no tiene necesariamente 1,000 años.	En la Segunda Venida de Cristo se inaugurarán 1,000 años. de reinado en la tierra.
Israel y la iglesia	La iglesia es el nuevo Israel. No hay distinción entre Israel y la Iglesia.	Algunas diferencias entre Israel y la iglesia. El futuro es para, Israel, pero la iglesia es el futuro	Algunas diferencias entre Israel y la iglesia. El futuro es para Israel, pero la iglesia es el futuro Israel.	Diferenciación completa entre Israel y la iglesia. Hay programas diferentes para los dos.
Simpatizantes	L. Beckhof; O. T. Allis; G. C. Berkhouwer	Charles Hodge; B. B. Warfield; W. G. T. Shedd; A. H. Strong	G. E. Ladd; A. Reese; M. J. Erickson	L. S. Chafer; J. D. Pentecost; C. C. Ryrie; J. F. Walvoord; C. Swindoll

Recurso: Tomado de Paul Enns, The Moody Handbook of Theology (Chicago: Moody Press, 1989). Usado con permiso.

**Termina memorizando la tarjeta 11,
"La verdad acerca de la Segunda Venida".**

Preguntas de discusión.

1. ¿Cómo te comunica el amor de Dios, el hecho de que Él esté preparando un lugar en el cielo para ti? ¿Te gustaría comprender mejor lo profundo del amor de Jesús por ti?

2. ¿Puedes siquiera imaginar lo que será el rapto de la iglesia de Cristo? (¡Algo como paracaidismo pero en reversa!) ¿Hay alguien que conozcas, cuyo cuerpo resucitado saldrá de la tumba para encontrarse con su espíritu, que vendrá en el aire con Jesús? ¿Con quién te gustaría ir de la mano mientras subes a ver a Jesús? ¿Qué pensamiento vendrá primero a tu mente cuando te des cuenta de lo que sucede?

3. ¿Qué te dice el hecho de que haya tantas opiniones diferentes acerca de temas como el milenio?

4. Hablen juntos acerca de cómo las actitudes que Dios nos enseña a tener frente al regreso visible de Jesús, se pueden aplicar en nuestras vidas diarias. Estar alertas y pendientes, ¿Te ayuda esto a pensar en el hecho de que Jesús va a regresar?

Estar alertas y ser sobrios. ¿Cómo te ayuda la realidad del regreso de Jesús a mantenerte lejos de la tentación y a cuidar las disciplinas espirituales tales como la oración y el servir a los demás?

Vivir vidas santas. ¿Vives una vida santa, libre del temor de que alguien te pesque haciendo algo equivocado cuando Jesús regrese, o con el deseo de usar el poco tiempo que queda para complacer al Señor? ¿Qué crees que te ayudaría a vivir sin temor y con más deseo de agradarle?

Sé paciente y espera ansiosamente. Todos luchamos con la paciencia. ¿Qué lección has aprendido (o visto en otros) que te ha ayudado a recordar que no debes intentar apurar a Dios?

¡Espera su regreso! ¿Qué expectativas tienes para cuando regrese Jesús?

Para un estudio posterior.

Clouse, Robert G. *El significado del Milenio.* Downers Grove, Ill.: InterVarsity Press, 1977.

Elwell, Walter, ed. *Análisis Tópico de la Biblia.* Grand Rapids, Mich.: Baker, 1991.

Graham, Billy. *Storm Warning.* Dallas: Word, 1992.   Lightner, Robert. *The Last Days Handbook.* Nashville: Nelson, 1990.

Little, Paul. *Conociendo en lo que crees.* Wheaton, Ill.: Victor, 1987. Rhodes, Ron. *The Heart of Christianity. Eugene,* Ore.: Harvest House, 1996.

Estudio-Resumen

Meta Transformadora

Especifica 11 formas en las que deseas vivir las verdades que hemos aprendido juntos en la Palabra de Dios.

Resumen de puntos principales de enseñanza.

¿Qué es la doctrina cristiana?

¿Cuál es el valor de la doctrina que has aprendido?

1. Conocer mejor a Dios.

2. Alimentar tu alma.

3. Poder compartir lo que sabes con otros.

4. Protegerte contra el error.

5. Cambiar tu manera de pensar

6. Construir un fundamento esencial.

El fundamento de mi vida está determinado por:

1. Donde ponga mi corazón

2. Donde ponga mi mente

3. Y donde fije mis ojos

Debes recordar que al comenzar este estudio juntos, algunos meses atrás leímos este pasaje de aliento en Judas 1:20.

"Ustedes, en cambio, queridos hermanos, manténganse en el amor de Dios, edificándose sobre la base de su santísima fe".

—Judas1:20 (NVi)

Esta es mi petición para ustedes. Mi oración para todos es la que Pablo hizo en Filipenses 1:9–10.

"Esto es lo que pido en oración: que el amor de ustedes abunde cada vez más en conocimiento y en buen juicio, para que disciernan lo que es mejor, y sean puros e irreprochables para el día de Cristo".
—Filipenses 1:9–10 (NVI)

Que tanto en conocimiento como en profundidad, hayas visto y puedas continuar viendo crecer tu amor por el Señor y por los demás , y que tu conocimiento de las cosas de Dios te capacite para que día a día tomes las mejores decisiones en tu vida.

Este estudio será completamente diferente de los demás estudios de Fundamentos. Tú mismo serás el maestro titular mientras vemos las formas en que Dios obra en nuestras vidas a través de esta verdad. Les daré la oportunidad de hablar con los demás en sus grupos y de escuchar con todo el grupo grande algunas de esas historias que se comentan en los grupos pequeños.

Consejo práctico de enseñanza.

Aún si no has estado reuniéndote en grupos o usando las preguntas de discusión en la mayor parte de este estudio, te animamos a usar los grupos en este estudio final. Cuando la gente escucha de otros, la verdad se cimienta en sus vidas.

Puedes animar a la gente en los grupos para que discutan, dándoles la oportunidad de pensar en las preguntas por anticipado. Dales una tarjeta, la semana antes de este estudio (o cuando estén llegando al estudio) con las siguientes declaraciones y preguntas:

En nuestro estudio final veremos cómo la verdad de Dios ha logrado un impacto en nuestras vidas. Como parte de este estudio, tendrás la oportunidad de discutir las siguientes preguntas:

1. ¿Qué verdad de las aprendidas te ha ayudado a profundizar tu relación con Dios?

2. ¿Qué verdad dirías que te ha fortalecido durante el día?

3. ¿Puedes recordar una oportunidad en la que has compartido alguna de las verdades que has aprendido en Fundamentos con alguien: familia, amigos, grupo pequeño o alguien en el trabajo?

4. ¿Acaso una de las verdades de este estudio te ayudó a evitar tomar una decisión equivocada o dirigirte en la dirección errada o caer en alguna tentación?

5. ¿Hay algo que ahora ves de forma diferente de lo que veías antes de este estudio?

6. ¿Cómo ha logrado este estudio incrementar el sentido de seguridad en tu relación con Dios?

¿Qué es la doctrina cristiana?

La doctrina cristiana es un <u>RESUMEN</u> <u>ORGANIZADO</u> de lo que la <u>BIBLIA</u> <u>ENSEÑA</u>.

Una buena definición de teología es la <u>FE</u> <u>EN</u> <u>BÚSQUEDA</u> <u>DE</u> <u>COMPRENSIÓN</u>.

Repite conmigo la palabra doctrina. Doctrina.

Espero que tengas ahora una mejor apreciación por esta palabra, como resultado de nuestro tiempo juntos durante las semanas y meses anteriores. Comprendes lo que la Biblia enseña. Tu fe ha encontrado comprensión. Y esto logra hacer un impacto en tu vida.

¿Cuál es el valor de la doctrina que has aprendido?

1. <u>CONOCES</u> <u>MEJOR</u> <u>A</u> <u>DIOS.</u>

Somos crueles con nosotros mismos si tratamos de vivir en este mundo sin conocer al Dios que es su dueño y lo gobierna. El mundo se hace extraño, doloroso ... para aquellos que no saben de Dios.1

—J. I. Packer

"Así dice el SEÑOR: «Que no se gloríe el sabio de su sabiduría, ni el poderoso de su poder, ni el rico de su riqueza. Si alguien ha de gloriarse, que se gloríe de conocerme y de comprender que yo soy el SEÑOR, que actúo en la tierra con amor, con derecho y justicia, pues es lo que a mí me agrada -afirma el SEÑOR"-.

—Jeremías 9:23–24 (NVI)

Voy a permitirles a todos ustedes ser los maestros esta noche. Ya me han escuchado lo suficiente durante este estudio. Esta noche escuchémonos unos a otros. Toma un momento en tu grupo para responder a esta pregunta:

¿Qué verdad de las aprendidas te ha ayudado a profundizar tu relación con Dios?

Consejo práctico de enseñanza.

Después de que hayan compartido en sus grupos, pídeles a unas pocas personas que compartan con el grupo mayor. Si tienes líderes designados para cada grupo, pídeles que levanten sus manos para saber si se dijo algo en sus grupos que todos deberíamos saber. De otra forma, sólo pide a un par de voluntarios que compartan sus respuestas.

2. Has <u>ALIMENTADO</u> <u>TU</u> <u>ALMA</u>.

"Si enseñas estas cosas a los hermanos, serás un buen servidor de Cristo Jesús, nutrido con las verdades de la fe y de la buena enseñanza que paso a paso has seguido".

—1 Timoteo 4:6 (NVI)

Una vez, nuestra iglesia, como parte de su estudio doctrinal decidió tener un "banquete doctrinal". Cada persona era animada a traer alimento que tuviera que ver con algún tema doctrinal. Además de la siempre presente torta de angel, el grupo también trajo Hambre celestial, pastel de tres capas (trinidad, supongo), pan de vida, y salsa picante infierno.

Fue divertido, pero quizá tomaron demasiado literal el hecho de que la doctrina alimenta nuestra alma. La comida ayuda a nuestros cuerpos físicos a crecer; la verdad de Dios nos ayuda a desarrollar nuestras almas. Nuestra alma es la fuente de nuestros sentimientos, decisiones, y la forma en que nos relacionamos con Dios y los demás. Mientras nuestra alma esté nutrida, mejor nos dispondremos a sentir la presencia de Dios en nuestras vidas y tomaremos mejores decisiones. Descubrimos una nueva profundidad en nuestras relaciones. No te pierdas el punto central de esto. Necesitamos comida todos los días y durante cada día para sobrevivir físicamente. Las verdades que alimentan nuestras almas son verdades que hemos logrado convertir en parte de nuestras vidas diarias.

Toma un momento con tu grupo para responder esta pregunta:

¿Puedes recordar una oportunidad en la que hayas tenido que compartir una verdad que hayas aprendido en *Fundamentos* con alguien; (familia, amigos, tu grupo pequeño, o alguien del trabajo)?

3. Podrás <u>COMPARTIR CON OTROS</u>.

"Debe apegarse a la palabra fiel, según la enseñanza que recibió, de modo que también pueda exhortar a otros con la sana doctrina y refutar a los que se opongan".

—Tito 1:9 (NVI)

Toma un momento con tu grupo para responder esta pregunta:

¿Puedes recordar una oportunidad en la que hayas tenido que compartir una verdad que hayas aprendido en *Fundamentos* con alguien; (familia, amigos, tu grupo pequeño, o alguien del trabajo)?

4. Estás protegido contra el <u>ERROR</u>.

"En cambio, el alimento sólido es para los adultos, para los que tienen la capacidad de distinguir entre lo bueno y lo malo, pues han ejercitado su facultad de percepción espiritual".

—Hebreos 5:14 (NVI)

Toma un momento con tu grupo para responder esta pregunta: ¿Acaso una de las verdades de este estudio te ayudó a evitar tomar una decisión equivocada, dirigirte en la dirección errada, o caer en alguna tentación?

5. Has cambiado tu forma de PENSAR.

"Porque como piensa dentro de sí mismo, así es él".
—Proverbios 23:7 (NASB, traducida)

La forma en que piensa una persona determina la forma en la que actúa.

Supón por un momento que entrego a cada uno de ustedes una lata con una tapa, mientras entran a esta habitación en esta noche. Se les ha dado instrucciones precisas de no abrir las latas hasta que se les diga. A través de este estudio, todos estarán tratando de adivinar lo que hay dentro de la lata ¿verdad? ¿Qué tal si moviendo la lata y escuchando su sonido llegas a la conclusión de que lo que está dentro es una serpiente viva? ¿Afectaría esto la forma en que abrirías la lata? Claro que sí. Me la traerías y me dirías: "mejor ábrela tú". Supón que en lugar de eso, descubrieras que adentro hay galletas de chocolate; ¡sacarías la tapa con una actitud completamente diferente ¿verdad?!

Hay muchas cosas en este mundo que son como esa lata tapada, para nosotros los seres humanos. No podemos ver el cielo y no podemos destapar aún la lata. Tampoco podemos ver físicamente al Espíritu Santo de Dios. Debemos confiar en lo que Dios nos dice de Él. Tampoco podemos ver cómo estos tiempos difíciles por los que atravesamos están obrando para bien en nuestras vidas, eso también es un asunto de pura fe.

Toma un momento en tus grupos para responder esta pregunta: ¿Hay algo que ahora veas diferente de lo que veías antes de este estudio?

6. Has construido un FUNDAMENTO ESENCIAL.

"Por eso, dejando a un lado las enseñanzas elementales acerca de Cristo, avancemos hacia la madurez. No volvamos a poner los fundamentos, tales como el arrepentimiento de las obras que conducen a la muerte, la fe en Dios, la instrucción sobre bautismos, la imposición de manos, la resurrección de los muertos y el juicio eterno".
—Hebreos 6:1–2 (NVI)

Toma un momento en tu grupo para responder a esta pregunta: ¿Cómo ha logrado este estudio incrementar el sentido de seguridad en tu relación con Dios?

El fundamento de mi vida está determinado por:

1. Donde pongo mi corazón

"Ya que han resucitado con Cristo, busquen las cosas de arriba, donde está Cristo sentado a la derecha de Dios".

—**Colosenses 3:1 (NVI)**

Cuando lees un versículo como Colosenses 3:1, una de las preguntas naturales es: "¿Y cómo lo hago? ¿Qué decisiones prácticas debo tomar y qué acciones debo aplicar para poner mi corazón en las cosas de arriba?

Echa un vistazo al anexo al final de este estudio llamado "Construyendo un fundamento que perdure". Verás arriba de este anexo una simple verdad acerca de cómo nuestro corazón es cambiado para mejor. Primero, debemos aprender la verdad. Luego, comenzamos a amar esa verdad. Y cuando la amemos, comenzaremos naturalmente a actuar en esa verdad.

¿Cuál es el siguiente paso que Dios nos pide tomar como respuesta a su verdad? En la última columna de este anexo, con el título "Vive en esta verdad" aparecen algunas preguntas diseñadas para ayudarte a pensar cuál puede ser el siguiente paso. Puedes revisar este anexo de vez en cuando para ver cómo vas avanzando.

2. Donde pongo mi mente

Mira Colosenses 3:2 y Salmo 1:2.

"Pongan sus mentes en las cosas de arriba, no en las de la tierra"

—**Colosenses 3:2 (NVI)**

"Sino que en la ley del SEÑOR se deleita, y día y noche medita en ella".

—**Salmo 1:2 (NVI)**

Lo que pones en tu mente es en lo que pensarás durante el día. ¿Qué tal si te dijera que hemos grabado en video las cosas en las que has enfocado tu mente hoy, y ahora mismo todos nos vamos a deleitar viendo la cinta en pantalla gigante? Creo que nadie se agradaría con este anuncio, ¡Yo tampoco!

¿Quieres cambiar? Cambia entonces lo que piensas ¡durante todo el día! Esta verdad nos da el poder de Dios para cambiar nuestros pensamientos en una dirección diferente. Lee conmigo Filipenses 4:8.

"Por último, hermanos, consideren bien todo lo verdadero, todo lo respetable, todo lo justo, todo lo puro, todo lo amable, todo lo digno de admiración, en fin, todo lo que sea excelente o merezca elogio".

—**Filipenses 4:8 (NVI)**

3. Donde fijo mis ojos

"Fijemos la mirada en Jesús, el iniciador y perfeccionador de nuestra fe, quien por el gozo que le esperaba, soportó la cruz, menospreciando la vergüenza que ella significaba, y ahora está sentado a la derecha del trono de Dios".

—Hebreos 12:2 (NVI)

"Así que no nos fijamos en lo visible sino en lo invisible, ya que lo que se ve es pasajero, mientras que lo que no se ve es eterno".

—2 Corintios 4:18 (NVi)

Escribe en la introducción de su libro: *"Fija tus ojos en Jesús"*:

Conversaba con mi familia política este domingo; son tan queridos. Ya habíamos hablado de esto y de aquello y terminamos hablando de un pastor. Tan sútil y delicado, tuve que comentar sus luchas y posibles problemas, y me puse ansiosa. . . .

De repente me vi a mi misma –colmillos cuernos y todo.

Estaba dejando muy en claro que Ray y yo jamás habíamos tenido esos problemas, luchas y posibles problemas – éramos claramente superiores… Era tan buena que era casi imposible decirlo. Además, mis parientes son personas seguras, ellos comprenderán.

Entonces el Espíritu me paró en seco.

Mis ojos no estaban en Jesús, estaban en mi familia. Ray y yo sólo queríamos asegurarnos de vernos bien delante de ellos. Eso liberó mi "vieja naturaleza" (mi tan familiar y horrible enemigo de siempre) para tomar control de mi lengua y allí en frente de todos estaba expuesto mi corazón con todo su orgullo y celos.

¡Vergonzoso! ¡Descorazonador!

Me disculpé y mi dulce familia lo hizo, y claro, me perdonaron. Pero sé que estoy a sólo un paso del desastre ¿ y tú? Y claro que no lo podemos evitar, a menos que sigamos Hebreos 12:2—Fijando nuestros ojos en Jesús.[2]

Me encanta la esperanza tan honesta expresada en estas palabras. Honesto: es tan fácil para todos poner nuestros ojos egoístas en nosotros mismos. Lo hacemos cientos de veces cada día. Esperanza: Jesús tiene el poder de cambiarnos a cada momento.

La pregunta no es en quién o en qué tenías fijos tus ojos ayer o en donde esperas poner tus ojos el día de mañana. ¿Quién tendrá tus ojos y enfoque fijos durante este día? Si has tratado de fijar tus ojos en Jesús y su plan para tu vida al menos durante unas horas en el día, ya sabes que esto no es nada sencillo. Nuestra atención tiende a volar – a veces por segundos- y perdemos nuestra resolución de "pensar realmente en Jesús durante este día".

Pero el siguiente momento siempre está ante nosotros, lleno con la promesa de lo diferente que seria mi vida si mis ojos estuviesen puestos en Él!

Quisiera ahora orar para finalizar este estudio.

Padre, gracias por mostrarnos las verdades de tu Palabra, a través de tu Hijo y por medio de tu Espíritu. Nuestra sentida petición es que estas verdades que hemos aprendido sean vividas en nuestro andar diario. Hacemos este pedido con la confianza de que sabemos que deseas que seamos hacedores de tu Palabra. Pero también pedimos humildemente, Señor, que podamos vivir tu verdad en tu fortaleza: aunque eso nos cueste caer de cara al suelo en el intento. Necesitamos desesperadamente tu presencia y poder en nuestras vidas. A través de ese poder, te pedimos que nos capacites para construir nuestras vidas sobre la base de la verdad, de tu verdad.

En el nombre de Jesús. Amén

Construyendo un fundamento duradero.

Tres niveles de verdad.

Este es un panorama sintético de lo que estudiaremos juntos. Esta tabla te ayuda a ver los diferentes niveles de aprendizaje que se relacionan con nuestro grado de conocimiento de la verdad. Ser capaz de citar de memoria una verdad bíblica no es necesariamente una señal de haberla aprendido.

Para profundizar en una doctrina debo...	Aprenderla (comprender la verdad)	Amarla (cambiar se perspectiva)	Vivirla (aplicarla a mi vida)
La Biblia	La Biblia es la guía perfecta. de Dios para vivir.	Puedo tomar la decisión correcta.	Consultaré la Biblia para buscar guía en mis decisiones respecto a _____.
Dios	Dios es más grande, mejor y está y más cerca de lo que imaginas.	Lo más importante para mí es lo que creo de Dios..	Ver lo grande que es Dios hace que _____ se vea tan pequeño.
Jesús	Jesús es el mismo Dios mostrándose a sí mismo..	Dios desea que lo conozca mejor..	Conoceré mejor a Jesús teniendo tiempos de quietud con Él.
Espíritu Santo	Dios vive en mí y a través de mí ahora..	Soy un templo del Espíritu Santo de Dios..	Trataré mi cuerpo como el templo que es haciendo _____.
La Creación	Nada "sólo se dio" Dios lo creó todo.	Tengo un propósito en este mundo	La razón por la que existo es _____.
La Salvación	La gracia es la única forma de tener una relación con Dios.	Soy un objeto de la gracia de Dios.	Dejaré de ver_____ como una manera de ganar mi. salvación. Solo las haré como forma de apreciar la gracia de Dios.
La Santificación	La fe es la única forma de crecer como creyente.	Crezco cuando puedo verme de otra manera.	Pasaré más tiempo escuchando lo que la Palabra de Dios dice de mí y menos escuchando lo que el mundo dice de mí.
El Bien y el Mal	Dios ha permitido el mal para darnos a escoger. Dios puede obtener bien aún del mal. Dios promete la victoria sobre el mal a aquellos que lo escogen.	Todo obra para bien.	Estoy peleando contra el mal cuando enfrento, _____ venceré el mal con el bien cuan. _____
La Vida después de la muerte	El cielo y el infierno son . lugares reales. Lamuerte es el inicio, no el final.	Puedo enfrentar la muerte. confiadamente.	Tendré una actitud más esperanzadora hacia_____.
La Iglesia	El único super-poder en el mundo es la iglesia.	El mejor lugar para invertir mi vida es la iglesia.	Necesito hacer un compromiso más profundo con la iglesia _____.
La Segunda Venida	Jesús regresa para juzgar este mundo y reunir a los hijos de Dios.	Quiero vivir alerta, esperando su regreso.	Puedo animar a_____ con la espranza de la Segunda Venida.

Notas

Sesión 11. La Salvación: Parte 1

1. Charles R. Swindoll, *El despertar de la Gracia,* (Dallas: Word, 1990), 10.

2. Anne Ortlund, *Fija tus ojos en Jesús* (Dallas: Word, 1994), 150.

3. Warren Wiersbe, *Palabras clave de la Vida Cristiana* (Grand Rapids, Mich.: Baker, 2002), 16.

4. D. James Kennedy, *Evangelismo Explosivo,* 3d ed. (Wheaton, Ill.: Tyndale, 1983), 101.

5. Walter Maier, 20 *Siglos de Grandes predicaciones* (Waco, Tex.: Word, 1971), 2:52.

Sesión 12. La Salvación: Parte 2

1. Max Lucado, *En las manos de la Gracia* (Dallas: Word, 1996), 1–7.

2. Los tres puntos fueron adaptados de Charles C. Ryrie, So Great

Salvation (Wheaton, Ill.: Victor, 1989), 142–43.

3. J. F. Strombeck, Nunca perecerá (Grand Rapids, Mich.: Kregel, 1991), 15–16.

4. Charles Stanley, *Seguridad eterna: ¿Puedes estar seguro?* (Nashville: Nelson, 1990), 4–5.

5. Apéndice adaptado de Charles Stanley, Seguridad eterna: *¿Puedes estar seguro?* (Nashville: Nelson, 1990), 135–83.

Sesión 13. La Santificación: Parte 1

1. Chris Rice, "Torpe," *Tan Profundo como para Soñar,* Rocketown Records, 1997.

Sesión 14. La Santificación: Parte 2

1. Chuck Smith, *¿Por qué la Gracia lo cambia todo?* (Eugene, Ore.: Harvest House, 1994), 95.

2. Bob Dylan, *A alguien tienes que servir.* Copyright _1979 by Special Rider Music. All rights reserved. International copyright secured. Reprinted by permission.

3. Richard Foster, *Celebrando la Disciplina: El camino hacia el crecimiento Espiritual*(New York: Harper & Row, 1978), 6–7.

4. Max Lucado, *Un suave trueno* (Dallas: Word, 1995), 79–80.

Sesión 15. El Bien y el Mal: Parte 1

1. Lee Strobel, *Un caso para la Fe* (Grand Rapids, Mich.: Zondervan, 2000), 29.

2. Tomado de una cinta de enseñanza en la Iglesia de Saddleback, 21

Febrero del 2000.

3. Whittaker Chamber, "*El maligno,*" Life (2 February 1948): 84–85, citado en

Thomas E. Trask and Wayde I. Goodall, The Battle (Grand Rapids, Mich.: Zondervan, 1997), 40.

4. Aleksandr I. Solzhenitsyn, *El Archipiélago de Gulag,* 1918–1956, trans. Thomas P. Whitney (New York: Harper & Row, 1985), 615.

Sesión 16. El Bien y el Mal: Parte 2

1. From a personal testimony given at Saddleback Church, 7–8 March 1999.

2. ww.hillsdale.edu/academics/history/Documents/War/America/Indian/1876-BigHorn-Times.htm

3. J. I. Packer, *Las palabras de Dios: Estudios de temas clave en la Biblia* (Downers Grove, Ill.: InterVarsity Press, 1981), 85–86.

4. C. S. Lewis, *El problema del dolor* (New York: Macmillan, 1962), 93.

5. Bruce H. Wilkerson, *Santidad personal en tiempos de tentación* (Eugene, Ore.: Harvest House, 1998), 148.

6. Citado en Wilkerson, *Santidad Personal*, 127.

7. Thomas E. Trask and Wayde I. Goodall, *La Batalla* (Grand Rapids, Mich.: Zondervan, 1997), 101–2.

Sesión 17. La Vida después de la muerte: Parte 1

1. David van Biema, reported by Richard N. Ostling, Elisabeth Kauffman, and Victoria Rainert, "Religión: ¿Existe el cielo?" Time (24 March 1997): 70ff.

2. Jeffery L. Sheler, "Ira infernal, no furia," *U.S. News & World Report* (31 January 2000): 44.

3. Melanie Menagh, "Más allá de morir y la muerte," *Omni* 17 (22 September 1995): 62.

4. Billy Graham, *Enfrentando la muerte o la vida después de ella* (Waco, Tex.: Word, 1987), 220.

5. Lieghton Ford, *Buenas Nuevas para compartir* (Elgin, Ill.: David C. Cook, 1977), 34.

6. C. S. Lewis, *El Gran Divorcio* (New York: MacMillan, 1946), 72–73.

7. Jill Briscoe, *Cielo e Infierno: A Study of the Promise and the Peril of Eternity* (Wheaton, Ill.: Victor, 1990), 55.

Sesión 18. La Vida después de la muerte: Parte 2

1. Ray Stedman, *Enseñanzas de Jesús acerca de la oración* (Waco, Tex.: Word, 1975), 30–31.

2. Vance Havner, citado en Billy Graham, *Enfrentando la muerte y la vida después de ella* (Waco, Tex.: Word, 1987), 232.

3. Graham, *Enfrentando la muerte*, 215–16.

4. *La lista de Schindler,* dir. Stephen Spielberg, actors principales Liam Neeson y Ben Kingsley (Hollywood: Universal, 1993).

5. Jeff Jensen, "La vida después de la muerte, ¿de quién? Todo lo que sabemos del CIELO . . . Lo aprendemos de películas," *Entertainment Weekly* (4 December 1998): 54.

6. David van Biema, reportado por Richard N. Ostling, Elisabeth Kauffman, y Victoria Rainert, "Religión: ¿Existe el cielo?" *Time* (24 March 1997): 70.

7. Philip Yancey, "El cielo no puede esperar," *Christianity Today* (7 September 1984). 8. Citado por Robert Mills en *Yo Creo: El credo de los apóstoles para el tercer milenio* (Lenoir, N.C.: PLC, 1998), 143.

9. C. S. Lewis, *Puro Cristianismo* (Westwood, N.J.: Barbour, 1952), 113.

10. Fuente desconocida.

11. William Barclay, *Mateo*, vol. 2 (Philadelphia: Westminster Press, 1958), 268.

Sesión 19. La Iglesia: Parte 1

1. Findley B. Edge, *El reverdecer de la Iglesia* (Waco, Tex.: Word, 1971), 36–37. 2. George W. Peters, *Teología del crecimiento de la Iglesia* (Grand Rapids, Mich.: Zondervan, 1981), 55.

3. W. A. Criswell, *La doctrina de la Iglesia* (Nashville: Convention Press, 1980), 35–36.

4. Rick Warren, *Una Iglesia con Propósito* (Grand Rapids, Mich.: Zondervan, 1995), 88–89.

5. Wayne Rice y Mike Yaconelli, *Ideas para tus grupos juveniles* (Grand Rapids, Mich.: Zondervan, 1973).

Sesión 20. La Iglesia: Parte 2

1. Max Lucado, *La gran casa de Dios* (Dallas: Word, 1997), 136.

2. Chuck Swindoll, *Fortaleciendo cada etapa de la vida* (Portland, Ore.: Multnomah, 1983), 312.

3. Max Lucado, *Un suave trueno* (Dallas: Word, 1995), 73–74.

4. John MacArthur Jr., Dinámica del cuerpo (Wheaton, Ill.: Victor, 1983), 154–55.

5. William Barclay, *El evangelio de Mateo* vol. 2 (Philadelphia: Westminster Press, 1975), 319–20.

6. Bill and Gloria Gaither and Don March, *"Dios siempre ha tenido un pueblo,"* The Church Triumphant (Alexandria, Ind.: Paragon/Gaither).

Sesión 21. La Segunda Venida Parte 1

1. Puente de Aplicación de la clase 201 de Rick Warren: Descubriendo la Madurez espiritual," La segunda de cuatro clases de orientación en la Iglesia de Saddleback. Estos materiales están disponibles en www.pastors.com.

2. Merrill C. Tenney, *Interpretando el Apocalipsis (*Grand Rapids, Mich.: Eerdmans, 1957), 28.

3. Billy Graham, Los cuatro jinetes del Apocalipsis (Waco, Tex.: Word, 1983), 19–20.

4. Charles R. Swindoll, *Profundizando en la vida cristiana* (Portland, Ore.: Multnomah Press, 1986), 268.

5. Graham, *Los cuatro jinetes del Apocalipsis*, 23.

6. B. J. Oropeza, 99 *Razones por las que nadie sabe cuándo vendrá Cristo* (Downers Grove, Ill.: InterVarsity Press, 1994).

Sesión 22. La Segunda Venida: Parte 2

1. William Martin, *Un profeta con honor* (New York: William Morrow, 1991), 281. 2. Rebecca Barlow *Jordan*, *"Viviendo el gozo anticipado del regreso de Cristo,"* *Discipleship Journal* 110 (March/April 1999).

3. David W. Henderson, *"Esperanza: Ensanchando tu corazón hacia un futuro cierto y seguro,"* Discipleship Journal, 114 (November/December 1999).

Estudio-Resumen

1. J. I. Packer, *Verdad y Poder* (Wheaton, Ill.: Shaw, 1996), 16.

2. Anne Ortlund, *Fija tus ojos en Jesús* (Dallas: Word, 1994), 9.

Recursos Disponibles

Una Iglesia con Propósito. Este aclamado y premiado libro de Rick Warren, enseña de qué manera su iglesia puede ayudar a la gente a vivir los cinco propósitos de Dios para nuestras vidas. Disponible en veinte idiomas, en formato de libro y DVD. Millones de personas han estudiado este libro en grupos e iglesias.

Una Vida con Propósito. Rick Warren toma el revolucionario mensaje del reconocido libro *Una Iglesia con Propósito* y profundiza aun más, al aplicarlo al estilo de vida de cada cristiano como individuo. *Una Vida con Propósito* es un manifiesto para los cristianos que viven en el siglo 21; un estilo de vida basado en propósitos eternos y no culturales. Está escrito en un estilo devocional cautivante y dividido en cuarenta capítulos breves que se pueden leer como devocional diario y se pueden estudiar en grupos pequeños. Este libro se usa en las iglesias que participan de la campaña de 40 Días con Propósito.

40 Días con Propósito. Una campaña de 40 días para iglesias, edificado sobre el fundamento puesto por el libro *Una Vida con Propósito*, con sermones, recursos para grupos pequeños, material en video y entrenamiento para líderes. Este programa de 40 días promete cambiar definitivamente la vida de su iglesia.

Pastors.com y PurposeDriven.com tienen recursos adicionales para aquellos que cumplen ministerios de tiempo completo. *Pastors.com* se especializa en mensajes y ayudas para los pastores como comunicadores, incluyendo sermones y libros. *PurposeDriven.com* se especializa en elaborar herramientas y materiales para ayudar a las iglesias a cumplir los propósitos de Dios.

tarjetas para memorizar

1

La verdad acerca de la Biblia

La Biblia es la guía perfecta de Dios.

2

La verdad acerca de Dios

Dios es mayor, mejor y está más cercano de lo que puedo imaginar.

3

La verdad acerca de Jesús

Jesús es Dios mostrándose a nosotros.

4

La verdad acerca del Espíritu Santo

Dios vive en mí y a través de mí ahora.

5

La verdad acerca de la Creación.

Nada se dio "sólo" Dios lo creó todo.

6

La verdad acerca de la Salvación

La Gracia es la única forma de tener una relación con Dios.

7

La verdad acerca de la Santificación

La fe es el único camino al crecimiento de nuestra vida como creyentes.

8

La verdad acerca de la Iglesia

Dios ha permitido el mal para que podamos escoger Dios puede traer el bien aún de eventos malos. Dios promete la victoria sobre el mal a aquellos que lo siguen

9

La verdad acerca del Bien y el Mal

Dios ha permitido el mal para que podamos escoger

10

La verdad acerca de la Iglesia

La única "potencia" en el mundo es la Iglesia.

11

La verdad acerca de la Segunda Venida

Jesús viene nuevamente a juzgar este mundo y a juntar a los Hijos de Dios.

Fíjense qué gran amor nos ha dado el Padre, que se nos llame hijos de Dios! ¡Y lo somos! El mundo no nos conoce, precisamente porque no lo conoció a Él.

—1 Juan 3:1

Toda la Escritura es inspirada por Dios y útil para enseñar, para reprender, para corregir y para instruir en la justicia. -

— 2 Timoteo 3:16

¡Sólo tú eres el SEÑOR! Tú has hecho los cielos, y los cielos de los cielos con todas sus estrellas. Tú le das vida a todo lo creado: la tierra y el mar con todo lo que hay en ellos. ¡Por eso te adoran los ejércitos del cielo! —Nehemías 9:6

No se emborrachen con vino, que lleva al desenfreno. Al contrario, sean llenos del Espíritu.

—Efesios 5:18

Toda la plenitud de la divinidad habita en forma corporal en Cristo; y en Él, que es la cabeza de todo poder y autoridad, ustedes han recibido esa plenitud.

—Colosenses 2:9-10

Ahora bien, sabemos que Dios dispone todas las cosas para el bien de quienes lo aman, los que han sido llamados de acuerdo con su propósito.

—Romanos 8:28

He sido crucificado con Cristo, y ya no vivo yo sino que Cristo vive en mí. Lo que ahora vivo en el cuerpo, lo vivo por la fe en el Hijo de Dios, quien me amó y dio su vida por mí.

— Gálatas 2:20

Porque por gracia ustedes han sido salvados mediante la fe; esto no procede de ustedes, sino que es el regalo de Dios,

—Efesios 2:8

Por eso, dispónganse para actuar con inteligencia; tengan dominio propio; pongan su esperanza completamente en la gracia que se les dará cuando se revele Jesucristo.

—1 Pedro 1:13

No dejemos de congregarnos, como acostumbran hacerlo algunos, sino animémonos unos a otros, y con mayor razón ahora que vemos que aquel día se acerca.

—Hebreos 10:25

Concentren su atención en las cosas de arriba, no en las de la tierra.

—Colosenses 3:2

CPSIA information can be obtained at www.ICGtesting.com
Printed in the USA
LVOW092333121212

311301LV00003B/13/P